BIBLIOTHÈQUE NOUVELLE
à 1 franc le volume
(HORS DE FRANCE : 1 FRANC 25 CENTIMES LE VOLUME)

GEORGE SAND

LA

DANIELLA

TOME DEUXIÈME

PARIS
LIBRAIRIE NOUVELLE
BOULEVARD DES ITALIENS, 15, EN FACE DE LA MAISON DORÉE
1857

LA DANIELLA

Paris. — IMP. DE LA LIBRAIRIE NOUVELLE. — A. Delcambre, 15, rue Bréda.

GEORGE SAND

LA

DANIELLA

TOME DEUXIÈME

PARIS

LIBRAIRIE NOUVELLE

BOULEVARD DES ITALIENS, 15, EN FACE DE LA MAISON DORÉE

La traduction et la reproduction sont réservées

1857

LA DANIELLA

XXXII

Mondragone, 20 avril.

Comme il m'eût été impossible de dormir, j'enlevai le souper, je donnai de l'air à ma chambre, puis je m'enfermai et rallumai la bougie afin de tromper l'inquiétude et la tristesse en reprenant ce journal. Mais je n'avais pas écrit une ligne que l'on frappa de nouveau à ma porte. Un pareil incident m'eût bouleversé hier, lorsque je me sentais seul au monde avec Daniella. Aujourd'hui que je ne l'attends plus et que toutes mes précautions pour conjurer le destin seraient à peu près inutiles, je me sens préparé à tout et déjà habitué à cette vie d'éventualités plus ou moins sérieuses.

Je répondis donc : — Entrez ! sans me déranger.

C'était encore Tartaglia.

— Tout va bien, *mossiou !* me dit-il. Le capucin ronfle déjà dans la paille, et tout est tranquille au dehors. Je vais vous souhaiter *una felicissima notte*, et faire moi-même un somme. Je sortirai avec *fra Cipriano* à l'heure de matines, et pourrai revenir avant le jour avec vos provisions de bouche pour la journée. C'est le moment où les plus éveillés se sentent fatigués, et où l'on peut espérer de tromper la surveillance.

— Tu crois donc que, réellement, les jardins sont occupés par la police? Le moine n'a pas rêvé cela?

— Il n'a pas rêvé, ni moi non plus. Rien n'est plus certain.

— Avoue-moi que tu en es toi-même, de la police?

— Je ne l'avoue pas, cela n'est pas; mais si cela était, vous devriez en remercier le ciel!

— Tu pourrais donc en être et ne pas vouloir me livrer?

— On peut tout ce qu'on veut, *amico mio*, et quand on est à même de servir plusieurs maîtres, c'est le cœur et la conscience qui choisissent celui qu'on doit protéger contre les autres. Ah! *mossiou*, cela vous semble malhonnête, et vous riez de tout! Mais vous n'êtes pas Italien, et vous ne savez pas ce que vaut un Italien! Vous êtes d'un pays où toutes choses sont réglées par une espèce de droit apparent qui enchaîne la liberté du cœur et de l'esprit. Chacun pense à soi, chez vous autres, et chacun se sent ou se croit en sûreté chez lui. C'est cela qui vous rend égoïstes et froids. Ici, où nous avons l'air d'être esclaves, nous travaillons en-dessous de la légalité, et nous faisons ce que nous voulons pour nous et pour nos amis. L'obligation de se cacher de ce qui est bien comme de ce qui est mal fait pousser des vertus que vous apprécierez plus tard : le dévouement et la discrétion. Vous devriez croire en moi, qui vous ai déjà rendu de grands services et qui vous en rendrai encore.

— Il est vrai que tu m'as fait traverser à cheval la Campagne de Rome pour venir ici...

— Le dimanche de Pâques? En cela j'ai eu tort. J'aurais dû inventer quelque chose de mieux et vous empêcher de quitter Rome! Mais j'ai de la faiblesse pour vous, et je vous gâte comme un père gâte son enfant.

— Alors, mon tendre père, quels sont, en dehors de ta présence ici en ce moment et du très-bon dîner que tu m'as servi, les autres bienfaits dont j'ai à te récompenser?

— Nous parlerons de récompense plus tard. Pour le moment, sachez que tous les avertissements et renseignements que la Daniella et la Mariuccia ont reçus à temps pour vous faire cacher, et pour soustraire vos effets aux recherches, viennent de moi, qui suis un homme de tête, et non de ce capucin, qui est une huître au soleil.

— De toi? J'aurais dû m'en douter! Mais pourquoi m'a-t-on dit les tenir du capucin?

— C'est la Daniella qui vous a dit ça? Je comprends! Elle sait que vous vous méfiez de moi. Heureusement, elle n'est pas comme vous; elle m'estime, elle sait qui je suis... sous tous les rapports! Car si, dans le temps, j'avais voulu abuser de son innocence... mais je ne l'ai pas voulu, *mossiou!*

Il s'arrêta, voyant qu'il rouvrait ma blessure, et que, lié par la reconnaissance qu'il me fallait lui devoir, je résistais avec peine à l'envie de le jeter à la porte. Je crois que le drôle sait le défaut de la cuirasse et qu'il se venge ainsi, par le menu, du peu de cas que je fais de lui. Mais il est poltron en face de moi, et le moindre froncement de sourcil coupe court à ses velléités de représailles.

Il détourna la conversation en essayant de me parler de Medora.

— On dit à Rome, reprit-il, qu'elle est allée à Florence pour épouser son cousin; mais je sais qu'il n'y a rien de vrai. Elle ne l'aime pas.

— Comment sais-tu cela, maintenant que la Daniella n'est plus auprès d'elle pour te révéler ses pensées?

— Eh! mon Dieu! je le sais par milord B***, qui croit être bien réservé, et à qui je fais dire tout ce que je veux... après dîner.

— Et comment sais-tu ce qui me concerne dans l'affaire de l'image de la madone?

— Vous allez me dire encore que je suis dans la police? Cela n'est pas! mais on a des amis partout. Je sais tout ce qui vous concerne, et bien plus de choses que je ne vous en dis.

— Il faudrait cependant, si tu as tant de zèle pour moi, me mettre à même de lutter contre mes ennemis.

— Cela viendra en temps et en lieu; rien ne presse. Mais vous êtes fatigué, *mossiou*! Comme on ne sait jamais ce qui peut arriver, vous feriez bien de dormir un peu et de vous tenir en force et santé devant les événements.

J'étais fatigué, en effet. La brusque transition de ma belle vie de roman et d'amour à ce nouvel état de choses déplaisantes m'avait accablé comme si je fusse tombé matériellement au fond d'un abîme.

— Voulez-vous que j'emporte la clef de votre chambre? dit Tartaglia d'un ton léger, en me souhaitant le bonsoir.

La question était grave : il pouvait s'être chargé de me faire empoigner sans bruit, et de manière à laisser croire à mon protecteur que je m'étais rendu de bonne grâce, par ennui de la solitude. Jusque-là, il m'avait vu disposé à vendre ma liberté le plus cher possible. S'il me trahissait, il devait vouloir me surprendre endormi.

Mais, comme je vous l'ai dit, j'étais déjà las de me méfier et de me préserver d'événements que je n'ai pu promettre à Daniella d'éviter; et d'ailleurs, si je devais être vendu par Tartaglia, je trouvais une sorte de plaisir amer à pouvoir dire un jour à ma maîtresse imprudente : « Voilà l'effet de votre amitié pour ce coquin. » Si, au contraire, le coquin était loyal envers moi, je lui devais réparation formelle de mes injustices.

— Prends la clef, lui dis-je, et bonne nuit !

Il me parut enchanté de cette réponse. Ses yeux de Scapin brillèrent, soit d'une joie de chat qui happe sa proie, soit de reconnaissance pour mon bon procédé.

— Dormez en paix, excellence, me dit-il, et sachez que personne au monde ne viendra vous troubler ! Il y a défense absolue d'entrer ici, où l'on sait que vous êtes et où vous voyez qu'on vous laisse tranquille.

— On le sait donc positivement ? Tu ne me l'avais pas dit !

— On le sait positivement, excellence ! et on espère que vous ferez une tentative d'évasion, ce qui serait une imprudence et une folie. On croit que vous serez chassé du gîte par la faim ; mais ils ont compté sans Tartaglia, ces bons messieurs !

Il prit mes habits et se mit à les brosser dans l'antichambre. J'étais si fatigué que je m'endormis à demi, au bruit de sa vergette.

Je m'éveillai au bout d'une heure, et je vis mon drôle assis devant mon feu, occupé à lire tranquillement, en se chauffant les pieds, l'album qui contient ce récit depuis le jour de Pâques. (Vous avez dû recevoir tout ce qui précède ; je vous l'ai envoyé de Rome, ce jour-là, par Brumières, qui a un ami à l'ambassade française.)

En voyant ce coquin feuilleter mon journal et s'arrêter sur quelques pages qui semblaient l'intéresser, je fus sur le point de me lever pour lui administrer à l'improviste une grêle de soufflets ; mais cette réflexion me retint : « S'il est, comme je n'en peux guère douter, de la police, il va se convaincre que je n'ai pas la plus petite préoccupation ni affiliation politique, et mon principal moyen de salut est dans ses mains. Laissons-le faire. »

Il y avait, d'ailleurs, dans la tranquillité de sa lecture, quelque chose qui me rassurait sur ses projets immédiats : il n'avait nullement l'air et l'attitude d'un homme qui se dispose à un coup de main. Tout à coup, il fut pris d'un fou rire qu'il contint pendant quelques instants en se tenant le ventre, et qui finit par éclater. C'était un motif suffisant pour m'éveiller ostensiblement. Je me soulevai sur mon lit et le regardai en face. Le rire se figea sur sa figure burlesque. Ce fut une scène muette comme dans les pantomimes italiennes.

Son premier mouvement avait été de cacher l'album; mais, voyant qu'il était trop tard, il prit bravement son parti.

— Mon Dieu, *mossiou,* s'écria-t-il, que c'est donc joli et amusant de se voir raconté comme ça jour par jour et mot pour mot! Je vous demande bien pardon si j'ai été indiscret; mais j'aime tant les arts, qu'en voyant là votre album, je n'ai pas pu résister à l'envie de l'ouvrir; je croyais y trouver des dessins, des vues du pays; et pas du tout, le nom de Tartaglia m'est sauté aux yeux. Ça m'est égal, *mossiou,* d'être là dedans trait pour trait; Tartaglia n'est pas mon vrai nom, pas plus que Benvenuto, et ça ne peut pas me compromettre. Et puis, vous avez tant d'esprit et vous dites si bien les choses, que je suis content de me les rappeler comme ça en détail, telles qu'elles se sont passées. Oui, voilà notre promenade de nuit sur les chevaux de la Medora, et toutes mes paroles, comme je vous les disais, sur les brigands, sur l'illumination de Saint-Pierre et sur la manière habile dont je vous ai forcé à vous servir de ces chevaux dérobés par moi pour la circonstance. Avouez, *mossiou,* que vous avez beau vous méfier de moi, vous êtes content de reconnaître que je ne suis pas un engourdi ni un imbécile?

— Comme tu es charmé de mon opinion sur ton compte,

tout est pour le mieux, et nous sommes satisfaits l'un de l'autre, n'est-il pas vrai?

— Excellence, je vous l'ai dit, s'écria-t-il avec conviction en se levant, et je ne m'en dédis pas, je vous aime! Vous me traitez de canaille et de gredin en écrit et en paroles; mais, avec la certitude d'avoir un jour votre amitié comme vous avez la mienne, je prends tous ces mots-là pour des facéties qu'on peut se permettre entre amis.

— A la bonne heure, ami de mon cœur! A présent, tu es bien sûr que je ne conspire pas contre le pape, et tu voudras bien ne plus toucher à ce que j'écris, à moins qu'il ne te plaise recevoir...

— Bah! vous menacez toujours et ne frappez jamais. Vous êtes bon, excellence, et jamais vous ne maltraiterez un pauvre homme qui n'aime pas les querelles et qui vous est attaché. Pour moi, je ne me repens pas d'avoir lu tout ce qui vous est arrivé dans ce pays, et surtout l'histoire étonnante de ce maudit petit carré de fer-blanc que l'on a trouvé dans votre chambre à Piccolomini. C'était là une chose qui me tourmentait bien. Comment diable, me disais-je, a-t-il pu se procurer cette chose-là? Et quand on l'a reçue, comment est-on assez étourdi pour la laisser traîner?

— C'est donc bien précieux?

— Non, mais c'est dangereux.

— Qu'est-ce que c'est?

— Un signe de ralliement; vous l'avez bien deviné, puisque vous l'avez écrit.

— Un ralliement politique?

— Eh! *chi lo sà?*

— Qui le sait? Toi!

— Et pas vous, je le vois bien! Allons, vous pensez que c'est un agent provocateur qui vous a fait prendre cela; moi, je dis que c'est un ennemi personnel.

— Qui? Masolino?

— Non, il n'a pas assez d'invention pour ça; et d'ailleurs, pour oser revêtir un habit de dominicain, il faut être plus protégé qu'il ne l'est; c'est un ivrogne qui ne fera jamais son chemin. Avez-vous vu la figure de ce faux moine?

— Oui, si c'est le même que j'avais remarqué à Tusculum; mais je n'en suis pas certain.

— Et celui qui vient rôder par ici depuis quelques jours?

— C'est celui de Tusculum, j'en suis presque sûr.

— Et vous reconnaîtriez sa figure?

— Oui, je crois pouvoir l'affirmer.

— Faites-y bien attention si vous l'apercevez encore, et méfiez-vous! Est-ce qu'il est grand?

— Assez.

— Et gros?

— Aussi.

— Ah! s'il est gros, ce n'est pas lui.

— Qui, lui?

— Celui que je m'imaginais; mais nous verrons bien; il faudra que je découvre ce qui en est. Allons, dormez, excellence, Tartaglia veille.

Il sortit en prenant la clef, et je me rendormis.

Je m'éveillai, comme d'habitude, à cinq heures. Un instant je cherchai ma compagne à mes côtés. J'étais seul, je me souvins. Je soupirai amèrement.

Je m'habillai et donnai, de ma terrasse, un coup d'œil aux environs. Aussi loin que ma vue pouvait s'étendre, je ne vis pas une âme. J'entendis seulement quelques bruits lointains du départ pour le travail des champs. Tartaglia vint à six heures m'apporter des côtelettes et des œufs frais. Il avait un air soucieux qui m'effraya.

— Daniella est plus malade? m'écriai-je.

— Non, au contraire, elle va mieux. Voilà une lettre d'elle.

Je la lui arrachai des mains. « Aie confiance et patience, me disait-elle. Je te reverrai, j'espère, dans peu de jours, malgré les obstacles. Ne sors pas de Mondragone, et ne te montre pas. Espère, et attends celle qui t'aime. »

— Elle me prescrit de ne pas me montrer, dis-je à Tartaglia, et tu m'assurais pourtant que l'on me sait ici !

— Ah ! *mossiou,* répondit-il avec un geste d'impatience, je ne sais plus rien. Ne vous montrez pas, ce sera toujours plus prudent ; mais il se passe des choses que je ne peux plus m'expliquer... Aussi, je me disais bien : Pourquoi se donner tant de soins pour s'emparer de ce pauvre petit artiste qui ne peut point passer pour dangereux ? Il faut qu'il serve de prétexte à autre chose... et il y a autre chose, *mossiou,* ou bien l'on s'imagine qu'il y a autre chose.

— Explique-toi !

— Non ! vous n'avez pas de confiance en moi.

— Si fait ! j'ai confiance en toi aujourd'hui ; j'ai été à la merci toute cette nuit, j'ai dormi tranquillement ; je suis persuadé que tu ne veux me faire arrêter ni dedans ni dehors ; parle !

— Eh bien ! *mossiou,* dites-moi : êtes-vous seul ici ?

— Comment ? si je suis seul à Mondragone ? Tu en doutes ?

— Oui, *mossiou.*

— Eh bien ! lui répondis-je, frappé de la même idée, si tu m'avais dit cela le premier jour de mon installation, j'aurais été de ton avis. Ce jour-là et la nuit suivante, j'ai pensé que nous étions deux ou plusieurs réfugiés dans ces ruines ; mais voici le huitième jour que j'y passe, et depuis ce temps je suis bien certain d'être seul.

— Eh ! eh ! voilà déjà quelque chose. Quelqu'un de plus

important et de plus dangereux que vous a passé par ici ; on le sait, on croit qu'il y est encore, et, si on vous surveille, c'est par-dessus le marché, ou parce que l'on vous suppose affilié à cette personne ou à ces personnes... car vous dites que vous étiez peut-être plusieurs?

— Oh! cela, je le dis au hasard, et je peux fort bien te raconter ce qui m'est arrivé. J'ai cru entendre marcher dans le *pianto*.

— Qu'est-ce que c'est que le *pianto?*

— Le petit cloître...

— Je sais, je sais! Vous avez entendu?...

— Ou cru entendre le pas d'un homme.

— D'un seul?

— D'un seul.

— Et après?

— Après? Pendant la nuit j'ai entendu, oh! mais cela très distinctement, jouer du piano.

— Du piano? dans cette masure? Ne rêviez-vous pas, *mossiou?*

— J'étais debout et bien éveillé.

— Et la Daniella, l'a-t-elle entendu aussi?

— Parfaitement. Elle supposait que cela venait des Camaldules, et que c'était l'orgue, dont le son était dénaturé par l'éloignement.

— Ce ne pouvait pas être autre chose. Donc, *mossiou*, vous ne savez rien de plus?

— Rien. Et toi?

— Moi, je saurai! Dites-moi encore, *mossiou*, avez-vous été partout dans cette grande carcasse de château?

— Partout où l'on peut aller.

— Jusque dans les caves sous le *terrazzone?*

— Jusque dans la partie de ces caves qui n'est pas murée.

— Il y a grand danger à y aller, à ce qu'on dit?

— Oui, à y aller sans lumière et sans précautions.

— Mais il n'y a pas de précautions et pas de chandelle qui empêcheraient cette grande terrasse de crouler, et elle ne tient à rien.

— Qui t'a dit cela?

— Felipone, le fermier de la laiterie des Cyprès.

— Il est vrai que sa femme empêche les enfants de venir jouer dessus; mais cette crainte me paraît une rêverie. Un pareil massif, assis sur un pareil roc, est à l'abri du temps.

— Mais non pas des tremblements de terre, et ils ne sont pas rares ici. On dit que des voûtes immenses se sont écroulées, et qu'un beau jour le *terrazzone* se crèvera tout au moins s'il ne dégringole pas tout à fait. Il y a, sur cette terrasse, des endroits où l'eau séjourne, où il pousse du jonc et où l'on enfonce comme dans un marécage. C'est pour cela que l'on a muré l'entrée du *cucinone* (la grande cuisine), dont les colonnes à girouettes étaient les cheminées, et qui était elle-même, à ce que l'on m'a dit, une des plus belles choses qu'il y ait dans le pays. Du temps que j'étais ânier et guide à Frascati, j'ai essayé deux ou trois fois d'y pénétrer. Découvrir une entrée praticable, c'eût été une bonne affaire. J'en aurais sollicité le monopole auprès de l'intendant de la princesse, et j'y aurais conduit les voyageurs; mais impossible, *messiou!* Sitôt que l'on donne seulement un coup de pioche dans ces vieux murs souterrains, on entend des bruits, des éboulements et des craquements sourds qui font dresser les cheveux sur la tête. C'est au point que les gens du pays croient qu'il y a quelque diablerie là dedans, et que les enfants disent que c'est le logis de la *befana*.

— Qu'est-ce que c'est que la *befana?*

— Une chose dont on a peur et qu'on ne voit jamais ; un esprit-bête qui fait le bien et le mal.

— Le nom me plaît. Nous appellerons cet endroit-là la *befana.*

— Je veux bien, *mossiou,* mais je n'y crois pas.

— Et tu ne crois pas non plus qu'il puisse y avoir quelqu'un de caché dans ce logis de la *befana?*

— Non certes, *mossiou,* mais la cave qui est sous le petit cloître que vous appelez le *pianto?*

— Je m'en suis inquiété, car j'aurais voulu découvrir une sortie souterraine en cas d'envahissement ; mais cela me paraît également fermé par les éboulements, et d'ailleurs il y a des grilles massives aux soupiraux.

— Je le sais ! J'ai voulu limer ça dans le temps, dans l'idée de retrouver l'entrée des cuisines ; mais la peur m'a pris, parce que cette grille soutenait une partie lézardée dont la fente s'agrandissait à vue d'œil, à mesure que je travaillais. Si vous aviez bien regardé, vous auriez vu une barre de fer qui est déjà bien entamée ; et avec ça, *mossiou,* ajouta-t-il en me montrant une lime anglaise très-fine, avec ce petit instrument qu'un homme de bon sens doit toujours avoir sur lui à tout événement, on pourrait continuer, si on était sûr de ne pas se faire écraser par la galerie du cloître !

— Pourquoi faire ? Espères-tu que, par là, nous trouverions une issue ?

— *Chi lo sà!*

— Mais puisqu'en restant ici je ne peux pas être pris ! Puisque j'ai juré à la Daniella de ne pas bouger !

— Vous avez raison, *mossiou,* quant à vous ; mais, quant à moi, si je trouvais le secret du château, j'en tirerais quelques sous à l'occasion. Un jour que j'aurai le temps... et le courage ! je veux essayer encore !

J'avais fini de déjeuner. Je laissai Tartaglia déjeuner à son tour, et je me rendis à mon atelier, où je viens de vous écrire ce chapitre et où je vais essayer de travailler pour dissiper ma mélancolie.

5 heures.

. . . .

Je reprends pour vous dire que, pendant que j'étais à peindre, j'ai entendu frapper violemment, à plusieurs reprises, à la porte de la grande cour. Tartaglia, tout effaré, est venu à moi en me disant :

— Cachez-vous quelque part, *mossiou*; on enfonce les portes!

— Non, lui dis-je, c'est Olivia qui est forcée d'amener quelque voyageur pour ne pas éveiller les soupçons, et qui m'avertit par un signal convenu.

Je ne me trompais pas. A peine m'étais-je réfugié dans le *casino*, que je vis, par la fente de la porte de ma terrasse, Olivia passer sous le portique de Vignole et regarder de mon côté avec inquiétude. Quand elle se fut assurée que mon sanctuaire était bien fermé, elle alla rejoindre ses voyageurs, qu'elle sut tenir à quelque distance. C'étaient des bourgeois marseillais qui décrétèrent, à voix haute et retentissante, que cette ruine était *horrible* et *dégoûtante*, et qui, effrayés de voir courir autour d'eux ces petits serpents dont je vous ai parlé, parurent peu disposés à explorer l'intérieur du palais. Mais ils étaient escortés d'un grand homme sec, vêtu, en revanche, d'un habit noir très-gras, qui éveilla l'attention de Tartaglia.

— Voyez celui-ci, *mossiou*, me dit-il dans l'oreille. Il n'est pas de cette compagnie; il fait le *cicerone*, mais ce n'est pas son état, et il trompe Olivia qui ne le connaît pas. Je le connais, moi; regardez-le bien : l'avez-vous vu quelque part?

— Oui certainement; mais où? je ne saurais le dire.

— Est-ce lui qui vous a remis l'amulette?

— Peut-être. Il est de la taille du moine que j'ai vu ce soir-là ; mais il faisait nuit.

— Est-ce le moine de Tusculum?

— Non à coup sûr! Le moine de Tusculum était gras et beau; celui-ci est maigre et laid.

— Et le moine de la terrasse aux girouettes?

— C'était celui de Tusculum et non celui-ci.

— Mais enfin, où avez-vous vu celui que vous voyez maintenant? Cherchez bien !

— Attends ! j'y suis !

J'y étais en effet : c'est le bandit que j'ai assommé sur la via Aurelia.

— Regarde bien, dis-je à Tartaglia, s'il a au front une cicatrice.

— Et une belle! répondit mon rusé compagnon, qui me comprit sans autre explication. C'est bien lui! Alors, ça va mal, *mossiou*. C'est *vendetta* ! Et *vendetta* romaine est pire que *vendetta* corse !...

XXXIII

Mondragone, le...

Toujours à Mondragone! Mais je ne date pas l'*en-tête* de ce chapitre, ne sachant si je vous écrirai, en ce moment, une ligne ou un volume. Je vais reprendre mon récit où je l'ai laissé.

Le bandit fit plusieurs tentatives pour quitter la compagnie qu'il escortait et pour se glisser dans l'intérieur; mais Olivia, qui s'était fait accompagner de son fils aîné, et qui apparemment avait conçu quelque soupçon, ne le perdit pas de vue et l'obligea de sortir, au bout de quelques instants, avec la famille marseillaise à laquelle il s'était donné pour guide. Elle referma les portes à grand bruit pour m'avertir que le danger était passé, et Tartaglia me servit mon dîner comme si de rien n'était.

— Tu penses donc, lui dis-je, que cet honnête personnage est de la police?

— J'en suis sûr, *mossiou*. Vous allez dire que j'en suis aussi; mais cela n'est pas. Je sais que celui-ci en est, parce que c'est lui le témoin qui a déposé pour Masolino, affirmant qu'il vous avait vu souiller et profaner l'image de la madone, et parce que son témoignage a été admis tout de suite, sur quelques mots échangés entre lui et le commissaire.

— Tu étais donc là, toi, que tu sais comment les choses se sont passées?

Tartaglia se mordit les lèvres et reprit :

— Eh bien, quand j'y aurais été! Que savez-vous si l'on ne m'a pas appelé, comme citoyen honorable, pour donner des renseignements sur votre compte?

— Et qu'as-tu dit de moi?

— Que vous étiez un jeune homme incapable de conspirer, un artiste un peu sot, un peu fou, un peu bête.

— Merci !

— C'était le moyen de détourner les soupçons, et vous voyez que je ne me conduisais guère en mouchard, puisqu'en sortant de cet interrogatoire, j'ai couru avertir la Mariuccia de vous faire cacher. Vous vous demandiez comment je vous savais ici ; je devais le savoir, puisque l'idée était de moi.

Cette explication me fit du bien. Elle justifiait Daniella de l'excès de confiance que je me sentais porté à lui reprocher. Tartaglia avait provoqué cette confiance par son zèle, et, du reste, il la justifiait pleinement désormais à mes yeux.

— Ah çà, lui dis-je, touché de son assistance, ne cours-tu aucun danger à te dévouer ainsi à moi?

— Eh! *mossiou*, répondit-il, il y a du danger à faire le bien, il y en a à faire le mal, il y en a encore à ne faire ni bien ni mal. Donc, celui qui pense au danger perd son temps et sa prévoyance. Il faut faire, en ce monde, ce que l'on veut faire. Je ne me donne pas à vous pour brave devant la gueule d'une carabine, non! mais devant une intrigue, si épineuse qu'elle soit, vous ne me verrez jamais reculer. Là où l'esprit sert à quelque chose, je ne crains rien ; je ne crains que les forces brutales, comme la mer ou le canon, les balles ou la foudre, toutes choses qui ne raisonnent pas et n'écoutent rien.

Comme il en était là, le grelot se fit entendre. Je courus à la porte du parterre. C'était le capucin qui m'apportait des nouvelles de sa nièce. Elle continuait à me recommander la patience. En outre, Olivia me faisait dire qu'un des plus grands dangers était passé. En quoi consistait ce danger? C'est ce que le bonhomme ne sut pas me dire, mais Tartaglia fut, comme moi, d'avis qu'il s'agissait de la visite de *Campani,* c'est le nom qu'il donne à mon bandit de la via Aurelia.

Le capucin nous avait suivis jusqu'au casino, et je vis avec déplaisir qu'il se disposait à s'y installer comme la veille. Il avait trouvé le souper bon, et, sans raisonnement ni préméditation de gourmandise, il y revenait, poussé par l'instinct, comme un chien qui flaire une cuisine. Or je ne connais pas d'être plus ennuyeux que ce bonhomme avec ses trois ou quatre phrases banales, ses redites stupides et son sourire hébété.— Bourre-lui sa besace, dis-je à Tartaglia en français, et trouve moyen de m'en délivrer tout de suite.

— Ça n'est pas difficile, répondit le Frontin de Mondragone; et même sans nous dégarnir de nos vivres, dont nous avons plus besoin que lui. — Mon cher frère, dit-il au capucin, il ne faut pas rester ici. J'ai appris qu'on allait poser des sentinelles à sept heures, c'est-à-dire dans dix minutes.

— Des sentinelles! dit le moine effaré.

— Oui, pour nous prendre par famine, et si vous ne voulez pas partager notre sort...

— Tais-toi donc, lui dis-je à l'oreille, il va effrayer Daniella en lui portant cette fausse nouvelle. Mais le capucin était déjà en fuite, et il nous fallut courir après lui pour lui ouvrir la porte du parterre. Alors seulement Tartaglia se disposa à le détromper, mais il n'en eut pas le temps. Au reflet de la lune qui argentait la base des murailles, nous vîmes briller deux baïonnettes qui se croisèrent devant le capucin, et une voix forte prononça en italien : « On ne passe pas. »

La facétie de Tartaglia se trouvait être une réalité. Nous étions bloqués à Mondragone.

Fra Cyprien recula avec tant d'effroi et de précipitation qu'il alla tomber dans les bras de la bacchante couchée parmi les orties.

— Diantre! me dit Tartaglia en refermant la porte avec plus de présence d'esprit, mais non avec moins de frayeur; les carabiniers! voilà du nouveau! Mais, ajouta-t-il après un moment de réflexion, ceci ne me regarde pas; c'est impossible, ou bien ce n'est que provisoire. Restons tranquilles jusqu'à demain.

— Non, repris-je, sachons tout de suite à quoi nous en tenir. Ouvre le guichet et demande passage pour le capucin. Je vais m'effacer pour qu'on ne me voie pas.

— Au fait, pourquoi pas? répondit Tartaglia. Les agents de police m'ont vu entrer ce matin. Ils me connaissent, ils ne m'ont rien dit. Voyons, essayons!

Il ouvrit le guichet et présenta sa réclamation. Un sous-officier de carabiniers s'approcha, et le dialogue suivant s'établit entre eux :

— Ah! c'est vous? dit la voix du dehors.

— C'est moi, ami, répondit courtoisement Tartaglia; je vous salue.

— Vous demandez à sortir?

— Pour un pauvre frère quêteur qui, me voyant ici, m'a demandé l'aumône. Je lui ai ouvert parce que...

— Épargnez-nous les mensonges. Ce frère quêteur est là, qu'il y reste.

— C'est impossible.

— C'est la consigne.

— Elle ne me concerne pas, je suppose, moi qui suis venu ici pour tendre des lacets aux lapins... Vous savez qu'il y en a beaucoup dans ces ruines...

— Lapin vous-même; c'est assez, taisez-vous.

— Mais... ami... songez à qui vous parlez; c'est moi!... c'est moi qui...

— C'est vous qui trahissez. Attention, vous autres! apprê-tez armes!

— Quoi donc? vous prétendez... Laissez-moi vous parler bas. Approchez!...

— Je n'approcherai pas. Je veux bien vous dire la con-signe. Personne n'entrera ici, personne n'en sortira, d'ici à quinze jours... *et plus!*

— J'entends, s'écria Tartaglia effaré : *Cristo !* vous n'êtes pas des chrétiens ! Vous voulez nous faire mourir de faim ?

— Vous avez porté des vivres, ce matin ; il fallait en porter davantage : tant pis pour vous !

— Mais...

— Mais c'est assez. Fermez votre guichet ou je commande le feu sur cette porte. Carabiniers ! en joue !

Tartaglia n'attendit pas que l'on commandât le feu, il ferma précipitamment le guichet.

— Ça va mal ! ça va bien mal, *mossiou !* me dit-il quand nous eûmes ramené au casino le capucin éperdu. Je n'aurais pas cru qu'on en viendrait là. Avec les gens de la police... (il y a là dedans tant d'espèces d'originaux !) nous nous en serions tirés ; mais ces démons de carabiniers n'entendent à rien et ne connaissent que leur damnée consigne. *Santo Dio !* que faire pour leur persuader de laisser sortir ce moine et de me permettre d'aller aux vivres demain matin ?

— Tu as pu regarder dehors : sont-ils beaucoup ?

— Environ une douzaine, campés dans le gros massif de fortification antique qui est en dehors, juste en face de la grande porte de la cour. Il y a là de grandes voûtes où ils ont établi leur poste. J'ai vu les chevaux. De là, ils surveillent à bout portant, pour ainsi dire, les deux portes.

— Attends, lui dis-je ; laissons le capucin ici se remettre, et allons faire une ronde.

— A quoi bon, *mossiou ?* J'ai tout exploré et vous aussi ! Vous savez très-bien que sur la face nord tout est muré. D'ailleurs, tenez, ajouta-t-il en sortant avec précaution sur la petite terrasse du casino, voyez ! ils sont là aussi. Ils allument même un feu de bivouac pour passer la nuit !

En effet, douze autres carabiniers occupaient la grande terrasse au-dessous de celle où nous étions ; nous fîmes l'exploration de tous les côtés du château, par où une descente, au moyen de la corde à nœuds, nous eût été tant soit peu possible. Tout était gardé. Nous comptâmes cinquante hommes autour de notre citadelle. C'était plus qu'il n'en fallait pour nous bloquer. La grille de l'esplanade, dont au reste nous n'avons pas les clefs (cela est du domaine de Felipone), et qui se trouve très-voisine des portes du parterre et de la grande cour, était gardée aussi ; précaution assez inutile, puisque nous ne pouvons pas aller sur l'esplanade dite le *terrazzone*.

— Ah! *mossiou!* s'écria Tartaglia en rentrant de nouveau dans le casino avec moi, nous sommes pris! Il est évident que l'on respectera notre asile, en prenant à la lettre la défense du cardinal de franchir les portes du château; car il n'est pas besoin de cinquante hommes pour faire sauter les gonds ou pour mettre le feu aux battants ; mais on nous fera dessécher ici tout doucement, ou bien on tirera sur nous au premier mouvement que nous ferons pour sortir. N'avancez pas comme ça la tête au-dessus des balustres, *mossiou!* ils sont capables de vous envoyer des balles, sous prétexte que vous avez la tête *estra-muros*.

Le pauvre Tartaglia était démoralisé ; d'autant plus que, pendant notre ronde, le capucin, pour se remettre de son épouvante, avait avalé les restes copieux de mon souper.

— *Ogni santi!* (Par tous les saints!) s'écria Tartaglia en lui arrachant le plat des mains, nous avons là un joli convive! J'ai beau être un cuisinier de génie et un homme de ressources, que ferons-nous, *mossiou,* de ce capucin qui mange comme six, de cet estomac d'*autriche* (Tartaglia voulait sans doute dire *autruche*), de cette sangsue qui sera capable de nous sucer vivants pendant notre sommeil? Va-t'en au diable, *capucino!* ajouta-t-il en italien, je ne me charge pas de toi. Tu t'arrangeras pour faire cuire à ton usagé les herbes de la cour. C'est bien bon pour un homme dont l'état est de se mortifier ; mais si tu touches à nos vivres, tiens, vois-tu, je te mets à la broche, quelque osseux et peu appétissant que tu sois.

Le pauvre capucin tomba sur ses genoux en demandant grâce ; il pleurait comme un enfant.

— Rassurez-vous, frère Cyprien, lui dis-je, et rassure-toi aussi, Tartaglia. La position n'est pas si mauvaise qu'elle vous semble. Avant tout, sachez que le jour où nous manquerons de vivres, et où toute tentative d'évasion sera reconnue impossible, je ne vous laisserai pas souffrir inutilement une heure de plus. J'irai me livrer, en franchissant le seuil de la porte, et vous serez immédiatement délivrés.

— Je ne le souffrirai pas, *mossiou!* s'écria Tartaglia avec une emphase héroïque ; nous tiendrons ici jusqu'à ce qu'il nous reste un chardon à mettre sous la dent et un souffle de vie dans les mâchoires.

— Bon, bon ! merci, mon pauvre garçon ; mais ceci me regarde. Du moment que votre vie serait en danger, je me croirais relevé de mon serment envers Daniella.

— Je vous en relève ! murmura le capucin avec effusion ; je vous absous de tout parjure et de tout péché.

— Voyez-vous ce poltron et cet égoïste de moine ! reprit Tartaglia avec mépris. Eh ! je me moque bien de sa peau, à lui ! mais sachez, *mossiou,* qu'en vous livrant vous ne me sauveriez pas. Vous avez bien entendu que l'on m'accuse de trahir... ceux qui me croyaient leur compère pour vous persécuter et vous engager à sortir d'ici ! Mon affaire, à présent, n'est donc pas meilleure que la vôtre, et j'aimerais mieux devenir aussi sec qu'une pierre de ces ruines que d'avoir maille à partir avec le saint-office. Ce n'est pas la première fois que je goûte de la prison... et je sais ce qui en est ! Ne songez donc pas à une générosité inutile. Quant à ce moine, j'espère bien que pour l'empêcher de jeûner et de maigrir, comme c'est son devoir, vous n'irez pas nous exposer...

— Je ne t'exposerai pas ; tu seras toujours libre de rester ; mais je ne laisserai pas souffrir ce pauvre homme est venu ici...

— Pour manger notre soupe ! Il n'avait pas d'autre souci !

— N'importe ! c'est l'oncle de ma chère Daniella, c'est le frère de la bonne Mariuccia, et d'ailleurs, c'est un homme !

— Non, non ! s'écria Tartaglia, oubliant ses habituelles simagrées de respect pour tout ce qui porte la livrée de l'Église ; un capucin n'est pas un homme ! Et plutôt que de vous laisser prendre pour sauver celui-là, je vous débarrasserais tout de suite de vos scrupules en le faisant sortir... n'importe par où !

Le capucin était tellement horrifié de ces menaces, qu'il était comme pétrifié sur sa chaise. J'imposai silence à Tartaglia. Je priai le pauvre moine de se tranquilliser et de compter sur moi. Il m'écoutait sans avoir l'air de comprendre. Il était au bout de ses facultés d'émotion et de raisonnement. Et d'ailleurs, il avait pris un tel à-compte de macaroni sur la famine à venir, qu'il n'éprouvait plus que la pesanteur de la digestion. Il s'endormait sur la table. Je le conduisis à sa paille, en lui donnant, pour s'envelopper, ma couverture de laine, sacrifice dont il ne songea pas même à me remercier.

Je retrouvai Tartaglia livré à ses réflexions et plus tranquille que je ne l'avais laissé. — Voyons, *mossiou,* dit-il, il faut raisonner, et quand on raisonne, on se console toujours un peu. Il est impossible que la Daniella, sachant comment on nous traque...

— Hélas! voilà ce que je crains! C'est son inquiétude et son agitation! Elle voudra se lever, aller à Rome...

— Non, non! elle ne le pourrait pas. Son frère est là pour l'en empêcher; et d'ailleurs, si Olivia voit qu'il y a du danger à lui faire savoir où nous en sommes, elle le lui cachera; mais Olivia agira, ou bien la Mariuccia! On ne peut empêcher ni l'une ni l'autre d'aller à Rome. Lord B*** est peut-être revenu de Florence. Le cardinal, quand il saura de quelle manière on interprète sa défense, fera évacuer les parcs et jardins. Enfin, tout ceci est l'affaire de quelques jours, et il s'agit de patienter avec une maigre chère.

— Avons-nous des vivres pour quelques jours?

— Certainement! Nous avons les lapins apprivoisés; il y en a quatre. On peut vivre à deux avec un lapin par jour.

— Nous sommes trois!

— Le capucin aura les os: il a de si bonnes dents, des dents de requin! Et puis, nous avons la chèvre!

— Pauvre chèvre! Mieux vaut la garder; elle donne du lait, et, avec du lait, on vit.

— C'est vrai, gardons la chèvre. La pâture ne lui manquera pas. Par ce temps printanier, ce qu'elle tond d'un côté repousse de l'autre. Seulement, il faudrait l'empêcher d'aller dans le parterre, où elle dévaste certaines racines qui m'ont bien l'air d'être mangeables, faute de mieux.

— Précisément, j'ai vu là des asperges sauvages. Nous lui interdirons le parterre.

— Et que diriez-vous, *mossiou,* d'une brochette de moineaux de temps en temps?

— Eh! eh! cela peut être agréable à l'occasion.

— Avec une petite barde de lard autour! j'ai eu la bonne idée d'en apporter un beau morceau que nous ferons durer longtemps. Et puis, avec des trappes, comme je le disais au carabinier, on prend des lapins sauvages, *mossiou!* Et il y en a ici, je vous en réponds !

— Je n'en ai jamais vu un seul ; mais, en revanche, il y a des rats magnifiques.

— Fi, *mossiou!* Avant d'en venir là, nous aurons épuisé tous les oiseaux du ciel !

— Mais comment les prendras-tu, ces oiseaux ? Nous n'avons ni fusil ni poudre.

— Nous ferons des arcs et des flèches, *mossiou!* Je n'y suis pas maladroit, non plus qu'à la fronde.

— Je songe à quelque chose de plus sûr, lui dis-je en riant : c'est à faire des épinards avec des orties. J'ai lu quelque part que c'était absolument la même chose.

Tartaglia fit la grimace.

— Possible ! dit-il ; mais je crois que je laisserai ma part de ce mets-là au capucin.

Vous voyez que la gaieté nous était revenue, et j'aidais mon compagnon à faire des projets gastronomiques, puisque c'était là sa préoccupation dominante. La mienne était de trouver moyen de faire évader le moine, afin qu'il pût au moins dire à Daniella que je prenais patience, et que j'étais pourvu de vivres pour longtemps.

— Écoute, dis-je à Tartaglia, tout cela est réglé, et nous voilà bien sûrs de pouvoir attendre environ une semaine ; mais nous croiserons-nous les bras, et ne chercherons-nous pas cette issue souterraine qui a certainement existé et qui doit exister encore ?

— Ah ! voilà, fit-il en soupirant, a-t-elle jamais existé ?

— Mais on sortait de ces cuisines où tu as tant cherché à entrer ! On y entrait par le palais, et on en sortait par le jardin au bas du *terrazzone.*

— Je vous entends, *mossiou,* dit Tartaglia, dont l'esprit

actif se réveille dès qu'on fait appel à sa sagacité. Si nous pouvions sortir de cette cuisine, que nous appelons la *befana*, nous nous trouverions au bas du *terrazzone*, tandis que les carabiniers sont dessus, et nous entrerions tout de suite dans un fourré de lauriers qui est là, et, de là, dans l'allée de cyprès, et, de là, dans la cour de Felipone, qui nous laisserait certainement évader. C'est un brave homme, je le connais.

— Eh bien?

— Eh bien, oui, on sortirait par les cuisines, s'il y avait une sortie ; mais je ne la connais pas, *mossiou* ; elle doit être souterraine, car je n'entends pas le cri des sentinelles au bas du grand contre-fort sans yeux du *terrazzone*, ce qui prouve bien qu'on regarde comme impossible une évasion de ce côté-là.

— Raison de plus pour diriger nos efforts de ce côté-là. Il y a toujours moyen de percer un mur, eût-il dix pieds d'épaisseur ; et, d'ailleurs, je compte comme toi sur la découverte d'un passage souterrain.

— Comme moi, vous dites? Eh! je n'y compte déjà pas tant, quoique j'en aie ouï parler. Mais, *mossiou*, vous oubliez une chose, c'est que la grande affaire, ce n'est pas encore tant de sortir de cette fameuse *befana* que d'y entrer !

— Eh bien ! la cave du *pianto* ? Et ton barreau entamé il y a si longtemps ? et ta lime anglaise qui ne te quitte jamais ? et nos quatre bras pour travailler ?

— Et les pierres qui se disjoignent, *mossiou* ?... et la lézarde qui s'agrandit dès qu'on ébranle la grille du soupirail ?

— Bah ! nous étayerons !

— Nous étayerons une construction de peut-être cent pieds de haut, à nous deux, *mossiou* ?...

— Oui. Quelques briques bien placées suffiraient pour empêcher le dôme de Saint-Pierre de s'écrouler. Voyons, il n'est que neuf heures ; voilà le vent qui s'élève et qui couvrira le bruit de notre travail. C'est une circonstance rare depuis quelque temps, et dont il faut profiter. Nous sommes lestés d'un bon souper, nous sommes dispos, nous sommes de bonne humeur ; attendrons-nous la faim, la tristesse, le découragement ?...

— Allons-y, *mossiou*, s'écria Tartaglia en se levant, et, à la française, allons-y gaiement !

Mais, au moment de prendre la bougie, il s'arrêta.

— Nous ferions mieux, dit-il, de nous coucher de bonne heure et de ménager le luminaire. Le jour où nous manquerons de bougie et de chandelle... Cela peut devenir bien incommode et bien dangereux, *mossiou*, de ne pas voir clair dans ce taudis !

— Bah ! nous sommes approvisionnés de cela aussi pour une semaine, et d'ailleurs la question est maintenant de sortir d'ici.

Quand Tartaglia m'eut fait voir la barre limée par lui, je reconnus avec chagrin qu'en réussissant à scier la grille, nous ferions indubitablement tomber le petit cintre de pierres du soupirail ; et comment savoir où s'arrêterait l'écroulement de cet édifice, abandonné depuis plus de cinquante ans à toutes les influences de la destruction ?

Mais, après mûr examen, je crus pouvoir affirmer qu'en étayant le milieu avec une pile de briques sur champ, et en soutenant les bas-côtés avec deux grosses boules de pierre qui servaient d'ornement autrefois à je ne sais quelle construction dans ce préau, et qui gisent maintenant dans les ronces, nous pouvions enlever la grille sans danger, et nous glisser encore par l'ouverture du soupirail.

Les mesures étant prises et les matériaux rassemblés, nous

nous mîmes à l'œuvre, et les pléiades étaient sur nos têtes, c'est à-dire qu'il était environ minuit, quand deux barres, enlevées sans accident, nous laissèrent le passage libre. Mais nous étions fatigués, nous avions chaud, et Tartaglia éprouvait une extrême répugnance à risquer l'aventure. Il avait des vertiges, il lui semblait que le pavé oscillait sous ses pieds. Il me supplia d'attendre au lendemain.

— Si rien n'a bougé demain matin, dit-il, je vous jure d'être gai comme un merle, et de descendre là dedans en sifflant la *cachucha*.

Je cédai, et, une heure après, nous étions endormis, en dépit de la voix des sentinelles qui s'appelaient et se répondaient autour des murailles, et de la lueur du feu du bivouac, qui projetait un reflet rouge jusque sur les dalles de la terrasse du casino.

XXXIV

Mondragone, 22 avril.

Hier matin nous avons déjeuné copieusement ; malgré mes recommandations de sobriété et de prudence, Tartaglia a la passion de la cuisine. Faire de bons plats et en manger sa bonne part, voilà pour lui une jouissance intellectuelle et physique du premier ordre. Il aurait aussi le goût de l'économat ; son rêve serait de devenir majordome dans une grande maison. En attendant, il est fier et comme charmé, malgré notre situation précaire, de commander, dans les ruines de Mondragone, à une valetaille imaginaire, et d'y ordonner toutes choses en vue du bien et de la satisfaction de ses seigneurs. Je crois qu'il y a des moments où il me prend pour l'ombre d'un ancien pape, car il sollicite mes éloges avec une ardeur naïve, et je suis forcé de l'en accabler et de paraître très-sensible à ses soins, sous peine de le voir s'affecter et se démoraliser.

Il semble aussi que, de son côté, il soutienne son personnage facétieux et comique dans l'intention de me conserver en belle humeur ; mais c'est peut-être tout simplement le résultat d'une habitude invétérée de poserie burlesque. Ainsi, ce matin, je l'ai trouvé dans le parterre avec le capucin, qu'il avait affublé d'un torchon en guise de tablier de cuisine, et qu'il employait à la recherche des asperges sauvages. Il lui avait donné un nom. Ce n'était plus frère Cyprien ; c'était *Carcioffo* (artichaut).

— Il n'y a plus de moine ici, disait-il. Il n'y a plus qu'un marmiton, un éplucheur de légumes, un plumeur de volaille, sous les ordres du chef Tartaglia ; et si *Carcioffo* ne travaille pas, *Carcioffo* ne mangera pas.

— Tu n'oublies qu'une chose, lui dis-je, c'est que nous n'avons ni légumes ni volaille.

— Pardon, excellence, voilà des asperges, petites, mais succulentes ; et quant à la volaille..., regardez !

Il me montrait une poule morte dans son panier.

— Tu es donc sorti ?

— Hélas ! non. J'ai essayé, et, comme hier, au moment où j'appelais par le guichet, on a répondu par ce mot stupide et brutal : *En joue !* Moi, j'ai répondu : *Feu !* en fermant le guichet, et je les ai entendus rire.

— Rire ? c'est bon signe pour toi. Ils s'adouciront peut-être en ta faveur ?

— Non, *mossiou*. L'Italien, ça rit toujours, mais ça ne se radoucit point pour ça !

— Mais cette poule, d'où vient-elle ?

— C'est eux, *mossiou*, c'est les carabiniers qui me l'ont donnée.

— Ah bah ! ils consentent à nous faire passer des vivres? oh! alors...

— Non, non ! ils ne nous font rien passer du tout; pas si sots ! mais ils sont sots quand même, car cette pauvre bête, qui vient je ne sais d'où, s'étant approchée apparemment de l'avoine de leurs chevaux, ils ont voulu la prendre ; ils l'ont manquée, effrayée, et, comme elle vole bien, elle est venue se percher sur notre mur, où... crac! d'un coup de pierre, je l'ai abattue à mes pieds. Eh! ce n'est pas maladroit, ça, *mossiou!*

— Non certes !

— Mais, dit le capucin, elle n'est pas tombée d'un coup de pierre ; elle a volé de mon côté, et c'est moi qui vous ai aidé à la prendre et à lui tordre le cou.

— Taisez-vous, *Carcioffo*, reprit Tartaglia, vous ne devez jamais contredire votre supérieur !

Voyant que le capucin se prêtait en riant à être l'esclave et le jouet de Tartaglia, pourvu que celui-ci consentît à le nourrir, je crus devoir ne pas me mêler de leurs relations. Seulement, je les observais sans en avoir l'air, afin d'intervenir s'il arrivait que le pauvre frère devînt victime de la malice de notre Scapin ou de sa propre stupidité. Mais je fus bientôt à même de constater que Tartaglia, au milieu de tous ses vices de bohémien, est naturellement bon et même charitable et généreux. Tout en accablant le moine de menaces et de quolibets, il le soignait fort bien, et je vis que ce régime convenait très-fort au capucin, qui, abandonné à lui-même, se serait laissé complétement abrutir par l'effroi et la tristesse de la situation.

Après le déjeuner, je surpris Tartaglia rangeant et cachant avec soin certains paquets. C'était une provision de lazagnes et de *capellini,* autre pâte de même genre, qu'il avait apportée avant-hier matin, et dont il ne voulut pas me dire la quantité. — Non, non! s'écria-t-il en couvrant cette réserve de son tablier de cuisine; vous vous laisseriez aller à en donner au capucin, qui mangerait plus que sa faim. Il mangera comme nous, ni plus ni moins.

— A la bonne heure; mais voici le moment de travailler au *pianto.* Viens-tu?

— Oui, oui, partons! Mais cachons tout, et fermons bien le casino.

Nous laissâmes le capucin en prières devant une Vierge Louis XV qui est sous le portique, et nous retournâmes à notre soupirail, munis de la corde à nœuds et de deux bougies.

Tout allait bien; la petite voûte n'avait pas bougé : aucune partie de l'édifice n'avait fléchi. Nous descendîmes sans peine dans la cave. Nous montâmes sur le tas de décombres qui obstrue l'arcade, et nous parvînmes en un quart d'heure de travail à en déblayer assez pour nous faire un passage. Tartaglia cause plus qu'il ne travaille. La fatigue du pionnier lui est très-antipathique; mais il m'anime par son babil, que j'arrive à trouver très-divertissant.

L'arcade, devenue praticable, me semble être une découverte assez sérieuse. Elle s'ouvre sur une galerie qui tourne en demi-cercle et qui a dû servir de lit artificiel à un courant d'eau destiné à alimenter cette fameuse cuisine que nous cherchons.

Cette galerie est large de cinq pieds et haute de quinze ou vingt. C'est un ouvrage magnifique. La voûte est en très-bon état. Des dépôts sédimenteux sur les parois attestent le passage et le séjour des eaux. Pourtant l'élévation de la voûte ferait croire que c'était un passage pour des cavaliers lansquenets.

Nous marchâmes à la lueur de nos bougies pendant environ cinq minutes, et, autant que j'en puis juger, nous étions sous le *terrazzone*; nous en suivions le mouvement demi-circulaire. Aucun bruit ne parvenait jusqu'à nous.

Nous chantions déjà victoire, lorsque nous fûmes arrêtés net par un écroulement qui me parut dater de plusieurs années. La voûte avait cédé. L'eau filtrant, du *terrazzone* probablement, avait à la longue causé ce désastre. Le sol était inondé d'une flaque où nous l'entendions tomber goutte à goutte.

— Ou bien encore, me dit Tartaglia, c'est un craquement souterrain, résultat d'un tremblement de terre.

— Peu importe la cause, répondis-je. Il s'agit de savoir si nous pourrons triompher de l'accident.

Je revins sur mes pas, je les comptai, j'observai le mouvement de la galerie, je consultai les souvenirs et les observations de mon compagnon sur la forme et l'étendue extérieure de la terrasse. Nous n'en pouvions plus douter, nous étions tout près de la face extérieure centrale. La voûte qui nous abritait supportait l'immense et magnifique balustrade qui entoure l'esplanade. Une porte, une issue, une bouche quelconque devait être là, devant nous, sous cet éboulement. Il fallait le traverser.

— Nous le pourrons, dis-je à Tartaglia ; il faut le pouvoir ! Nous étudierons avec soin la superposition des blocs écroulés. Nous ne toucherons pas à ceux qui nous préservent d'un prolongement de rupture dans la voûte; nous fouirons pierre à pierre, et nous creuserons, parmi ces débris, un couloir suffisant !

— C'est bien dangereux, dit-il en secouant la tête, et cela peut durer plus d'un mois !

— Mais cela peut n'être ni long ni dangereux, nous n'en savons rien.

— De même que notre blocus peut n'être ni l'un ni l'autre, si nous en attendons la fin sans nous éreinter et nous exposer !

— De même qu'il peut être l'un et l'autre, si nous en attendons la fin sans rien faire !

— Vous avez raison, *mossiou!* Allons! j'aime les gens qui raisonnent juste. D'ailleurs, vous avez une confiance et un courage qui me plaisent, et, avec vous, je sens que je ferais des choses que je n'aurais jamais tentées tout seul! Oui, oui, avec vous, je descendrais dans un volcan, dans un enfer.

Nous retournâmes chercher des outils, c'est-à-dire nous en fabriquer tant bien que mal avec ceux que les ouvriers ont laissés ici pour d'autres usages. Comme ils les ont abandonnés hors de service, nous étions d'abord assez mal outillés ; mais la découverte d'un pic énorme et d'une pioche en assez bon état nous permettent, depuis ce matin, de travailler utilement. Nous avons ouvert dans la journée trois pieds de tranchée.

Aux heures de repos, nous surveillons nos carabiniers, qui paraissent se déplaire beaucoup autour de cette ruine menaçante en certains endroits. Tartaglia a imaginé de faire tomber de temps en temps des pierres pour les inquiéter ; mais ce jeu est dangereux, et quelque doute leur étant venu, l'officier a commandé de faire feu à tout hasard sur la première brèche qui s'ouvrirait aux murailles.

J'examine ces gendarmes, et je vois qu'ils sont beaucoup plus fins que les nôtres. Ils sont Italiens ! Ce n'est pas ici que l'idée viendrait de les chansonner comme on le faisait chez nous, il y a quelques années, sur la candeur proverbiale de *leur institution.* Je crois bien qu'ils ne doivent pas être aussi incorruptibles ; mais je ne suis pas assez muni d'argent pour espérer de les séduire, quand même je pourrais m'aboucher avec eux, ce que la surveillance de leurs chefs rend jusqu'ici tout à fait impossible.

Je ne m'ennuie ni ne me décourage. Sans le chagrin que j'éprouve en songeant aux anxiétés de ma Daniella, et le serrement de cœur qui me saisit au souvenir de ma trop courte félicité, je prendrais gaiement l'étrange existence qui m'est faite. Tartaglia m'amuse malgré moi, et le capucin paraît s'accoutumer sans effort à son rôle de *Carcioffo*. Il dort à genoux devant la madone du portique, son chapelet enlacé aux doigts, tout le temps que nous passons à travailler. La prévoyance n'est pas le fléau de son imagination, et tant qu'il aura quelque chose à mettre sous la dent, il conservera son sourire de crétinisme béat.

. . . .

. . . .

J'en étais là, vous écrivant ces choses, pendant que Tartaglia mettait mon couvert, quand une circonstance inouïe me fit courir sur la petite terrasse du casino.

— *Mossiou! mossiou!* disait Tartaglia, criant à voix basse, comme on s'habitue à le faire dans notre situation : voyez, voyez! Pouvez-vous expliquer pareille chose? Est-ce que je rêve? est-ce que vous la voyez aussi? Regardez donc le haut des grandes clarinettes du *terrazzone!*

Je levai la tête et vis les mascarons grotesques de ces grands tuyaux de cheminée se détacher en noir sur un fond rougeâtre, en même temps que, de leurs vastes bouches, sortaient des tourbillons de fumée.

— Tout est perdu, mon pauvre Tartaglia, m'écriai-je. Les carabiniers ont trouvé l'entrée de cette fameuse cuisine; ils y sont installés, ils s'y réchauffent et y ont établi leur cantine.

— Non, non, *mossiou*. Voyez! ils sont aussi étonnés que nous! Ils regardent et s'interrogent, ils cherchent de tous côtés, ils croient que nous avons mis le feu au château. Le feu à quoi, dans ces caves, je vous le demande? Qu'ils sont sots ! Mais les voilà aussi en peine que nous, je vous jure, et même plus, car ils n'osent pas rester sur la terrasse.

En effet, une panique s'était emparée de nos gardes, et leurs officiers avaient beaucoup de peine à les calmer.

— Au fait ! dis-je à Tartaglia absorbé, la chose est assez importante ! Comment l'expliques-tu?

— Je ne l'explique pas, *mossiou !* dit-il en faisant le signe de la croix. On me l'avait toujours dit, que le diable revenait ici, et que l'on y voyait le feu des cuisines briller comme du temps où les papes y donnaient des festins de Lucullus ! Mais je ne le croyais pas, je ne l'aurais jamais cru, et je vous avoue qu'à cette heure, je me repens de mes fautes et recommande mon âme à Dieu !

XXXV

Mondragone, le...

Je continue à ne pas dater avant d'avoir écrit la série d'aventures que j'ai à vous apprendre, et que je vous raconte quand et comme je peux.

Je continue pourtant aussi à suivre une division par chapitres, qui me sert à régulariser les moments que je vous consacre. Vous savez que je suis un homme d'ordre, et cela me revient en dépit de la vie agitée que je mène.

Je vous ai laissé faisant peut-être vos commentaires sur

cette fumée fantastique qui s'échappait des longs tuyaux du *terrazzone*.

Je ne cherchais pas à expliquer ce que je voyais, mais je ne partageais pas la consternation de Tartaglia. Bien au contraire, je ne sais quel espoir vague m'était suggéré par cette circonstance inexplicable. Je partis même d'un éclat de rire en entendant mon Scapin mêler aux patenôtres qu'il débitait pour recommander à Dieu sa pauvre âme pécheresse, l'observation suivante :

— Mon Dieu, comme ça sent la graisse fondue !

Puis il reprit du même ton dolent, moitié dévot, moitié ironique :

— Ayez pitié de moi, Seigneur ! Douze cierges à mon saint patron si vous me sauvez de cette diablerie et de cette damnée odeur de cuisine qui me réjouit malgré moi, car depuis deux jours je n'ai pas mangé ma faim, et, en ce moment, je serais capable d'avaler le diable en personne !

— Mais c'est que tu as raison ! m'écriai-je, frappé de la justesse de sa remarque : ça sent la cuisine !

— Et la bonne cuisine, je vous jure, *mossiou !* Ça nous arrive ici à bout portant. Ils ne sentent pas ça en bas, les carabiniers ! Je parie qu'ils s'imaginent sentir la poudre ! Ils croient que nous avons miné la terrasse et que nous allons les faire sauter !

— Crois-tu ? Eh bien, la première chose dont il faut nous occuper, c'est de voir si nous ne pourrions pas profiter de cette panique pour nous évader. Voyons ! regarde bien, toi qui as des yeux de lynx, s'ils sont assez loin pour nous permettre de descendre par la corde.

— Non, *mossiou ;* ils sont là, à droite et à gauche, sur les allées qui aboutissent au *terrazzone,* et ils nous verraient comme je vous vois, par ce beau clair de lune.

— Eh bien, ils tireront sur nous, mais ils nous manqueront; la terrasse est si grande!

— Beaucoup trop grande dans tous les sens pour que je sois tenté de la traverser sous leur feu! D'ailleurs, que ferons-nous quand nous aurons atteint la balustrade? Encore la corde à nœuds pour descendre dans les lauriers? Et le temps de l'attacher?... et les balustres qui ne tiennent à rien! Et puis, croyez-vous que l'allée de cyprès ne soit pas gardée?

— Il est bien question d'allée! Une fois au bas de l'esplanade, nous avons, pour fuir et nous cacher, plus d'une lieue carrée de jardins et de parcs remplis de massifs d'arbres, de ruines et de fourrés!

— Ah! mon Dieu, *mossiou,* voilà que ça sent le poisson! Oui! je vous jure que ces clarinettes de la *befana* nous envoient une délicieuse odeur de poisson frais!

— C'est vrai! mais que nous importent les mystères de cette cuisine de sorciers? Il s'agit de fuir.

— Il est trop tard, *mossiou!* voilà les carabiniers qui reviennent et la fumée qui se dissipe. Allons! monseigneur Lucifer est servi, et nous sommes toujours prisonniers.

Nous observâmes quelques instants nos gardiens. Nous vîmes les officiers arpenter bravement le *terrazzone* et s'efforcer d'y ramener leurs hommes; puis capituler avec l'idée que cet espace nu serait tout aussi bien gardé par des sentinelles posées à chaque extrémité.

— Ces gens ont peur, dis-je à Tartaglia; le moindre bruit un peu ressemblant à une explosion souterraine, que nous viendrions à bout de produire dans les salles basses du château, les mettrait en fuite, car il est certain qu'ils rêvent mine, écroulement.

— Moi, je rêve quelque chose de plus raisonnable, *mos-*

siou, reprit Tartaglia sortant de sa méditation. Écoutez-moi, et si je suis fou, ne me croyez jamais!

— Voyons ton idée!

— Nous ne sommes pas seuls cachés ici : en doutez-vous maintenant?

— Pas plus que toi... Alors?

— Alors, *mossiou*, les gens qui font si belle cuisine sous le *terrazzone*, sans s'inquiéter de montrer leur fumée, et sans remords de nous envoyer cruellement la bonne odeur de leur ripaille...

— Tais-toi, écoute! lui dis-je en l'interrompant. A présent crois-tu que j'aie rêvé le son d'un piano?

— Oui, *mossiou*, je l'entends! Je ne suis pas sourd! bon piano! belle musique! Tiens! c'est l'air de la *Norma!* Ah! si j'avais ma harpe, je vous ferais entendre un joli duo, *mossiou!*

Nous restâmes quelques instants silencieux, écoutant le piano fantastique, qui n'était ni aussi bon ni aussi bien joué que le prétendait Tartaglia, mais qui, malgré nos anxiétés, nous donnait des idées de gaieté folle, comme on en a dans les rêves, au milieu des plus désagréables situations.

Nous ne fûmes pas moins étonnés de voir que les carabiniers restaient parfaitement indifférents à cette nouvelle bizarrerie. Il était évident qu'ils ne l'entendaient pas, et que, comme des cornets acoustiques, les colonnes creuses du *terrazzone* nous apportaient ces sons mystérieux, aussitôt perdus dans les régions supérieures de l'air, et insaisissables pour nos gardiens, placés à une centaine de pieds plus bas que nous.

— Donc, reprit Tartaglia, ils demeurent là-dessous, *les autres!* ils y ont de bons appartements, ils y font bonne chère et belle musique au dessert! Et ils ne se doutent pas qu'ils ont des carabiniers sur la tête!

— Cela, nous n'en savons rien ; mais nous savons que, tout à l'heure, les carabiniers ne se doutaient pas qu'ils eussent des prisonniers sous les pieds.

— C'est vrai, puisqu'ils ont eu une si belle peur de cette fumée! Or, comme je vous le disais, *mossiou,* nous avons là des camarades d'infortune ; mais par où sont-ils entrés?

— Par une issue extérieure qui existe, et que les carabiniers ne connaissent pas.

— Ni la police non plus, je vous en réponds!

— Ni Daniella, ni Olivia non plus, car elles m'en eussent fait part.

— Et elles ne savent pas non plus qu'il y a ici d'autres réfugiés que nous, car elles nous en eussent avertis!

— Eh bien?

— Eh bien... mais, s'il y avait une sortie à ce château du diable, par-dessous le contre-fort de la grande terrasse... ces prisonniers seraient partis ou en train de partir. Ils songeraient à filer, et non à manger en étudiant la *Norma* de Bellini.

— C'est ce que je me dis, et je vois leur captivité dans ces caves bien plus effrayante que la nôtre.

— Ah! voilà ce qui m'intrigue, reprit Tartaglia en secouant la tête ; vous avez entendu ouvrir et fermer des portes. Il y a une communication, entre eux et nous, plus facile que votre diable de galerie qui nous ensevelira si nous continuons à la fouiller. Nous avons mal cherché, *mossiou!*

— Il faut chercher encore!

— C'est ce que j'allais dire.

— Prenons toujours le pic et la pioche, et allume la lanterne.

— Mais dînez d'abord, *mossiou*, que diable !

— Non, nous dînerons après ! Il faut suivre l'inspiration quand on la tient. Je ne sais pas pourquoi je suis persuadé que nous allons réussir, maintenant que nous avons la certitude de la présence *des autres,* comme tu dis.

— Laissez-moi prendre beaucoup d'allumettes, *mossiou*. Tant que je vois clair je suis assez brave.

— Passons par mon atelier, j'ai là tout ce qu'il faut.

Je pris la clef de l'ancienne chapelle papale, que je me permets d'appeler, sans façon, mon atelier, et nous y fîmes nos préparatifs. En voyant, sur le chevalet, mon étude presque finie, dont, par parenthèse, je ne suis pas trop mécontent, l'idée me vint que quelque accident nouveau pourrait bien m'empêcher de l'achever, ainsi que l'album sur lequel je vous écris mes aventures. Un instinct d'attachement puéril pour ces deux objets qui m'ont aidé à savourer mes joies et à me distraire de mes peines, s'empara de moi, et je grimpai à une échelle, au moyen de laquelle je peux atteindre un creux de la muraille formant une sorte de cachette que j'ai découverte par hasard, ces jours-ci. J'y déposai ma petite toile et mon manuscrit. Je me disais qu'en cas de départ forcé je les y retrouverais peut-être un jour.

— Que faites-vous là, *mossiou ?* me dit Tartaglia inquiet ; avez-vous quelque pressentiment ? Vous me rendez triste, moi qui avais bonne idée de notre expédition de ce soir !

J'étais encore sur l'échelle, mais je ne songeais ni à descendre ni à lui répondre. Nous nous regardâmes tous deux avec la même expression de doute et de surprise : il nous semblait qu'on venait de frapper légèrement à la porte du fond de la chapelle.

Tartaglia, sans dire un mot, ôta ses souliers et alla coller son oreille à cette porte. On y frappa discrètement une seconde fois.

Je lui fis signe d'ouvrir. La curiosité l'emportait en moi sur la méfiance. Il subissait l'impulsion contraire, car il me fit signe, avec énergie, de garder le silence, et, regardant à ses pieds, il ramassa une lettre qu'on venait de passer sous la porte.

Je m'emparai de cette missive et la décachetai avec empressement. Elle contenait ce qui suit, en français : « Le prince de Mondragone vous prie de lui faire l'honneur de dîner et de passer la soirée chez lui. *On fera de la musique.* » Il y avait sur l'adresse : « A monsieur Jean Valreg, *peintre, en son atelier de Mondragone.* » Le papier rose, satiné et parfumé, était découpé, enguirlandé et orné, au coin, d'un écusson armorial doré et enluminé.

J'examinais avec stupéfaction cet étrange billet, pendant que Tartaglia se tenait les côtes pour s'empêcher de rire tout haut, tant il trouvait la chose plaisante et l'idée du dîner agréable; mais quand je voulus aller ouvrir au porteur de cette courtoise invitation, Tartaglia, revenant à ses craintes, se mit en travers.

— Non, non! disait-il tout bas, c'est peut-être un piége; n'y allez pas, *mossiou*. C'est comme le *souper du Commandeur!*

On frappait pour la troisième fois : c'était demander la réponse. Je repoussai Tartaglia en lui reprochant tout haut sa méfiance, et j'ouvris à un groom très-bien mis et d'une figure intelligente, dont les habits élégants étaient seulement un peu poudreux et rayés çà et là de toiles d'araignées, ornement indispensable de quiconque se promène dans les salles de notre manoir.

— Qu'est-ce que le prince de Mondragone? lui demandai-je sans préambule, en regardant derrière lui pour me convaincre qu'il était seul.

— C'est mon maître, répondit l'enfant en italien sans

hésiter, et en retenant une intention gaie ou moqueuse, sous l'air respectueux d'un valet bien stylé.

— Belle réponse ! s'écria Tartaglia. Cela ne nous apprend rien ! Moi qui connais toute la noblesse d'Italie, je vous jure, *mossiou,* que je n'ai jamais entendu parler d'un prince de Mondragone !

— Monsieur veut-il faire réponse au prince? reprit le groom sans se déconcerter.

Je crus devoir montrer le même sang-froid et prendre cette fantasmagorie comme une chose toute naturelle.

— Dites à votre maître que j'irais bien volontiers si j'avais un habit; mais...

— Oh ! ça ne fait rien, monsieur ! Il n'y a que des hommes. D'ailleurs, on sait bien que vous êtes en voyage.

— Il appelle ça être en voyage ! dit Tartaglia d'un ton piteux; mais suis-je invité aussi, moi? car du diable si je reste seul !...

— Moi, je vous invite, répondit le groom; il y a repas et soirée aussi à l'office.

— Mais... reprit Tartaglia singeant ma réponse, c'est que je ne suis pas en livrée !

— Ça ne fait rien, vous êtes aussi en voyage !

— Oui, oui, en voyage ! Je ne m'en souvenais plus !

— Et à quelle heure cette soirée? demandai-je.

— Tout de suite, monsieur; on n'attend plus que vous.

— Ah ! on m'attendait? Fort bien ! Et où demeure le prince, s'il vous plaît?

— Sous le *terrazzone,* monsieur.

— Je le sais bien ; mais par où y va-t-on, d'ici?

— Si vous voulez bien me suivre... dit l'enfant en ramassant une petite lanterne sourde qu'il avait déposée au seuil de la chapelle.

— Ah! *mossiou!* s'écria Tartaglia, à qui la gaieté était revenue, si au moins j'avais eu le temps de brosser votre paletot et de donner un coup de fer à vos cheveux! Mais qui pouvait s'attendre à cela?

Nous suivîmes le groom, qui nous conduisit droit au *pianto*, descendit le petit escalier, pénétra dans une des caves que j'avais explorées, traversa des tas de décombres, en nous éclairant avec courtoisie et nous avertissant à chaque obstacle qu'il semblait parfaitement connaître. Enfin, il se glissa dans un couloir étroit, et s'arrêta devant une petite niche creusée dans le mur, où je m'étais arrêté dans mes recherches des jours précédents. Alors, il posa le doigt sur je ne sais quelle tête de clou qui mit en mouvement une clochette, et se plaça debout dans la niche, ôta poliment son chapeau en nous disant : « Excusez-moi si je passe le premier pour vous annoncer, » tourna lentement sur lui-même et disparut.

C'était un tour comme ceux qui servent, dans les couvents cloîtrés, à faire entrer des paquets, et qui ont dû quelquefois servir à favoriser des communications clandestines sans violer la lettre des règlements. Celui-ci est en bois massif, mais couvert d'un débris de peinture qui me l'avait fait confondre avec la vieille fresque qui l'encadre. Au bruit sourd qu'il rendit en tournant sur son pivot de fer, je reconnus celui qui m'avait inquiété. Il obéit à une impulsion donnée par derrière, où des verrous massifs le tiennent assujetti et fermé comme une porte véritable.

Cette machine, ingénieuse parce qu'elle est des plus simples, est à peu près impossible à découvrir. Quand elle eut escamoté le groom en nous présentant sa face convexe, elle se retourna pour nous ramener sa face concave, où je me plaçai, pour me trouver tout à coup vis-à-vis d'un homme en veste et tablier blancs, qui me salua en me baisant la main, et s'empressa de tourner le demi-cylindre, où Tartaglia parut à son tour en battant des mains et faisant des cris d'admiration. Il était dans la fameuse cuisine gigantesque de Mondragone, dans la cuisine de ses rêves, dans la *befana*.

Je vais vous décrire ce local peut-être unique au monde, surtout dans les circonstances où il se présentait à mes regards, et vous le dépeindre comme si, du premier coup d'œil, j'avais pu me rendre compte des détails que j'eus le loisir d'examiner peu à peu.

C'est une salle voûtée divisée en trois compartiments, par deux rangées de piliers massifs quadrangulaires. Cela ressemble à une église souterraine, et c'est aussi grand. Un des côtés, que l'on pourrait appeler des nefs, a fléchi, mais paraît assez solidement étayé : c'est celui qui avoisine le *pianto* et probablement l'écroulement de la galerie que j'ai découverte avec Tartaglia, car l'eau que nous avions rencontrée pénètre dans cette nef et y forme un beau réservoir au ras du pavé. Cette eau courante le traverse, bouillonne parmi les fragments de ruine, et s'enfuit dans un enfoncement sombre avec un bruit mystérieux.

C'est dans l'autre nef latérale que fonctionnaient, en ce moment, deux des quatre cheminées monumentales dont nous avions vu la fumée passer sur la petite terrasse du *casino*. Les réjouissantes odeurs dont Tartaglia s'était délecté se trouvaient justifiées par des préparatifs assez confortables. Outre le marmiton qui venait de m'accueillir, un grand cuisinier à barbe noire, majestueux comme le roi des enfers en personne, s'agitait lentement autour des fourneaux, et surveillait une douzaine de casseroles de très bonne mine.

Aucune espèce de porte, aucune croisée apparente ne trahit l'existence de cet immense local, suffisamment chauffé et aéré par les vastes cheminées. Toutes les anciennes issues sont murées par des massifs d'une épaisseur égale à la profondeur de leurs embrasures; seulement, au centre de la grande nef du milieu, un large escalier descend à un péristyle terminé par une arcade à cintre rampant. Ce péristyle était jonché de paille, et quatre bons chevaux y étaient attachés comme dans une écurie.

Mais le détail le plus curieux de cette résidence, c'était le bout de cette nef du milieu, réservé pour le principal habitant et arrangé ainsi qu'il suit :

Dans une demi-rotonde un peu plus élevée sur le sol que le reste de l'édifice, une grande vasque de marbre, correspondant probablement à la fontaine extérieure située au bas des contre-forts de la terrasse, faisait danser irrégulièrement un petit jet d'eau, tout récemment remis en exercice au moyen d'une tige de roseau. Une vingtaine de pots à fleurs entouraient cette fontaine. C'étaient des fleurs de serre froide assez communes, et quelques petits orangers, objets de luxe bourgeois ici, tout comme à Paris; mais le maigre parfum de ces plantes était neutralisé par ceux du poisson cuit au vin et de la graisse fondue qui avaient chatouillé l'odorat de Tartaglia si agréablement, et qui remplissaient énergiquement l'atmosphère où nous nous trouvions introduits.

Du reste, la demi-rotonde où l'on était en train de servir le repas offrait un aspect de confortable ingénieusement conquis sur la tristesse et le délabrement de l'édifice. Les froides parois étaient tendues de vieilles tapisseries, jusqu'à la hauteur d'une dizaine de pieds. Le pavé était recouvert de nattes et, sous la table, de peaux de chèvre à longs poils. Un grand sofa, dont la vétusté était cachée par plusieurs manteaux étalés dessus, ainsi que quatre fauteuils sur lesquels on avait jeté des napperons blancs en guise de housses ; un pianino assez laid, placé sur une estrade de planches brutes, pour le préserver de l'humidité ; un vaste brasero allumé qui cuisait le pauvre instrument d'un côté, tandis qu'il se morfondait de l'autre au voisinage de la fontaine, circonstances qui m'expliquèrent bien pourquoi il m'avait paru si faux ; un magnifique bureau Pompadour, dont la marqueterie de bois de rose était à moitié tombée et dont les cuivres étaient verdis par l'oxyde ; une toilette de nécessaire de voyage très-élégante, étalée sur une table recouverte d'un grand cache-nez de cachemire, en guise de tapis ; un lit de fer, orné d'une courtepointe d'indienne à fleurs et entouré d'un vieux paravent ; une guitare qui n'avait plus que trois cordes ; la table, dressée au milieu de l'hémicycle et toute servie en vieille faïence ébréchée et dépareillée, mais dont quelques pièces étaient fort précieuses quand même ; enfin, un *amorino* en marbre blanc, placé dans un petit myrte en caisse, taillé en berceau, objet de goût qui avait la prétention d'être un *surtout :* tels étaient l'ameublement et la décoration de cet appartement complet, improvisé dans un compartiment de l'unique salle.

Le reste était à la fois la cuisine, le lavoir, l'écurie et le dortoir des valets, dont les lits, composés chacun d'une planche, d'une botte de paille et d'un manteau, étaient très-proprement disposés sur les bases colossales des piliers.

Je vous répète que ceci est un inventaire dressé après coup et à loisir ; car, dans le premier moment, passant de l'obscurité à la vive lumière des torches qui éclairaient l'ensemble, et des bougies qui brillaient dans la partie réservée au repas, si je vis quelque chose, je ne compris absolument rien, sinon que j'avais à répondre aux politesses d'un personnage accouru à ma rencontre, lequel se hâta de me dire qu'il n'était pas mon hôte, mais un ami *du prince,* et qu'il allait me conduire *au salon.*

Ce salon, vous le connaissez déjà. C'était l'espace compris entre le sofa, les fauteuils, le pianino, la fontaine et le brasero.

Mon guide, dont la figure me tourmentait d'une vive réminiscence, et devant lequel les valets se rangèrent en l'appelant *signor dottore,* me demanda gaiement pardon de me faire passer par la cuisine, par l'écurie et par l'office.

— La maison du prince est si mal distribuée, dit-il en riant, qu'il n'y a pas d'autre entrée ; mais ce qui corrige cet inconvénient, ajouta-t-il d'un air expressif en s'arrêtant au centre de l'édifice et en me montrant l'escalier qui descendait à l'arcade fermée seulement par un tas de paille, c'est qu'il y a une sortie !

XXXVI

Comme preuve de cette assertion, un palefrenier entrait, en cet instant, en écartant la clôture de fourrage, et apportait de l'avoine aux chevaux installés dans le péristyle au bas de l'escalier. J'allais exprimer l'agréable surprise que me causait cette révélation, lorsque le prince en personne, descendant les deux marches de son sanctuaire, vint au-devant de moi. — Vous le voyez, monsieur, me dit-il, vous êtes libre, et si vous avez une grande impatience de prendre la clef des champs, je ne vous retiens pas ici malgré vous ; mais, comme je me dispose moi-même au départ (vous voyez mes chevaux), j'ai pensé qu'il vous serait agréable de dîner d'abord et d'attendre, en bonne compagnie, l'heure de minuit, préférable à toute autre pour les gens qui ont, comme nous, quelque démêlé avec la police locale. Mon ami, ajouta-t-il en s'adressant à Tartaglia qui me suivait comme un chien, allez trouver mes gens, il leur est enjoint d'avoir grand soin de vous.

— *Mossiou! mossiou!* me dit Tartaglia en me retenant par mon vêtement, n'acceptez pas ce dîner, ne parlez pas à cet homme-là. Je le connais, moi! c'est le prince de...

Celui qu'on appelait le docteur me prit par le bras, comme pour m'encourager à suivre le prince qui nous ouvrait la marche. Tartaglia, passant de l'autre côté, me dit à l'oreille : — Ceci gâte notre affaire et nous compromet! Nous voici affiliés à...

— Eh bien! venez-vous? dit le docteur, qui me supposait intimidé. Ne craignez pas de parler au prince : c'est le plus aimable homme du monde.

— Je le vois bien, répondis-je; mais permettez-moi de dire un mot à mon compagnon d'aventures.

— Ah! pardon! faites.

Je fis deux pas en arrière avec Tartaglia. Il voulait parler, je l'en empêchai. — Il ne s'agit pas de m'apprendre avec qui je me trouve : on va certainement me le dire. D'ailleurs, ce mystère m'amuse. Mais toi, tu es libre, on te l'a dit. Si tu veux fuir...

— Seul et à jeun, *mossiou?* oh! non certes! Nous voilà chez le diable, je veux tâter de son ordinaire.

— Mais si tu étais mon ami, comme tu le prétends, tu irais d'abord flairer ce passage souterrain, et tu viendrais à bout d'aller dire à la villa Taverna que...

— Je suis votre ami, répondit-il, et je vas tâcher de faire savoir à la Daniella que nous fuyons cette nuit.

— Non pas! non pas! Dis-lui que je peux partir, mais

que je ne partirai pas sans elle. J'attendrai qu'elle soit guérie.

— *Cristo!* vous ne voulez pas profiter...

— Ah! pas de discussion! N'es-tu pas libre, toi, dès à présent? Va, si tu m'aimes!

Je sais maintenant qu'avec ce mot-là je gouverne mon pauvre diable. Il s'élança dans l'escalier; mais le docteur qui, sans nous écouter, ne nous perdait pas de vue, revint vers nous, en me disant avec politesse, mais d'un ton sérieux:

— Ne donnez pas encore de commissions dehors, monsieur; ce serait pour nous et pour vous une grave imprudence. Attendez minuit...

Il fallut se résigner et rappeler Tartaglia, qui alla flairer les casseroles et faire connaissance avec les cuisiniers. Moi, je suivis le docteur et le prince au *salon,* où l'on m'offrit un fauteuil. Le prince était déjà étendu nonchalamment sur le grand sofa, et il entama la conversation avec aisance en me parlant peinture, en me demandant ce que je pensais de l'influence de l'Italie sur les artistes des autres pays, en me questionnant, enfin, sur mes opinions à l'égard des divers maîtres de la France moderne : tout cela sans faire la moindre allusion à ma situation présente non plus qu'à la sienne, et en discourant avec esprit et légèreté sur toutes choses, hormis celle qui devait le plus me préoccuper.

Pendant cette causerie étrangement calme et qui semblait beaucoup plus faite pour un salon de Paris que pour le lieu où nous étions, le docteur s'occupait du service, *ex professo,* et s'ingéniait avec le valet de chambre pour suppléer à ce qui pouvait manquer à l'élégance et au confort de la table. Le groom n'avait qu'une idée, c'était de faire monter le jet d'eau, et, en changeant les becs de roseau, il lui arrivait à tout instant de nous arroser, ce que le prince souffrait avec une grande patience, se contentant de lui dire de temps en temps : — Carlino, fais donc attention ! Il fait déjà assez humide ici.

Alors, il se mettait à parler de son *habitation* comme un homme qui en discute avec désintéressement les inconvénients et les avantages.

— C'est fort laid, disait-il ; mais c'est si bien situé ! La vue est magnifique, de la terrasse du casino.

Je ne pus m'empêcher de lui dire que j'étais beaucoup mieux logé que lui, et qu'il devait beaucoup souffrir dans cette grande cave.

— Mais ce n'est pas une cave, répondit-il. Nous sommes en contre-bas de la montagne, voilà tout ; et, sans les infiltrations des eaux égarées dans les murs par suite de la rupture de plusieurs canaux, il ferait ici aussi sec que chez vous ; mais, avec beaucoup de braise on s'en tire, vous voyez.

— Pourtant, ces fenêtres et ces portes murées... Le soleil n'entre jamais dans cette grande salle ?

— Aussi, à l'exception de ces deux derniers jours, ne l'avons-nous habitée que la nuit. Les cours du château sont si vastes et si belles, et le petit cloître est si charmant ! Nous n'avions que quelques pas à faire pour respirer un air pur ; et puis, par ici, ajouta-t-il en montrant le milieu de l'édifice où est situé l'escalier, nous avons le chemin des champs. C'est là le principal avantage du logement que j'ai choisi.

Chaque mot de ce tranquille personnage semblait appeler de ma part une foule de questions ; mais, comme il s'abstenait de m'en adresser de personnelles, je crus convenable de montrer la même réserve ou la même indifférence, et de parler de Tusculum et des environs, comme ferait un touriste dans une auberge.

Pendant que l'on sert le repas, je veux vous décrire ce fabuleux prince dont je sais maintenant le nom, mais que, par prudence, je vous désignerai ici sous un nom de fantaisie : *Monte-Corona,* par exemple. C'est le premier qui tombe sous ma plume.

Ce personnage est âgé d'une cinquantaine d'années. Il appartient à un type plutôt napolitain que romain. Il parle français, sinon avec une correction parfaite, du moins avec une facilité complète et toutes les nuances de l'actualité familière.

Il a pu être beau, mais de cette beauté italienne exagérée qui devient laideur avec les années. Il est beaucoup trop petit pour son nez, qui s'avance droit et sans courbure au devant de sa face, comme une lame d'épée. Sa peau, mate et fine, tourne au livide ; ses dents sont éblouissantes, indice d'une disposition à la phthisie pulmonaire, ainsi que ses épaules étroites et sa poitrine rentrée. Une masse de cheveux, trop noirs et trop bouclés pour n'être pas un *effet de l'art,* tombe sur ses joues creuses et se mêle au noir de sa barbe trop bien plantée, en ce sens qu'elle fait tache d'encre et masse disproportionnée avec les plans blêmes et malingres de sa figure. Vous avez vu cette tête-là partout : un vieux Antinoüs malade croisé de Polichinelle dégénéré.

L'œil superbe quand même ; la physonomie douce et agréable en dépit de cette chevelure de brigand calabrais ; une grande distinction de manières et de très-petits pieds ridiculement bien chaussés : voilà le souvenir qu'il m'a laissé.

Quand le valet de chambre eut annoncé que le dîner était servi, bien que, cela se passant sous nos yeux, cette formalité fût fort inutile, le prince se leva, étira ses bras et ses jambes comme un lévrier, bâilla trois ou quatre fois en disant au docteur, d'un air profondément affligé, qu'il n'avait pas d'appétit, et se plaça au milieu de la table. Le docteur se mit en face de lui pour faire les honneurs, soin beaucoup trop pénible pour un homme aussi indolent et aussi maladroit que Son Altesse, laquelle me fit asseoir à sa droite. La quatrième place resta vide provisoirement, ce qui semblait un cas prévu.

Quand je vis le docteur bien en face et bien éclairé (jusque-là il n'avait fait que remuer), je le reconnus positivement ; c'était le moine de Tusculum : un homme magnifique, d'une très-haute taille, gros à proportion, mais plutôt large qu'épais de carrure et point chargé d'obésité ventrue. Il est de l'âge du prince et paraît plus jeune, bien qu'il ait les cheveux gris ; mais cette abondante chevelure, toute bouclée naturellement, semble brûlée par le soleil plus que par les années. Tous les traits sont admirables et rappellent le marbre de Vitellius, moins l'engoncement du cou et l'amollissement des chairs ; car si cet homme a les goûts, les instincts ou les besoins d'une vie exubérante, il a la force de les satisfaire, et l'excès n'a pas encore dépassé la puissance. Son œil est étincelant, ses dents irréprochables, sa voix pleine et vibrante, et l'agilité de cette stature colossale indique une vigueur et une souplesse qui n'ont encore rien perdu des ressources de la jeunesse.

Frappé de l'intérêt d'artiste avec lequel je le regardais, il se prit à rire.

— Nous nous sommes déjà rencontrés, n'est-ce pas? me dit-il, comme pour aider mes souvenirs.

— Une figure comme la vôtre ne s'oublie pas, surtout quand elle vous apparaît sous un costume pittoresque, par un coucher du soleil splendide, et au milieu des ruines de Tusculum.

— Ah! ah! reprit-il en souriant, voilà les peintres! Ils

ont des yeux auxquels on ne peut échapper. Heureusement, leur attention et leur mémoire sont exceptionnelles, car on ne pourrait pas se promener en sûreté sous un froc, même dans les endroits où l'on croit trouver la solitude ; mais j'espère que vous ne jugez pas indispensable à ma physionomie ce déguisement que je n'endosse jamais sans une atroce répugnance?

Je lui répondis que sa physionomie était remarquable sous tous les déguisements possibles, et je me disais, à part moi, qu'il était peut-être dominicain et non médecin ; que peut-être encore n'était-il ni l'un ni l'autre. Le prince vit que je me tenais sur mes gardes, et, avec beaucoup de délicatesse, il affecta, de nouveau, de généraliser la conversation, afin de n'avoir pas l'air de m'interroger sur mes opinions ou sur mes *circonstances.*

Le dîner était succulent, bien que composé d'éléments fort simples. Mes hôtes se mirent à parler de cuisine en maîtres.

— Ce pays-ci n'offre guère de ressources, dit le prince, surtout dans la saison où nous sommes ; mais quand on voyage, il ne faut jamais s'inquiéter de ce que l'on trouvera, mais bien de la préparation des mets, quels qu'ils soient. Toute la science de la vie consiste à avoir un cuisinier intelligent. Il en est de fort savants dont je ne fais pas le moindre cas ; ils ne peuvent fonctionner que dans les grands centres de civilisation. Je préfère un artiste comme l'homme d'imagination que vous voyez là-bas. C'est un Calabrais, et c'est tout dire. La Calabre, où j'ai vécu longtemps, est un pays dépourvu de tout, pour peu que l'on s'éloigne des rivages. Mais avec cet Orlando, je n'ai jamais fait un mauvais repas. Peu m'importe qu'il m'ait fait manger des rats ou des hérissons quand il n'avait pas autre chose à fricasser. Je ne lui demande jamais ni ce qu'il me servira ni ce qu'il m'a servi. Tout ce qui passe par ses mains devient mangeable, et pourvu qu'on puisse manger, on ne doit pas souhaiter de friandises. Je ne suis pas gourmand, et je ne comprends pas qu'un homme soit l'esclave de son ventre, surtout lorsque, comme moi, il n'a plus jamais d'appétit.

En parlant ainsi, le prince goûtait, avec un sérieux extraordinaire, tous les plats qui passaient devant lui. Il mangeait peu, en effet; mais le bien manger devait être une des préoccupations dominantes de sa vie, puisqu'elle n'était point détournée par la situation probablement assez grave où il se trouvait.

Les vins furent à l'avenant des plats, c'est-à-dire exquis, et le docteur y fit largement honneur, sans en paraître *ému* le moins du monde. Auprès de ce grand coffre béant que rien ne semblait pouvoir déborder, j'étais le plus pitoyable convive. Dès le premier service, j'étais rassasié, tandis qu'il ne faisait que se mettre en train, et je comparais intérieurement ma petite organisation avec celle de ce descendant des Romains de la décadence. Je remarquais en lui la sensualité italienne, protestation si frappante contre le régime d'appauvrissement et de stérilité dont est frappée cette terre fastueuse, et l'un me paraissait la conséquence de l'autre. Quand il y a de telles capacités pour consommer, l'esprit ou les bras doivent se lasser de produire.

Interrogé par le docteur, je me défendis de lui dire à quoi je songeais et combien j'étais étonné de voir de pareilles préoccupations de bien-être et de pareilles jouissances de réfection dans un pareil lieu de refuge, sous les pieds mêmes de gens armés, prêts à s'emparer peut-être de nos personnes.

— D'abord, quant au dernier point, me répondit le docteur, cela est tout à fait impossible. Il faudrait que ces gens armés eussent découvert notre retraite.

— Quoi! m'écriai-je, quand la fumée de votre festin les enveloppe, vous croyez qu'ils ignorent où vous êtes?

— Ils ne l'ignorent pas, dit le prince. Nous n'avons pas la prétention d'être ici sans qu'on le sache; mais il est temps que vous sachiez vous-même dans quelle situation nous sommes. Voici le docteur qui a fait partie autrefois de la guérilla des frères Muratori, lorsqu'eux et lui étaient encore enfants. Pour ce fait, il fut condamné à mort, et je ne sache pas que la sentence soit révoquée; mais sa mère est à Frascati; il ne l'a pas vue depuis quinze ans. Il a su que je venais à Rome, il a voulu m'accompagner. Quant à moi, qui suis de la terre d'Otrante, et par conséquent sujet du roi de Naples, j'ai été compromis dans les derniers événements de mon pays, pour avoir parlé un peu librement de mon aimable monarque et bâtonné un de ses insolents lazzaroni. Menacé de la prison et d'un procès criminel, je vins me réfugier à Rome, où j'ai un frère cardinal, mais où j'eus l'imprudence de déblatérer un peu contre un autre prince de l'Église, qui m'avait volé une *amante*, et de donner des coups de pied dans le dos d'un mouchard qui m'ennuyait. Après quoi, je fus forcé d'aller m'établir à Florence; mais là j'eus le malheur de me plaindre de la garnison allemande et de me battre avec un officier que je tuai en duel. Je m'en allai en Piémont, où je fus plus sage et plus tranquille; mais, ayant appris que mon frère le cardinal était grièvement malade, je revins secrètement à Rome pour veiller à mes intérêts dans la succession. Je trouvai mon frère guéri et peu sensible au plaisir très-réel que j'en ressentais. Il me pria de m'en aller, pour ne pas le compromettre, et comme, retenu par une petite affaire de cœur qui m'était survenue, j'hésitais à suivre son conseil, il laissa dénoncer ma présence chez lui, non dans l'intention de me livrer, mais avec celle de me forcer de déguerpir; car il me prévint à temps de la nécessité de le faire. Or cela ne m'était pas possible, au point où j'en étais avec certaine dame, et je la décidai à venir passer *incognita* quelques jours à Frascati, où je reçus asile chez la mère du docteur, ici présent; mais je n'étais pas caché là depuis vingt-quatre heures, que mon frère mit à mes trousses des espions à lui, chargés de nous inquiéter, et, parmi ces braves gens, il y avait un certain Masolino et un certain Campani, deux coquins dont il paraît que vous avez entendu parler... Donnez-moi un peu de ce jambon, docteur, car il y a longtemps que je parle sans essayer de manger, et je me sens faible !

En disant ces paroles, il passa le jambon au docteur chargé de le couper en menues tranches, puis il continua :

— On ne voulait pas nous arrêter; mais on me menaçait de compromettre la personne qui m'intéressait, et de faire sérieusement au cher docteur un mauvais parti. Le docteur connaissait particulièrement le fermier Felipone; il avait sauvé la vie d'un de ses neveux sans vouloir être payé. Il le pria de nous cacher dans une des chambres délabrées de ce manoir. Felipone se montra reconnaissant et dévoué. Il ne pouvait nous loger dans l'intérieur du château dont il n'est pas le gardien; mais la partie extérieure, la terrasse, où nous voici, est confiée à sa garde, ainsi que les jardins dont elle est censée faire partie. Lui seul savait que ce lieu est habitable et encore solide, malgré l'accident dont vous voyez là-bas les effets, et qui avait décidé l'intendant, il y a une douzaine d'années, à faire étayer le fond, puis murer solidement toutes les ouvertures, afin de condamner cette partie compromise de l'édifice. On ne savait déjà plus, dès lors, qu'une sortie souterraine avait existé au centre : elle avait été murée aussi, nous ne savons à quelle époque, peut-être après le saccage du château par les Autrichiens, afin que ceci ne devînt pas un repaire de voleurs. Mais je suis fatigué de raconter; aidez-moi donc, docteur, vous ne faites que manger! Que vous êtes heureux d'avoir toujours faim! Est-ce que les faisans sont passables? me conseillez-vous d'en manger une aile?

— Je vous en conseille deux, répondit le docteur; ils sont excellents!

Ayant servi le prince, il continua sa narration :

— Le local que vous voyez était donc et est encore réputé inabordable, dangereux, condamné, impossible. Mais voilà qu'un beau matin, Felipone, en plantant un arbre devant sa maison, découvrit une voûte. Le compère se crut possesseur d'un temple antique, ou tout au moins d'un *columbarium*. Ce n'était pas cela, mais bien une galerie qu'il ouvrit secrètement, et en travaillant de nuit, pour n'être pas troublé dans la possession des trésors qu'il espérait découvrir. Il suivit ce vaste couloir, et après avoir marché longtemps en droite ligne et en montant assez rapidement, il se trouva dans le joli péristyle où vous avez vu nos chevaux. Seulement l'issue en était bouchée, et il s'imagina de la percer et de la déblayer, car il ne savait pas bien où il était. Le temps lui avait paru long; il se flattait peut-être d'avoir retrouvé une dix-septième maison d'Horace, la seule, la vraie, celle des Tusculanes.

» Quand il se vit dans la cuisine papale de Mondragone, il se sentit très-désappointé. Néanmoins il se fit un malin plaisir de posséder là un monument qu'il pouvait exploiter auprès des touristes sous le nez de madame Olivia, gouvernante et gardienne du reste du château. A force de fureter, il découvrit également la curieuse machine par où vous êtes entré ici, et qui, depuis longtemps, était une tradition perdue. Elle ne tournait plus; il la répara lui-même, et, maître désormais de faire pénétrer ses voyageurs dans tout le manoir, sans la permission de sa rivale, il se promettait d'en tirer parti, lorsque ma demande d'asile lui arriva et le décida à garder le silence sur cette trouvaille, tant qu'elle pourrait m'être utile. Il se hâta de transporter ici tous les objets nécessaires à notre installation, et voici ce qui vous explique ce mobilier, ces ustensiles, cette vaisselle, vestiges vénérables échappés au sac et à l'incendie du château par les Autrichiens. Ces tapisseries ont peut-être orné jadis la chambre de Paul III. Quant à ces fleurs, à ce myrte taillé et à la statuette qui ornent cette table, c'est une gracieuseté de madame Felipone, laquelle, non contente de se charger de nos provisions et de nos emplettes, s'ingénie à nous entourer d'un luxe naïf. *La donna!* s'écria-t-il avec un enthousiasme enjoué, en avalant un grand verre d'orvieto, c'est la providence de l'homme, c'est l'ange du proscrit et le salut du condamné !

Le prince plaisanta un peu le docteur sur l'ardente sympathie de madame Felipone. Il y eut entre eux, en italien, un colloque assez curieux et plein de caractère indigène. Par un côté, celui de la charité du docteur sauveur de l'enfant, et par la gratitude des parents, sauveurs, à leur tour, du bienfaisant médecin, la situation était logique et touchante ; mais, par un autre côté, celui des idées trop philophiques du docteur, usant et abusant de cette reconnaissance jusqu'à tromper le bon et dévoué Felipone, cette situation redevenait toute réaliste, tout italienne.

Je fis la sourde oreille pour n'avoir pas à faire, hors de propos et sans utilité, le puritain et le pédant. Je comprends tous les entraînements possibles ; mais j'étais choqué de les entendre avouer devant moi avec si peu de scrupule et de retenue.

XXXVII

— A présent que vous connaissez nos *circonstances*, continua le docteur, il faut vous avouer que votre arrivée à Mondragone nous a passablement gênés et contrariés. Nous y étions depuis huit jours, et nous y étions bien. Pouvant pénétrer à toute heure dans l'intérieur du château, sauf à battre en retraite par le petit cloître, en cas d'une ronde de madame Olivia, nous étions plus libres et plus gais. Depuis que vous vous êtes emparé de notre promenoir, il nous a fallu aller prendre l'air, à nos risques et périls, sous divers déguisements, dans les jardins et dans la campagne ; mais tout allait passablement encore, et le prince avait décidé la signora qui s'intéresse à lui à fuir avec nous, lorsque le cardinal s'est imaginé de s'opposer à une visite domiciliaire que l'on voulait faire à Mondragone et que nous appelions de tous nos vœux, n'ayant rien à en redouter dans ce sanctuaire du *terrazzone*.

J'interrompis le docteur pour m'accuser d'être encore la cause innocente de cette contrariété.

— Non, non, reprit-il, le cardinal n'est pas homme à s'intéresser à vous à ce point-là. Il aime trop les Allemands et les Russes pour ne pas détester les Français. Il n'a étendu sur vous sa protection que parce que vous pouviez lui servir à cacher le véritable motif de sa conduite. Mais cet ordre de respecter l'intérieur du palais aurait pu vous coûter cher, puisque, ne sachant nullement que nous étions à même de fuir par des chemins invisibles, il nous a tous exposés à un blocus interminable de la part de l'autorité locale, laquelle comptait se venger de la privation de nous coffrer par le plaisir de nous affamer.

» Les choses en étant venues à ce point, nous n'avons pas voulu que vous fussiez victime de nos méfaits. Les vôtres ne nous regardent pas, et nous avons résolu de fêter avec vous la cérémonie des adieux à ce respectable asile de Mondragone, que nous ne reverrons peut-être jamais, et où, en somme, nous n'avons pas beaucoup souffert. J'ai dit. *Amen!* Et à votre santé! fit-il en élevant gaiement un grand verre qu'il vida d'un trait.

— Je ne saurais dire avec vous, observai-je au docteur, que je n'aie pas souffert du tout. Depuis quelques jours, je m'ennuyais effroyablement dans ma solitude, et si j'avais été assuré de votre voisinage, j'aurais travaillé plus assidûment à me frayer un passage jusqu'à vous.

— Ah! vous y avez travaillé plus que nous ne voulions! Nous vous avons fort bien entendu miner du côté de l'écroulement. Ce diable de Français, disions-nous, est capable de nous enterrer tous sous la grande voûte. On ne sait pas ce que, dans l'état où elle est, un caillou dérangé dans son équilibre accidentel peut nous causer d'embarras. Heureusement, la masure a résisté à vos coups de pic ou de pioche; mais peut-être était-il grand temps de vous ouvrir la porte.

— C'est vous dire, ajouta le prince, que vous ne nous devez aucun remercîment pour notre invitation, puisque nous ne pouvions ni vous laisser exposé à mourir de faim, ni vous permettre de continuer à piocher dans nos vieux murs. C'est à nous, à nous seuls, d'être reconnaissants de la confiance avec laquelle vous êtes venu à nous et du plaisir que nous procure votre société.

Cette confiance que l'on me témoignait, à moi, me mit plus à l'aise que je ne l'avais encore été : aussi je pensai devoir me montrer plus expansif, et j'y étais disposé pour le cas où l'on m'interrogerait ; mais on me parut savoir tout ce qui me concerne, et le docteur m'adressa une seule question, à laquelle précisément je ne pus répondre avec sincérité.

— Pourquoi diable, me dit-il un peu brusquement, avez-vous été vous imaginer de toucher à cette madone de Lucullus ?

— Et comment diable, répondis-je pour éluder la réponse, êtes-vous informé de cette sotte histoire ?

— Parce que nos gens ont été à Frascati tous les jours avant notre blocus, dit le prince, et que, d'ailleurs, Felipone nous tient au courant des contes et nouvelles du pays.

— Rangez donc parmi les contes cette absurde aventure : je ne sais pas moi-même ce qu'elle signifie.

— Vraiment ? reprit le docteur : eh bien ! moi, je l'avais expliquée d'une manière ingénieuse, toute conforme à un souvenir qui m'est personnel, et j'en serai, à ce qu'il paraît, pour mes frais d'intelligence. Figurez-vous que, dans ma petite jeunesse, à Ravenne, j'avais une petite amoureuse à qui son confesseur défendit de se laisser embrasser. Comme elle retombait plus souvent que de raison dans ce péché mortel, elle crut se fortifier contre le tentateur par un vœu. En conséquence, elle passa son chapelet au cou d'une vierge de faïence émaillée (c'était, Dieu me pardonne, un ouvrage précieux de Luca della Robbia !) et elle fit serment de ne pas me laisser baiser ses lèvres tant que ce chapelet resterait là. Elle me laissait prendre d'autres libertés innocentes, comme de baiser ses mains, ses joues et même sa petite épaule rose ; mais la bouche se détournait de la mienne avec effroi, et cela dura bien trois jours, au bout desquels elle m'avoua l'engagement qu'elle avait pris. Aussitôt, sans lui rien dire, je courus à la chapelle en plein vent, où le chapelet flottait au cou de la madone, et, dans ma précipitation, je ne vis pas que l'émail était fêlé ; je tirai le collier un peu brusquement : la tête tomba, et je pris la fuite. Heureusement, je n'avais pas été vu, et je pus embrasser ma maîtresse sans avoir affaire à l'Inquisition.

Je ne fis point d'éloges au docteur sur sa perspicacité. Je me bornai à trouver l'histoire très-intéressante, et il n'insista pas pour faire un rapprochement. Le vin lui déliait la langue, et il était plus pressé de me raconter vingt anecdotes pour son propre compte que de m'arracher l'aveu de la mienne. Pourtant, j'aurais bien désiré, en ce moment, qu'il sût quelque chose de Daniella, et qu'incidemment il pût me donner de ses nouvelles ; mais, pour rien au monde, je n'aurais voulu parler d'elle à un homme qui parlait si follement de l'amour.

— Vous devriez bien, me dit le prince, quand nous aurons fini de dîner, esquisser un souvenir de cette grande salle et de ce campement comique, éclairés comme les voilà. Plus tard, si vous voulez bien me permettre de vous faire une commande, je vous prie de m'en faire un tableau. Ce lieu me sera toujours cher. J'y ai été heureux dans mes pensées, bien que tourmenté d'esprit et malade de corps. Quant à vous, malgré vos ennuis, vous devez le chérir aussi... Je ne vous demande rien... pas même *son* nom ; mais *elle* m'a semblé bien jolie.

— Vous l'avez donc vue? s'écria le docteur.

— Oui ! le jour où j'ai failli être surpris dans le cloître par monsieur Valreg. J'avais vu entrer... Mais tenez, docteur, il est comme moi ; il a un sentiment sérieux dans le cœur, et nous ne devons pas lui parler de celle à qui nous avons eu l'obligation de pouvoir fumer nos cigares dans les cours et les galeries du château presque tous les soirs. N'est-il pas vrai, ajouta-t-il en s'adressant à moi, que, de six heures de l'après-midi à six heures du lendemain, vous ne sortiez pas du casino, puisqu'elle y était? Mais, depuis le blocus, il paraît qu'elle n'a pu venir, car vous avez été sur pied, trottant partout et à toute heure avec une insistance...

— Je vois que vous étiez très au courant de mes habitudes ; mais pourquoi vous êtes-vous méfié de moi au point de me cacher les vôtres ?

— Nullement, mon cher ; j'avais de la sympathie pour vous sans vous connaître. J'aimais votre talent...

— Mon talent? Je n'ai pas encore de talent; et d'ailleurs...

— Vous croyez que je n'ai rien vu de vous ? Eh bien, sachez que, tous les soirs, nous nous amusions, nous qui nous couchons tard, à aller voir, dans votre atelier, ce que vous aviez fait dans la journée.

— Et moi qui me croyais si seul !

— On n'est jamais seul ; mais vous avez cru l'être, et nous n'avons pas voulu troubler les délices de vos tête-à-tête ; j'aurais peut-être été moins discret et plus taquin, dans d'autres moments de ma vie ; mais étant passionnément amoureux pour mon compte...

Un bâillement de digestion laborieuse coupa si drôlement le mot *passionnément* articulé par le prince, que j'eus peine à m'empêcher de rire. Le docteur s'en aperçut.

— Vous croyez qu'il plaisante ? dit-il. Eh bien ! pas du tout. Ce paresseux, ce gourmand, ce malade, ce blasé, ce voluptueux, cet excellent prince a encore des passions romanesques ; et, pour le moment... D'ailleurs, en voici bien la preuve, ajouta-t-il en me montrant les voûtes fendues et crevassées : nous sommes là dans une cave qui suinte et qui craque ; moi, j'y suis venu pour pouvoir embrasser ma mère : il n'y a pas d'autre femme au monde pour qui je me résignerais à passer trois jours sans voir le soleil. Mais lui, avec son mauvais estomac, son lombago, ses habitudes de mollesse et de luxe, il aurait été capable d'y passer trois ans pour attendre la décision de la dame de ses pensées. Dieu merci, la voilà résignée à l'enlèvement ; car c'en est un, mon cher, et vous allez être enrôlé dans la garde de la *princesse voilée!* J'allais dire volée! Voyons, prince, quel grade donnerons-nous à notre jeune artiste dans le corps d'armée de la divine...

— Ne buvez plus, docteur, dit le prince avec un mouvement d'humeur ; vous avez failli la nommer !

— Oh! que non! dit le docteur en faisant la pantomime de cadenasser ses lèvres. Depuis quand donc le docteur ne peut-il pas boire impunément tout ce qu'une table peut porter de bouteilles?

— Quant au grade à donner à notre nouvel ami, reprit le prince, je le nommerai colonel d'emblée ; car il a fait ses preuves. Savez-vous, monsieur Valreg, que votre aventure sur la *via Aurelia* a fait du bruit, je ne dirai pas dans Rome, c'est une grande cave qui étouffe, plus que celle où nous voici, le son de la voix humaine ; mais dans la région privilégiée où l'on peut parler de quelque chose, voire de ce qui se passe sur les chemins ? Il paraît que vous avez endommagé la cervelle d'un sujet utile à la police, qui, en ce moment-là, commettait l'indiscrétion de travailler pour son compte à détrousser les voyageurs. Il a été réprimandé, menacé et pardonné. C'est, à ce qu'il paraît, un homme précieux pour découvrir les transfuges. C'est lui qu'on a mis sur nos traces ; mais, là encore, il a voulu travailler pour son propre compte en se vengeant de vous par de fausses dénonciations.

— On nous a parlé aussi, dit le docteur, d'un certain Masolino et d'un autre animal *ejusdem farinæ,* qui vous guettait, vous, et que nous sommes venus à bout, nous autres, de dépister en ce qui nous concerne. On l'appelle, je crois, Tartaglia.

— *Excellence?* dit Tartaglia, qui était officieusement occupé à laver les verres dans la fontaine et qui, entendant prononcer son nom, crut qu'on l'appelait.

— Ah bah! c'est lui? s'écrièrent le prince et le docteur en éclatant de rire. Ah mais! vous êtes dupe, monsieur Valreg, et vous avez là, à vos trousses, la pire canaille du pays.

J'eus beau vouloir défendre la bonne foi du pauvre Tartaglia à mon égard, l'exclamation du docteur avait été entendue du cuisinier Orlando, qui s'écria à son tour :

— *Cristo!* si je ne craignais de manquer mon omelette soufflée, je ferais vite du feu avec la carcasse de ce traître!

— Un espion! un espion! hurla le marmiton en basse-taille.

— Un espion! reprit, d'une voix de ténor, le valet de chambre.

— Un bain! un bain pour monsieur! ajouta en fausset le groom Carlino.

L'idée eut un grand succès. L'homme que j'avais vu auprès des chevaux, et qui n'était autre que le domestique du docteur, se mit de la partie, et, en un clin d'œil, Tartaglia fut saisi et emporté comme un paquet pour être baigné, noyé peut-être, dans le grand réservoir. Je fus forcé d'intervenir et de l'arracher, non sans peine, à ce danger. Je vins à bout d'expliquer et de motiver la confiance que j'avais en lui, et le prince prononça sa sentence de grâce, ce qui fit murmurer sa maison contre moi.

— Eh! que vous importe? leur dit le docteur. Dans deux heures, nous ne serons plus ici, et, qu'il le veuille ou non, ce vaurien sera forcé de nous suivre jusqu'à ce que nous ayons passé la frontière.

— Oui, oui, passons la frontière, mes benoîtes excellences ! s'écria Tartaglia égaré, et plus transi par la peur qu'il ne l'eût été par le bain dont on l'avait menacé. Il parvint à désarmer le docteur, qui avait envie de lui administrer au moins quelques coups de cravache pour contenter les gens du prince. Tartaglia le fit rire par sa mine burlesque et ses lamentations à la Sancho.

— Hélas ! mon doux Sauveur Jésus ! disait-il d'une voix étranglée, moi qui me promettais de si bien dîner ! Ces chers messieurs, que le ciel bénisse, m'ont tout à fait coupé l'appétit, et voilà que je jeûnerai ce soir, moi qui ne songeais pas à me mortifier !

— Je vous promets, dis-je au prince, que, s'il tient parole, il sera bien assez puni. Quant aux inquiétudes qu'il peut causer à vos compagnons, je désire les faire cesser, et je donne ici ma parole d'honneur de lui casser la tête encore mieux qu'au signor Campani, si, pendant votre fuite, il commet la moindre perfidie, ou seulement la moindre imprudence.

Malgré mes promesses, dont on paraissait ne pas se méfier, il fallut souscrire à un arrangement. Tartaglia fut, par l'ordre du docteur, hissé dans une niche de la muraille qui avait autrefois servi de garde-manger ou de chapelle, à vingt pieds au-dessus du sol. Puis on retira l'échelle. Il prit assez bien la plaisanterie ; il pouvait s'asseoir commodément et ne craignait guère le vertige. Au bout d'une heure, il avait réussi, par ses lazzis et ses supplications comiques, à égayer les valets, qui lui passèrent les reliefs de leur festin au bout d'une broche.

Cet incident avait fait manquer l'omelette soufflée, au grand désespoir d'Orlando ; mais il s'en consola, au dessert, par le succès d'une pièce montée, au sommet de laquelle se balançait un perroquet en sucre.

Le fermier Felipone arriva pour en prendre sa part. C'est lui qu'attendait le quatrième couvert. Il refusa de faire revenir les plats : il avait dîné. Sa femme était auprès de la *signora*, qui faisait ses apprêts pour partir et qui viendrait, au dernier moment, prendre seulement une tasse de thé. J'appris ainsi que la dame enlevée, ou sur le point de l'être, était domiciliée secrètement dans une des petites villas situées au bas de l'allée de cyprès, de l'autre côté du chemin qui mène à Frascati, ce qui avait permis au prince de la voir tous les jours chez Felipone ; mais, depuis le blocus, leurs entrevues avaient été plus rares et plus difficiles, Felipone étant, non pas soupçonné, mais surveillé.

Felipone marquant quelque étonnement de me voir, on lui expliqua ma présence, et on me présenta à lui comme un ami de plus à faire évader.

— Ah oui-dà ! dit-il en me regardant avec bienveillance : c'est notre jeune peintre, l'habitant du *casino*, le bien-aimé de...

Je mis ma main sur la sienne, il sourit et se tut.

Un instant après, comme le prince et le docteur causaient ensemble, je pus dire à l'oreille du fermier :

— Comment va-t-elle ? pouvez-vous me le dire ?

— Bien, bien, jusqu'à présent, répondit-il ; mais elle ira mal demain, quand elle vous saura parti.

— Croyez-vous que je puisse la voir ce soir ?

— Non ! Impossible de circuler dans les jardins ; les carabiniers sont partout.

— Mais vous, êtes-vous bloqué aussi ?

—Non ; je pourrai aller demain à la villa Taverna. Que lui dirai-je de votre part ?

— Que je reste et que j'attends sa guérison, car elle est ma femme devant Dieu !

— A la bonne heure ! mais si j'y consens ! dit l'aimable homme en riant : car je suis la clef du *terrazzone,* moi, et pour que vous ne mouriez pas d'étisie, il faudra bien que je vous fasse passer des vivres. Allons ! c'est une affaire arrangée. Je n'aime pas madame Olivia, qui est une personne *sofistica;* mais vous, je vous aime, à cause de la Daniella, qui est ma filleule, et une sainte fille, monsieur, une fille que le monde ne connaît pas, et que vous faites bien d'aimer en galant homme.

Je vous laisse à penser si, à partir de ce moment, je me sentis de l'amitié pour le bon Felipone. C'est un homme gras et court, à figure ronde et à chevelure crépue et frisottée. Sa face rit toujours, même en disant des choses sérieuses ; mais ce rire n'est pas celui de l'hébétement ; c'est une gaieté optimiste et sympathique. J'en voulus intérieurement au docteur de tromper cette âme ouverte et confiante. Il est vrai qu'il pouvait pallier son tort à sa manière, en alléguant l'impossibilité de troubler par des soupçons la quiétude bienveillante de cette heureuse nature d'homme.

— Allons prendre le café au *salon,* nous dit le prince en se levant ; et vous, mes amis, dit-il à ses gens, mangez bien et ne buvez pas beaucoup ; nous avons des précautions à prendre pour sortir d'ici, et une longue route à faire sans débrider.

— Ah çà ! dit Felipone en s'asseyant sur un des fauteuils qu'il avait prêtés à ses hôtes, tout est bien convenu ? J'ai amené moi-même le cheval de la *signora;* elle viendra ici sur mon bidet, que je prendrai ensuite pour vous accompagner, car je ne veux pas vous quitter avant que vous soyez hors de danger.

Et, comme je m'étonnais de la présence de ces chevaux

qu'il me semblait plus logique de ne prendre que dans la campagne, on m'expliqua qu'au bas de la galerie souterraine qui descend sous l'allée de cyprès, il y avait de l'eau, en ce moment, jusqu'à mi-jambes.

— Quand nous serons là, je vous prendrai en croupe sur mon bidet, dit Felipone ; il est de force à porter double charge.

— Vous oubliez, lui dis-je, que je ne pars pas, moi !

— Vous ne partez pas ? répéta le docteur.

— Vous ne partez pas ? s'écria le prince.

— Non, reprit Felipone, et il a raison. Je me charge de lui jusqu'à nouvel ordre ; mais il ne refuse pas de vous accompagner avec moi un bon bout de chemin, car les amis sont les amis, et s'il y a quelque groupe de carabiniers en travers de votre fuite, il est bon d'être en force.

— Non, non ! dit le prince. Pourquoi l'exposer à des dangers... Je ne veux pas !

Je le priai de ne pas formuler un refus blessant pour moi. Je sentais bien que l'honneur me déliait de mon serment envers Daniella. L'amour ne peut pas prescrire une lâcheté. Je m'expliquai si nettement sur le plaisir que j'éprouvais à faire mon devoir en cette circonstance, que le prince céda, en me serrant cordialement la main.

— Je vous verrai avec regret revenir ici, me dit-il. La situation n'est pas bonne pour vous. Tant que nous y sommes, mon frère le cardinal maintient sa défense de laisser pénétrer dans le château ; mais dès qu'il nous saura partis, il se fera volontiers arracher la permission de faire ouvrir les portes. On s'emparera de vous, et il entrera fort bien dans les idées de mon frère de vous sacrifier. Vous pourrez bien alors expier, par une captivité plus dure que celle de Mondragone, le hasard qui nous y rassemble.

— Ne craignez rien, excellence, dit Felipone ; je le logerai ici ; il gardera les meubles, et je m'arrangerai, d'ailleurs, pour qu'on le croie parti avec vous. Si on fait alors une visite de police dans le château, tant mieux ; je réponds de lui, s'il quitte le casino pour le *terrazzone*.

— Je m'abandonne à vous, répondis-je ; je ferai ce que vous voudrez, pourvu que je reste.

XXXVIII

Le café fut exquis et les cigares de contrebande de premier choix. Tout en fumant, nous échangeâmes quelques mots sur la politique, chapitre qu'il est impossible de ne pas aborder, dès qu'un lien de sympathie met quelques hommes en rapport les uns avec les autres. J'évitai pourtant d'avoir une opinion qui pût blesser celle de mes hôtes. J'étais plus curieux de savoir la pensée de ces Italiens bannis et persécutés que désireux de faire prévaloir la mienne.

Je remarquai, au bout d'un instant, que le prince et le docteur n'étaient nullement d'accord sur les moyens de sauver l'Italie. Plus logique et plus courageux d'esprit que son ami, le docteur voulait renverser les vieux pouvoirs. Le prince, aussi hardi de caractère que timide de principes, ne s'en prenait qu'aux abus, et rêvait un retour à l'Italie de Léon X et des Médicis, sans vouloir avouer que ces abus avaient pris d'autant plus d'essor et de licence que Rome et Florence avaient eu plus d'éclat, d'artistes, de luxe et d'aristocratie. Quant à son gouvernement napolitain, il en parlait avec horreur et mépris, mais sans pouvoir admettre l'idée de remplacer l'autorité absolue par une constitution démocratique. Il avait vu la populace de son pays se faire l'exécuteur des hautes œuvres de la tyrannie, et il ne pouvait sacrifier la répugnance trop fondée du fait à l'enthousiasme du principe. J'en concluais, en moi-même, que là où des natures bienveillantes et sincères comme celle de ce prince avaient le peuple en aversion, c'était la faute du peuple, et qu'un criterium de l'état de maturité de la démocratie d'un pays devrait être la confiance qu'elle inspire aux esprits élevés ou aux cœurs aimants. On pourrait dire à un peuple : Dis-moi de qui tu es aimé, et je te dirai qui tu es. Je crois que de Maistre a dit « qu'un peuple a toujours le gouvernement qu'il mérite d'avoir. »

Du reste, en défendant la légitimité des droits et priviléges de la noblesse et de la royauté, le prince tombait dans l'inconséquence de faire gracieusement bon marché des siens propres, devant la supériorité de l'esprit, du talent et de la science. Il alla même jusqu'à dire, avec un air de candeur modeste, que j'étais quelque chose de plus que lui, parce que j'avais du talent, tandis qu'il ne savait que danser, improviser sur la guitare et monter à cheval. Je ne me laissai pas enivrer à la fumée de cet hommage que j'ai entendu déjà décerner, par les nobles et les riches bien élevés, aux moindres artistes. C'est une banalité de bon goût, dont ils ne pensent pas un mot, et qui ne leur coûte pas plus que de dire des choses galantes aux femmes laides et vieilles. Cela fait partie de leur savoir-vivre et du charme de leurs grandes manières.

Il serait possible, pourtant, que ce prince fût de bonne foi jusqu'à un certain point dans sa modestie. Il n'a rien de la perfidie moqueuse contre laquelle un plébéien prudent doit toujours être en garde. Il est d'une inconséquence naïve et me fait assez l'effet de ces grands seigneurs français du siècle dernier, qui portaient aux nues les écrivains philosophiques, mais qui ne devaient jamais accepter la résultante de leurs idées.

Quant au docteur, c'était une autre théorie, plus logique à certains égards, mais qui péchait en sens inverse. Démocrate par naissance et par sentiment, il avait eu, dès sa première jeunesse, son rêve d'héroïsme, et il avait fait ses preuves de bravoure et de dévouement absolu à la patrie; mais, dans son âge mûr, il me semble avoir contracté ce que j'ose appeler les vices des héros : l'intempérance dans la volupté et l'immoralité égoïste des passions brutales. Le prince, impatienté de l'entendre parler des vertus républicaines, lui reprochait, en homme qui le connaissait bien, d'être bon, vaillant et dévoué par tempérament et non par principe; d'avoir la conscience large à certains égards ; par exemple d'être capable de trahir son meilleur ami pour lui prendre sa maîtresse ou lui débaucher sa femme; de préférer la table à l'étude de la science ; de croire à peine en Dieu; enfin, de ne pas valoir mieux que lui-même.

A quoi le docteur répondait que les vertus républicaines n'avaient rien de commun avec les vertus privées; que l'on ne devait même pas exiger d'un glorieux patriote l'étroite moralité d'un bon bourgeois; qu'il fallait tout pardonner (il disait presque tout permettre) à celui qui sauvait la patrie avec l'épée ou avec la parole; enfin que la grande affaire des Italiens n'était pas d'être sages et réguliers dans leurs mœurs, mais d'être braves et de chasser l'étranger. Soyons Italiens d'abord, et puis nous tâcherons d'être hommes!

Il me semblait qu'il mettait la charrue devant les bœufs, et que, pour reconstituer une patrie, il eût fallu d'abord être capable de constituer une société.

La discussion ne fut pas assez longue pour m'ennuyer; elle le fut assez pour me permettre de lire clairement dans l'âme de ces deux hommes à qui l'excitation d'un bon repas donnait le besoin de se résumer. Le prince, après avoir fumé son cigare, sortit de son sofa et de sa position horizontale pour s'inquiéter de l'heure, des apprêts du départ et de la dame de ses pensées qui n'arrivait pas, et pour laquelle il avait fait servir une espèce d'ambigu sur la table nettoyée et couverte de fleurs.

— Il n'est que dix heures, lui répondit le docteur en s'asseyant au piano. Elle viendra dans une heure au plus tôt. Voulez-vous, pour vous faire prendre patience, que je vous joue mon étude de Bertini ?

— Allez ! je vous écoute, dit le prince qui se recoucha et s'endormit.

Felipone, qui admire le docteur en toutes choses, s'approcha et colla son oreille sur l'instrument pour mieux entendre. Le docteur joua avec aplomb, avec un bon rhythme et un bon sentiment, mais en faisant, sans sourciller, les plus épouvantables fautes d'harmonie, le tout avec la spontanéité d'instinct et l'absence de méthode qui caractérisent beaucoup d'Italiens, et lui en particulier. Je ne pus m'empêcher de lui dire qu'il avait un talent merveilleux pour un homme qui ne se doutait pas de la musique. Il prit fort bien la chose, se mit à rire, avoua qu'il avait la passion d'entendre des sons et de taper en mesure sur quelque chose qui fait du bruit ; puis il se mit à chanter avec volubilité tous les récitatifs comiques de la *Cenerentola*, passa au *Don Juan* de Mozart, et, emporté par le menuet du finale du premier acte, il dansa et mima avec Felipone, qui se prêtait à sa fantaisie sans y entendre malice, la scène de Mazetto avec Leporello. Le bon paysan essayait de sauter et de faire des passes, le docteur le bousculait, l'étourdissait et pensait à la Zerline dont il était le don Juan.

Tartaglia qui, malgré le pilori où on l'avait perché, avait réussi à manger comme Gargantua, se sentit tellement électrisé par la belle musique et la belle danse du docteur, qu'il se mit à imiter, tantôt la clarinette, et tantôt le basson, avec un grand succès. On l'applaudit, mais on lui refusa l'échelle pour descendre.

J'avais quitté le *salon*, où le prince dormait au bruit des chants et de la danse, pour crayonner, selon son désir, un aperçu de la scène bizarre à laquelle les lourds piliers blafards et les sombres voûtes déjetées de l'édifice servaient de cadre. Je cherchais un endroit d'où je pusse voir les groupes principaux bien éclairés, les valets assis par terre autour d'un dîner copieux dont on ne devait pas conserver les restes, les maîtres groupés au fond, et Tartaglia enchâssé comme un saint dans sa niche. J'aurais voulu pouvoir arranger les choses de manière à compléter l'originalité presque énigmatique de cette composition, par la présence des chevaux au premier plan; mais c'était impossible, ils étaient placés trop au-dessous du sol.

Comme je les regardais du haut de l'escalier, je vis qu'il y en avait maintenant une douzaine. Je fus frappé de la beauté de la tête et des jambes de l'un de ces animaux, et je descendis quelques marches pour l'examiner. Il me semblait l'avoir déjà vu; mais la physionomie d'un cheval ne vous reste pas présente comme celle d'un homme, et d'ailleurs il avait le corps couvert d'un grand manteau. Je ne cherchai pas beaucoup à débrouiller ce souvenir. Je me mis à dessiner ce que mon œil pouvait embrasser dans la composition fortuite du tableau.

Pendant que j'étais ainsi occupé, deux femmes étaient arrivées : l'une était la fermière des Cyprès, l'épouse de Felipone, la Zerline du docteur, et, comme je le savais déjà par Daniella, l'ancienne amie, la Vincenza de Brumières; une petite femme brune, pâle et dodue, assez jolie et très-décidée.

L'autre était la dame voilée, tout en noir, la taille cachée sous un mantelet court, et relevant sur son bras une longue jupe d'amazone qu'elle devait rabattre pour chevaucher. Son petit chapeau de velours noir, couvert d'un voile de dentelle mis en double, était un chapeau de ville ordinaire. Elle paraissait arrangée de manière à pouvoir fournir une course à cheval et voyager ensuite en voiture sans être forcée de changer de costume. Elle était donc si bien empaquetée qu'il me fut impossible de voir si elle était belle ou laide, vieille ou jeune. Son nom ne fut pas prononcé une seule fois autour de moi. Les domestiques et Felipone lui-même semblaient feindre de l'ignorer : c'était la signora, rien de plus.

Le prince l'avait conduite au fond de la *befana* et la servait lui-même. Elle mangeait, la face tournée vers la fontaine. Sans doute elle avait relevé son voile ; mais, eussé-je été curieux de voir ses traits, la délicatesse me prescrivait de ne plus remettre les pieds au *salon*, et de rester à la distance où j'étais, distance assez considérable pour ne pas me permettre de distinguer le son de sa voix, au milieu de celles des autres.

Le prince apprécia mon savoir-vivre et vint m'en remercier. Il attendit que mon croquis fût terminé, puis il me demanda si j'avais des armes au casino et si je ne jugeais pas à propos d'aller les chercher. —Vous savez le chemin à présent, me dit-il, et vous n'aurez qu'à sonner pour rentrer dans notre citadelle. Je vais vous montrer le secret de la clochette.

Je lui montrai, moi, la seule arme que je possède, mon fidèle casse-tête, qui, dans une lutte corps à corps, me semblait la défense la plus sûre.

— Vous savez pourtant vous servir d'un fusil ou de pistolets, au besoin ?

— Oui, j'ai chassé.

— Eh bien ! au besoin nous vous donnerons des armes.

Mais êtes-vous bien décidé à nous escorter ? Felipone dit qu'infailliblement nous rencontrerons au moins quelques gens armés avant de gagner les taillis qui conduisent à Tusculum, et il fait un clair de lune désespérant. Il nous faudra passer au milieu de l'ennemi, coûte que coûte...

— C'est pour cela que, pouvant vous être utile, moi qui vous dois la liberté, et peut-être la vie, je suis très-décidé à vous escorter, que vous le désiriez ou non.

— Mais il y a pour vous un autre péril à prévoir. Il vous faudra revenir et rentrer ici. Felipone répond de vous ramener sans encombre à votre gîte ; mais je crains, moi...

— Mais alors ceci regarde Felipone et non Votre Excellence. Il est inutile qu'elle s'en préoccupe. J'irai seulement reconduire au casino ce pauvre diable de Tartaglia, à qui je rendrai la liberté quand vous serez partis, puisque sa présence autour de vous cause quelque inquiétude.

— Oui, je l'avoue, je ne saurais partager votre confiance. Qu'il vous soit attaché, c'est possible, mais il n'a pas de raisons pour ne pas nous glisser entre les jambes et aller avertir l'ennemi de nous poursuivre. Il aurait même de fort bonnes raisons pour le faire ; d'abord la récompense attachée à notre capture, ensuite le plaisir de se venger de la triste figure qu'il fait en ce moment parmi nous.

— Pourtant le danger auquel il m'exposerait moi-même en vous trahissant serait une garantie de sa fidélité. Mais je n'insiste pas, car, après tout, il n'est pas de ceux dont on peut répondre sur son propre honneur. Ainsi, je vais le conduire au casino ?

— Non pas ! Du casino, il pourrait avertir ceux qui nous gardent.

— Il est brouillé avec la police, qu'il a mal servie en me servant trop bien !

— Oh ! alors, raison de plus pour lui de rentrer dans ses

bonnes grâces, de parlementer, et de mettre l'ennemi sur nos traces, sauf peut-être à se faire promettre votre liberté en même temps que la sienne. Il nous a entendus causer, il sait quelle route nous prenons. Non, croyez-moi, il est bien où il est. Il passera quelques heures dans sa niche; il peut s'y coucher, et il aurait beau crier, personne ne pourrait l'entendre articuler une parole.

— Ne vous y fiez pas, on entend chaque note de votre piano.

— Oui, du casino, mais non pas du *terrazzone.* Il faut être placé plus haut que l'ouverture supérieure des cheminées; et comme, en ce moment, nous désirons faire un bruit qui attire et concentre l'attention des carabiniers de ce côté-ci, pendant que nous quitterons la place, vous allez voir qu'il faut un grand vacarme pour qu'il s'en échappe seulement un peu au dehors. Voyons, il est bientôt minuit, préparons-nous! — Mes amis, cria-t-il à ses gens, voici le moment de plier bagage et de brider les chevaux.

— Oui, oui, s'écria le docteur en arrivant vers nous. Orlando, mon bijou, beaucoup de feu et de fumée dans les cheminées, et vous, mes amours, Antonio, Carlino, Giuseppe, *tutti!* concert d'instruments, chants, danses et tapage!

En parlant ainsi, le docteur s'empara de deux couvercles de casseroles dont il se fit des cymbales.

— Tapage! tapage! s'écrièrent les valets en s'armant, qui d'un tonneau défoncé dont il se faisait une grosse caisse, qui d'un sifflet, et qui du reste de la batterie de cuisine. On chantait, on criait, et tout cela en s'agitant pour fermer les porte-manteaux et seller les montures que ce vacarme mettait en danse, surtout le beau cheval noir que j'avais remarqué. En un instant, ce charivari d'adieux à la *befana* de Mondragone devint une ivresse. Tous ces Italiens sont adroits, agiles et doués de ces grâces comiques si rares chez nous, où le grotesque est presque toujours laid. La scène des derniers préparatifs fut un ballet général de toute la force des jambes, accompagné de chœurs de toute la force des poumons.

Felipone riait à se tenir les flancs, tandis que le docteur embrassait la Vincenza plus qu'il n'était besoin pour prendre congé. Le prince chantait la messe en se faisant mettre son paletot et ses grandes bottes par Giuseppe, qui l'habillait en mesure et en sautant d'un pied sur l'autre. Le docteur soufflait dans une tige de roseau en imitant la flûte et en s'arrosant fréquemment le gosier d'un reste de liqueur. La *signora*, elle-même, comme prise de vertige, frappait le piano d'une mazourke échevelée. Tartaglia, voyant qu'on le laissait là, se lamentait avec de grands gestes qui lui donnaient l'air d'un capucin en chaire; mais sa voix, étouffée par le bruit général, réduisait son éloquence à l'effet d'une pantomime pathétique.

Je n'étais pas bien persuadé de l'utilité de cette bacchanale. Je savais que la fumée des cuisines donnait aux carabiniers l'envie de fuir et de se disperser, plutôt que l'idée de se resserrer autour du château. C'était une imprudence gratuite que de leur apprendre l'existence d'un refuge réputé, jusqu'à ce moment, inaccessible; mais il n'y avait pas moyen de se faire entendre, et je pris mon parti de chanter comme les autres l'heure du départ. J'étais électrisé par cette gaieté, à l'approche d'un combat regardé comme inévitable.

Enfin le silence se fit. Tout était prêt.

—Maintenant, dit le docteur, pas un mot, et en route!

Je pus m'approcher de Tartaglia et lui dire de compter sur mon prompt retour. Nous descendîmes l'escalier, et le prince, ayant mis son héroïne en selle, fit la revue de sa petite troupe. Il fut convenu qu'on se placerait de suite dans l'ordre de marche, et que chaque cavalier s'y tiendrait et garderait ses distances avec une précision militaire. Le docteur se plaça en tête avec le cuisinier Orlando, qui réclamait ce périlleux honneur par droit d'ancienneté. Giuseppe, valet de chambre du prince, avec Antonio, domestique du docteur, se mirent au second rang. Le prince et la signora marchaient ensuite; puis le petit groom Carlino et le gros marmiton suivaient comme deux pages. Je venais le dernier, portant en croupe Felipone, qui devait nous quitter à la ferme et prendre de là, à ciel ouvert, un chemin plus court pour s'en aller devant en éclaireur. Sa femme eut l'honneur de faire le trajet, jusque chez elle, en croupe derrière le docteur. Nous étions donc dix, en comptant la dame voilée, et en ne comptant pas la Vincenza, qui ne devait pas nous suivre au delà de la ferme.

Ne connaissant pas les êtres, je ne compris pas beaucoup le plan que j'entendais adopter. Nous nous engageâmes, sans bruit et au pas, dans la galerie qui était jonchée de litière. C'est un couloir assez large et assez haut pour donner librement passage à deux cavaliers de front. Il est tout entier creusé dans le tuf tendre et compacte, comme les catacombes romaines. Sa pente, qui suit celle du terrain, est si rapide que, sans la paille, nos chevaux eussent eu de la peine à ne pas glisser; mais leur marche devint plus difficile quand nous rencontrâmes les longues flaques d'eau dont Felipone nous avait parlé. C'était la fin de l'inclinaison du terrain. Felipone sauta dans l'eau, prit sa grosse petite femme dans ses bras, et disparut par une ouverture latérale qui aboutit à la cave de sa maison.

Nous continuâmes à avancer lentement dans le chemin couvert qui se prolonge en dehors du parc, assez loin sous la campagne. Orlando portait une torche en avant. Malgré l'humidité de certaines parties de la galerie, la rareté de l'air rendait la chaleur étouffante; le trajet durait depuis un grand quart d'heure.

Tout à coup nous nous trouvâmes dans l'obscurité. Orlando avait éteint le flambeau; il avait aperçu au loin devant lui un faible rayon de lune, qui fut bientôt visible pour nous tous. On fit halte. On était arrivé à une petite chapelle abandonnée, à demi cachée sous les atterrissements, et qui s'ouvre sur la campagne, dans une prairie située entre Mondragone et les Camaldules.

Cette immense galerie souterraine, récemment découverte et déblayée par Felipone, avait donc pour portique une construction fermée, dépendante de sa régie et dont il avait les clefs, sans que personne soupçonnât encore la brèche qu'il y avait faite à l'intérieur pour communiquer avec le souterrain. Il se trouvait arrivé là avant nous, et tenait le passage ouvert, tandis que Gianino, l'aîné de ses neveux, montait la garde dans la prairie.

Nous mîmes pied à terre, et nous traversâmes la chapelle en tenant nos chevaux par la bride. Le pavé était, là aussi, couvert de litière. Cette sortie s'effectua sans bruit, sous les grands arbres fruitiers qui ombragent le petit édifice.

On se remit en selle dans le plus grand silence. Felipone prit, dans les buissons, un petit cheval pareil à celui que je montais, et qui avait été amené là d'avance, sous apparence de pâture. Il n'avait pour selle qu'une couverture, avec des étriers de corde attachés au surfaix. Le fermier l'enfourcha lestement et passa devant, après nous avoir dit de lui laisser environ dix minutes d'avance sur le chemin. Le docteur connaissait parfaitement la direction à suivre.

XXXIX

Jusque-là, je ne m'étais guère rendu compte de ce que nous faisions. S'échapper un à un, ou deux à deux, sans bruit, en se donnant rendez-vous quelque part pour monter à cheval et fuir ensemble loin de la portée des carabiniers, m'eût semblé plus raisonnable que de sortir en corps de cavalerie; mais, en regardant le site que nous traversions, et en me rappelant celui que nous avions à traverser, je vis que nous agissions pour le mieux.

D'abord, notre évasion à cheval était un fait si invraisemblable que, même en rencontrant de près notre petite troupe, les surveillants devaient hésiter à reconnaître en nous les captifs de Mondragone. Et puis le terrain que nous traversions était la continuation la plus favorable du chemin couvert. Ce n'était probablement pas par hasard que la chapelle s'ouvrait au seuil de cette petite gorge étroite et ombragée, dont le fond était envahi par une herbe marécageuse où le pas des chevaux ne soulevait pas de bruit et ne devait pas laisser de traces. Ces circonstances avaient dû être mises à profit, au temps où l'on avait ménagé cette sortie mystérieuse à la forteresse de Mondragone.

A cette époque, tout le trajet que nous avions à faire avant de sortir du territoire de Monte-Porzio était probablement couvert d'arbres. Je me souvins que nous devions passer par Tusculum, dont les sommets sont maintenant entièrement nus, et que là, probablement, nous aurions à traverser, à toute bride et de vive force, un poste de gendarmerie. Je portai la main aux fontes de ma selle et m'assurai qu'elles étaient garnies de pistolets. Je m'arrangeai de manière à m'en servir librement au premier signal.

Felipone, parti en éclaireur, revint nous dire de continuer au pas sur le chemin sablonneux qui laisse les Camaldules à gauche et qui monte en droite ligne sur Tusculum. Il n'avait rencontré ni aperçu personne; le passage était libre, et l'allure lente et calme était préférable à l'irruption brusque au galop, du moins jusqu'à nouvel ordre.

Nous traversâmes donc, sans hâte et sans encombre, la partie découverte du chemin frayé qui s'ouvrait devant nous, et nous gagnâmes, sans être signalés, le taillis à pic de la gorge située sur les derrières du théâtre de Tusculum.

Là, nous étions de nouveau complétement à couvert; le chemin étroit, très-uni, mais rapide, ne nous permettait plus d'aller deux de front. Chacun arma le pistolet ou la carabine dont il était muni et eut l'œil sur sa droite; à gauche, il n'y avait que le ravin.

Le paysage étroit et tourmenté que nous arrivâmes à dominer était, à la clarté voilée de la lune, d'une tristesse morne. Ce chemin, déjà si mélancolique durant le jour, prend, la nuit, un air de coupe-gorge qui eût pleinement satisfait Brumières.

Ce bois a été le faubourg de Tusculum, et le chemin qui le traverse est, comme je vous l'ai dit ailleurs, une voie antique; circonstance assez grave pour nous, car les pieds de nos chevaux commencèrent à résonner sur les polygones de lave, qui furent jadis le pavé des rues de la ville latine. Nous parvînmes néanmoins au pied de la croix qui marque le sommet de la citadelle tusculane, au milieu d'une solitude absolue. Là, nous nous arrêtâmes pour examiner le revers de la montagne que nous avions à descendre. Sur ce plateau découvert, nous étions abrités par l'ombre épaisse du massif de roches qui supporte la croix.

Je regardai la magnifique vue que j'avais contemplée au soleil couchant, le théâtre antique où, pour la première fois, j'avais rencontré, sous un habit de moine, ce docteur qui m'entraînait maintenant dans les périls de sa vie aventureuse, et les silhouettes, argentées par la lune, qui dentelaient l'horizon. C'étaient les sommets et les vallées que le berger Onofrio m'avait nommés, et, pour ne les avoir examinés qu'une fois, je connaissais déjà si bien le relief géographique du pays environnant, que j'eusse pu m'orienter tout seul et m'égarer fort peu.

Nous avions forcément rompu nos rangs pour nous abriter le long du rocher, pendant que Felipone descendait en avant pour faire une nouvelle reconnaissance. Je souffrais de voir cet excellent homme s'exposer tout seul pour les autres, et je demandai à l'accompagner. Le prince s'y opposa.

— Nous ne prenons pas ces précautions pour nous, dit-il à voix basse. Nous avons une femme avec nous ; c'est pour elle seule que nous sommes si prudents ; c'est pour elle que je consens à exposer Felipone. Si je connaissais les chemins, je prendrais sa place ; mais je ne les connais pas, et c'est assez d'un homme en danger.

— Felipone sert la patrie, dit le docteur, puisqu'il favorise l'évasion d'un patriote comme moi. S'il est assassiné, ce sera mourir au champ d'honneur !

Et, après ce mouvement d'égoïste enthousiasme, le beau gros docteur ajouta, avec un cynisme sentimental : — S'il ne revient pas, je jure de ne pas abandonner sa femme !

— Ne parlons plus, dit le prince. Malgré nous, nos voix s'élèvent. Silence tous, je vous en prie !

« Il serait désagréable d'être surpris et massacrés, pensai-je, pour d'aussi mauvaises paroles que celles que le docteur vient de dire. » Nous restâmes immobiles. Je me trouvai auprès de la dame voilée, dont le cheval, peu soucieux de l'ordre qui venait d'être donné, chassait avec bruit l'air de ses naseaux. Je pensais aussi, à propos de cette dame, qu'elle ne valait peut-être pas le mal que nous nous donnions le péril qu'affrontait en cet instant le brave fermier des Cyprès. Pour nouer une intrigue avec un ex-viveur qui n'était ni beau, ni jeune, ni bien portant, il fallait qu'elle fût un peu dans les mêmes conditions, ou qu'elle eût un intérêt de vanité ou de cupidité à s'enfuir avec lui.

Cette mystérieuse amazone me parut une personne nerveuse, impatiente de l'immobilité où il fallait se tenir. Elle tourmentait la bouche de son cheval et l'empêchait de se rasseoir. Deux ou trois fois elle le fit sortir de la ligne d'ombre qui nous protégeait, et cette inquiétude hors de propos m'impatienta moi-même.

Dans l'attente d'un absent en péril, les minutes semblent des heures. Je pouvais me condamner au rôle de statue, mais non empêcher mon cœur de battre et mon oreille de s'alarmer des moindres bruits. La nuit était si calme et l'air si sonore que nous entendîmes sonner la demie après minuit à l'horloge des Camaldules. La chouette, perchée sur une colonne du théâtre antique, répondait d'un ton aigre à un appel plus éloigné et plus aigre encore. Puis, nous entendîmes une voix d'homme qui chantait vers le fond de l'humide vallée noyée dans la brume. Ce n'était pas la chanson du voyageur attardé qui éprouve le besoin de rompre autour de lui l'effrayant silence de la solitude : c'était comme un cantique lentement phrasé par une personne en prières. Aucune émotion dans cette voix mâle et douce dont le calme contrastait avec nos muettes perplexités.

Enfin Felipone reparut.

— Tout va bien, nous dit-il. Marchons.

— Mais ce chanteur de cantiques, lui dit le prince, l'entends-tu ?

— Très-bien, et je connais sa voix. C'est un pieux berger qui chante sa prière, comme les coqs, à minuit. Mais écoutez-moi. J'espérais que le brouillard monterait, et nous permettrait de prendre le galop sur la grande route ; mais il ne fait que ramper à un pied de terre, et il nous nuit plus qu'il ne nous rend service. Je vous engage donc à ne point passer par Marino, mais à descendre par la traverse à Grotta-Ferrata. De là, nous gagnerons Albano par la rive du lac qui sera à notre gauche. Le chemin sera plus long, quoique plus direct. Il est moins uni, et vous irez moins vite ; mais nous serons presque toujours à couvert, et le pays est si sauvage, que, si nous y faisons quelque rencontre, ce sera avec les voleurs, gens bien préférables, pour nous, aux carabiniers.

— Accordé, dit le prince ; marchons!

Nous descendîmes Tusculum à vol d'oiseau, à travers un vaste champ en jachère qui s'est couvert de réséda, et dont le parfum violent commençait à donner des étourdissements au prince lorsque nous en sortîmes, en passant dans un ruisseau qui nous remit sur le chemin frayé.

Ces petits chemins encaissés, bordés de haies en pleine liberté de croissance, rappellent assez, au clair de lune, les traînes de mon pays. Au jour, cette pensée ne m'était pas venue, à cause de la différence des plantes fleuries qui en tapissent les talus ; mais, la nuit, les mouvements de ces petits sentiers ondulés, souvent traversés d'eaux courantes à fleur de terre, et ombragés de folles branches qui vous fouettent la figure, me rappelèrent ceux où, dans mon enfance, je faisais délicieusement et littéralement l'école buissonnière.

Nous marchions un à un, trottant, galopant ou reprenant le pas, selon les facilités ou les difficultés du terrain. Après Grotta-Ferrata, nous nous engageâmes dans une voie de traverse, au milieu des bois de châtaigniers, assez profondément encaissée entre les hauteurs de Monte-Cavo (*Mons Albanus*) et celles qui encadrent le lac d'Albano. Dans cette région sauvage, nous ne fîmes d'autres rencontres que celles de couleuvres monstrueuses, qui s'ébattaient sur le sable des sentiers et qui fuyaient à notre approche. Le docteur, dont l'humeur guerroyante s'irritait de n'avoir eu aucune prouesse à faire, descendait de temps en temps de cheval, en dépit des représentations du prince, pour couper en deux, avec son coutelas de voyage, ces reptiles inoffensifs.

Au bout d'une heure de marche environ, il nous fallut, pour aller plus vite, mettre tous pied à terre dans une descente presque à pic. Chacun conduisait et soutenait son cheval par la bouche. Seule, la dame voilée resta sur le sien, dont le prince prit la bride. J'étais en ce moment derrière eux et pour ainsi dire sur leurs talons, le terrain ne me permettant pas de faire reculer mon poney romain, déjà très-impatienté de ce mauvais chemin.

La dame, penchée sur le pommeau de sa selle, parlait à voix basse avec son illustre amant. La voix de celui-ci étant moins souple et ne pouvant se tenir à ce diapason : j'entendis qu'il s'obstinait à la conduire, et je compris qu'elle insistait pour aller seule. Je compris aussi pourquoi elle désirait le dispenser de cette fatigue. Il n'en avait pas la force ; la vigueur de ses bras et de ses jambes n'était pas en rapport avec son dévouement. En outre, il a la vue basse et les allures gauches. Il trébuchait à chaque pas et menaçait d'entraîner, dans sa chute, le cheval auquel il se pendait plutôt qu'il ne le soutenait.

Je n'osais offrir de le remplacer, et pourtant je voyais approcher le moment de la catastrophe. Elle fut heureusement sans gravité ; le prince tomba assis sur un talus ; le cheval chercha un instant son équilibre, le retrouva par un écart, et, pressé par l'amazone habile qui le dirigeait, arriva au fond du ravin, pour repartir, en bondissant, sur une montée aussi rapide que la descente.

— Non! non! je n'ai aucun mal, me dit le prince, que je m'étais empressé de remettre sur ses pieds. La *signora* est d'une pétulance! Je vous en prie, mon cher, suivez-la. Ces chemins sont très-difficiles, et elle ne s'en méfie pas assez.

Je rendis la main à *Vulcanus*, c'est le nom du poney que Felipone m'avait prêté, et, dépassant ceux qui marchaient devant, j'atteignis la dame voilée et lui fis part, sans trop me soucier de lui être agréable ou non, des inquiétudes du prince. Elle ne me répondit pas; mais son cheval, comme s'il eût reconnu ma voix, se mit à me parler par ce demi-hennissement qui exprime la satisfaction chez ces nobles bêtes; et, chose très-bizarre, comme si le langage des animaux m'eût été soudainement révélé, comme si j'eusse compris par une intuition mystérieuse ce que me rappelait celui-là, je le reconnus enfin, et retrouvai tout à coup son nom et le souvenir du service qu'il m'avait rendu. Aussi lui répondis-je gaiement, sans hésiter et sans me soucier d'être très-ridicule :

— Tiens, c'est toi, brave Otello?

— Oui, c'est Otello, répondit la dame voilée : n'aviez-vous donc pas reconnu celle qui le monte?

— Miss Medora! m'écriai-je stupéfait.

— Approchez-vous davantage, dit-elle, et causons pendant que nous le pouvons. Les autres sont loin derrière nous. Ne me faites pas de sermons, c'est inutile. Je suis déjà assez mécontente de ma situation. Sachez, en deux mots, mon histoire, comme je sais la vôtre. Je vous ai aimé, vous êtes le seul homme que j'aie aimé. Vous m'avez haïe; par dépit, j'ai voulu aimer mon cousin Richard. Cela m'a été

impossible. Il s'en est aperçu, il s'est piqué, il s'est éloigné.
Nous avons quitté Florence au bout de quelques jours, et
nous avons reçu, à Rome, la visite du prince, alors caché à
Frascati, ce qui ne l'empêchait pas de venir me voir avec
beaucoup de hardiesse. Cette hardiesse, cette situation aventureuse où il se trouvait ont augmenté l'intérêt et l'amitié
que j'avais pour lui, car il y a deux ou trois ans que je le
connais et qu'il me fait la cour quand nous nous rencontrons.
Je voulais, je veux me marier, et surtout me marier sans
amour, uniquement pour avoir une position sociale et
m'étourdir dans le monde. Je n'étais plus heureuse avec ma
tante. Elle est folle ; elle était devenue jalouse de la très-
mince amitié filiale que j'accorde à son mari. Je n'ai pu supporter l'ombre d'un soupçon. J'ai quitté sa maison au
premier mot d'aigreur. Le prince était, de nouveau, passionnément épris de moi. Il est moins riche que je ne le suis ;
mais il a un nom magnifique, de l'esprit, de l'usage et
du cœur. Je ne dépends que de moi-même ; mais, par
égard pour lord et lady B***, je leur en écrivis. Ma tante
vint me voir, me supplia de retourner chez elle et d'abandonner ce projet de mariage. Elle trouvait le prince trop
vieux et trop laid ; elle parlait même d'user, pour m'en détourner, d'une autorité qu'elle n'a pas. C'est ce qui acheva de
me décider. Le soir même de cette explication, qui avait été
assez vive, je fis dire secrètement au prince que j'allais le
rejoindre à Frascati. J'espérais vous y voir. Je ne savais rien
de vos aventures, je ne les ai apprises que par le prince, qui
les tenait de Felipone. J'aurais pu les apprendre de Tartaglia, si je ne m'étais tenue assez bien cachée à Frascati pour
me soustraire à la vue de ce bavard. Je sus, au bout de quelques jours, que lord B*** agissait en vain. Vous deviez, par
l'ordre du cardinal ***, rester prisonnier à Mondragone ainsi
que son frère. C'est une leçon qu'il voulait donner à ce der-

nier, pour le dégoûter de revenir à Rome, et dont vous receviez le contre-coup.

» Quand je reconnus l'impossibilité de communiquer avec vous et de vous porter secours, même au moral, puisque vous étiez toujours engoué de cette petite Daniella, je me confirmai dans la résolution d'épouser le prince et de fuir avec lui. Afin que lady Harriet et son mari ne vinssent pas à compromettre cette fuite en me cherchant, je leur ai écrit, ce matin, que nous partions pour le Piémont, où nous devons nous marier, et j'ai confirmé le prince dans le désir qu'il avait de favoriser votre évasion, en le priant toutefois de ne pas me faire reconnaître de vous. Il ignore et doit ignorer les sentiments que j'ai eus pour vous, et qui, je vous prie de le croire, se sont dissipés comme un accès de fièvre.

Puis, elle ajouta d'une voix claire et d'un ton aisé :

— L'amour est une sotte maladie que les personnes les plus raisonnables sont obligées de subir, ne fût-ce qu'une fois en leur vie. Il est fort heureux pour moi que vous ayez été, par hasard, l'objet de mon rêve d'un jour. Vous m'avez empêchée de céder à une fantaisie de mariage d'inclination qui eût certes fait mon malheur, comme il a fait celui de ma pauvre tante Harriet. J'ai donc pour vous une véritable reconnaissance, et nous serons toujours amis, si vous le voulez bien.

Je remerciai Medora de sa franchise. J'étais dans une situation à ne pas me permettre d'observations sur le choix qu'elle avait fait d'un mari si peu enivrant. D'ailleurs, les eût-elle comprises? Il paraît que le titre de prince efface les rides et les années. Je me rappelai aussi, en ce moment, que Medora n'était pas d'une très-illustre naissance; que la sœur de lady Harriet avait fait un mariage, non d'amour, mais d'argent, et que l'ambition de remonter à l'échelon social dont elle était descendue par cette mésalliance de sa mère devait être ce que Medora appelait le côté logique et raisonnable de sa vie.

Il lui était échappé un mot qui ne s'accordait pourtant pas avec sa conclusion : « Je suis assez mécontente de ma situation, ne me faites pas de sermons. » Je crus ne devoir pas relever cet aveu, et je la félicitai, au contraire, du succès de son escapade. Je ne voyais pas que cela dût causer ni chagrin sérieux ni dommage sensible à lord B*** ou à sa femme. S'ils eussent été là, je crois que je les aurais félicités eux-mêmes d'être dégagés de la responsabilité que leur imposait la tutelle d'une personne aussi tranchée et aussi extrême en ses résolutions que la belle Medora.

Nous causâmes donc, tranquillement d'abord, de ses projets. Elle voulait s'établir sur la côte de Gênes, et m'invitait à aller la voir ; mais elle ajouta tout à coup assez brutalement :

— A condition pourtant que vous serez débarrassé de mademoiselle Daniella.

— En ce cas, répondis-je avec la même netteté, recevez aujourd'hui mes adieux définitifs ; car je compte épouser mademoiselle Daniella aussitôt que je pourrai l'emmener hors de ce pays, où j'aurais, fussé-je libre, quelque mortification de paraître céder aux menaces de monsieur son frère.

— En vérité, s'écria Medora, vous en êtes là ? Vous tombez dans ce piége grossier de croire qu'elle est menacée par son frère, qui l'a laissée voyager avec nous sans jamais lui donner signe de vie ?

— Je sais maintenant qu'elle n'a voyagé avec vous que pour échapper aux continuelles persécutions de ce frère qui voulait naturellement l'exploiter, et qui l'eût suivie, si sa double profession d'espion et de bandit ne le tenait attaché au sol romain.

— Très-bien! Ainsi, vous connaissez ces détails dont je n'osais vous parler, et vous allez avoir pour beau-frère un mouchard, voleur de grands chemins par-dessus le marché?

— C'est un désagrément prévu, et je passe outre.

Elle garda un instant le silence et reprit :

— Je me demande lequel de nous deux fait une folie : celle qui épouse sans amour un homme comme il faut, ou celui qui veut épouser une femme qu'il aime, en dépit de sa honteuse situation.

— Vous croyez, répondis-je, que la raison est de votre côté, comme je crois qu'elle est du mien ; et, tous deux nous sommes très-contents de nous-mêmes. C'est ainsi que se résument tous les antagonismes de l'opinion, et, comme c'est le résultat inévitable de toutes les discussions possibles, on devrait se les épargner comme inutiles, à moins qu'on ne les considère comme un moyen sûr de se confirmer et de se fortifier dans ses propres tendances.

— C'est bien dit, mais ce n'est pas toujours certain. Il y a des convictions entières qui ébranlent les demi-convictions, et je vous avoue qu'en vous voyant si absolu dans la logique de votre théorie, je me demande si je suis dans le vrai chemin de la mienne. Tenez, l'amour est une puissance maudite, puisque celui qui se fait son apôtre est toujours plus fort dans son délire que l'apôtre de la raison ne l'est dans sa quiétude.

— Voici le prince qui nous rejoint, et c'est à lui de vous convaincre de la puissance de l'amour, puisqu'il vous aime et vous implore.

— Attendez! un mot encore ! J'espère que vous ne pensez pas que je ne sois plus parfaitement libre de rompre avec lui?

— Pardon! je ne vous comprends pas.

— Je veux dire que je ne suis pas plus sa maîtresse que je ne suis encore sa femme, et que c'est tout au plus si je lui ai permis, jusqu'à présent, de me baiser la main. Si vous aviez d'autres idées, elles m'outrageraient bien gratuitement.

— Qu'est-ce que cela me fait? pensai-je, pendant que le prince passait entre nous pour me remercier et pour faire à Medora de timides reproches. J'entendis qu'elle lui répondait sèchement, et je me hâtai d'aller reprendre mon rang dans la caravane.

XL

Il était deux heures du matin quand nous arrivâmes à une petite villa près d'Albano. Là, nos fugitifs devaient prendre, chez une personne amie qui les attendait, une petite voiture, où le prince, le docteur et la signora feraient le reste du trajet jusqu'à la mer, par les chemins de traverse. Tous les chevaux étaient loués ou prêtés, et devaient être dispersés et laissés à certaines stations convenues sur la côte. *Otello* seul devait être embarqué, comme l'inséparable serviteur de Medora. Je fus donc très-étonné lorsqu'elle m'offrit de me le laisser.

— Cette bête gênera et retardera notre embarquement, dit-elle au prince, qui ne s'étonnait pas moins que moi. Ce sera, dans un aussi petit bâtiment que celui qui doit nous emporter, un compagnon très-incommode et peut-être dangereux.

— Tout a été prévu, répondit-il, et tout doit être disposé en conséquence. J'aimerais mieux me jeter à la mer que d'être cause pour vous d'un petit chagrin, et puisque vous ne regrettiez dans votre fuite que ce beau compagnon...

— Je regrette autre chose, dit Medora d'un ton singulier, c'est de n'avoir pas réfléchi... à l'ennui qu'il nous causera. Décidément, monsieur Valreg, je vous le laisse, je vous le donne; acceptez-le comme un souvenir de moi.

— Eh! bon Dieu! qu'en ferais-je à Mondragone? m'écriai-je naïvement.

— Felipone le logera et le soignera; ou bien il restera dans cette maison, où je vais dire qu'il vous appartient et que vous viendrez le reprendre.

— Vous oubliez, madame, que, soit à Mondragone, soit partout ailleurs, le soin de me nourrir moi-même l'emportera nécessairement sur celui de nourrir un quadrupède de cette taille...

— Eh bien, reprit-elle avec impatience, si c'est un embarras pour vous, vous le vendrez, il est à vous!

— Je n'ai rien fait qui vous autorise à m'offrir un présent, répondis-je, un peu impatienté moi-même de ce nouveau caprice.

Nous étions entrés dans le jardin de la petite villa, où la voiture était tout attelée et prête à partir, et le prince pressait Medora d'y monter. Il crut comprendre qu'elle désirait me récompenser de lui avoir servi de garde du corps, et il eut la malheureuse idée de me demander si je n'avais pas besoin d'argent. Il ajouta, voyant que j'étais peu disposé à avoir recours à lui, qu'il m'offrait un à-compte sur le tableau qu'il m'avait commandé.

Je répondis que ce n'était pas le moment de parler d'affaires; que la nuit s'avançait, et que nous avions tous à faire diligence pour être hors de danger avant le jour. Medora était sur le marchepied de la voiture, et semblait vouloir prolonger cette inopportune discussion.

— Pardon mille fois, lui dis-je en la saluant ; mais Felipone m'attend, et je ne puis souffrir qu'il s'expose pour moi à rentrer trop tard.

Je pris congé du prince et du docteur, qui me pressèrent encore de partir avec eux. Je me pressai, moi, de remonter sur *Vulcanus* et de reprendre avec Felipone le chemin de Mondragone.

Dès que nous fûmes seuls ensemble, notre marche n'étant plus embarrassée par les précautions à prendre pour une femme, et nos chevaux s'animant à l'idée de retourner chez eux, nous marchâmes si vite, qu'en moins d'une heure nous nous trouvâmes au pied des hauteurs de Tusculum.

La lune était couchée, le temps se voilait, et nous éprouvions cette sécurité que l'on trouve dans la protection de l'ombre et de la solitude. Nous commencions à gravir au pas l'escarpement de l'antique citadelle latine, lorsque Felipone, avec qui je causais tranquillement, posa sa main sur mon bras pour m'imposer silence, en me disant tout bas : — Regardez... là-haut !

Plusieurs ombres noires se dessinaient sur le ciel auprès des rochers de la croix, au beau milieu du chemin qu'il nous fallait suivre.

Felipone n'hésita pas un instant sur le parti que nous avions à prendre. Sans perdre le temps à me l'expliquer,

— Suivez-moi, me dit-il. Et tournant bride, il s'enfonça dans une prairie en pente rapide qui s'étendait à notre droite, et dont nous suivîmes la lisière ombragée jusqu'à une masse sombre que je reconnus être un paillis, c'est-à-dire une de ces bergeries en paille et en bruyère dont est semé l'*agro romano*.

— Arrêtons-nous ici et ne bougeons pas, me dit Felipone à voix basse. Ne réveillons pas inutilement les bergers et les chiens des autres cabanes. Leur bruit nous trahirait. Il y a, par ici, plusieurs de ces paillis. Je sais qu'en voilà un abandonné. N'y entrons pas, nous pourrions y être bloqués. Si les gens de là-haut ne nous ont pas vus, tout va bien ; nous pourrons tout à l'heure traverser la prairie. S'ils nous ont vus, observons-les pour jouer à cache-cache avec eux.

— Observer me paraît difficile dans cette obscurité.

— Quand on ne peut pas se servir de ses yeux, on se sert de ses oreilles. Taisons-nous, écoutons. Un quart d'heure de patience, et nous saurons à quoi nous en tenir.

— Mais ces chevaux, impatients de rentrer chez eux, nous trahiront, ou nous empêcheront d'entendre ?

— Je le sais bien : voyez ce que je fais, et faites-en autant. Tenez, voilà un bout de courroie.

Il mettait un tord-nez à son bidet et l'attachait à une branche. J'avais vu pratiquer ce moyen expéditif de réduire à l'immobilité le cheval le plus impétueux. Je tordis la lèvre supérieure du bon *Vulcanus* avec la courroie, que je fixai court à un arbre. Dans cette situation, l'animal, dont chaque mouvement devient douloureux, se permet à peine de respirer.

Condamné, par la volonté, à un silence et à une immobilité semblables à ceux que j'imposais à mon cheval, je crois que je souffris plus que lui. On ne se figure pas ce que c'est que la gêne et l'ennui de s'annihiler ainsi, pour se soustraire à un péril que l'on aimerait mieux brusquer. Cela est si contraire au tempérament français, que je me sentis pris de spasmes. Felipone, autrement trempé que moi à cet égard, écoutait et guettait. Placé tout près de lui, je voyais son petit œil rond étinceler dans l'ombre comme celui d'un chat, et il me semblait voir aussi sur sa bouche l'éternel sourire de bienveillance et de contentement qui anime ses traits vulgaires, mais agréables.

La confiance que m'inspirait son expérience calma l'irritation de mes nerfs; debout, les bras appuyés sur le bord du toit de paille, qui ressemblait à une hutte de sauvages, je ne sentis pas que je m'endormais.

Je dormis si bien que je rêvai. Il me sembla voir Daniella et Medora assises sur ce chaume, et jouant avec leurs mouchoirs à qui me mettrait un tord-nez comme à *Vulcanus*. Puis, je me trouvai transporté dans mon village, au presbytère. Mon oncle se mourait, et la Marion me reprochait d'arriver trop tard.

D'autres images plus confuses se pressèrent dans mon cerveau durant ce court sommeil. Je fus réveillé par la main de Felipone qui se posait sur mon épaule. — Est-ce que vous dormez? me dit-il tout bas : allons! vous voilà bien étonné? vous ne savez plus où vous êtes? Moi, je n'ai pas été aussi tranquille : j'ai eu une belle peur! J'ai cru un instant voir un homme tout debout, à deux pas de moi : mais c'était ce têteau que je n'avais pas encore remarqué; et puis, quelque chose a passé là, dans les herbes; mais c'était quelque bête, car il n'en est rien résulté; et, à présent, je suis sûr que nous avons déjoué les espions, ou que l'ennemi ne nous avait pas aperçus. Il n'y a pas eu le moindre bruit dans les environs.

— Pourtant, lui dis-je, qu'est-ce que ces voix là-bas?

— C'est le cri des sentinelles autour de la villa Mondragone: *Sentinelles, prenez garde à vous!* Hein, dites donc, ces bons carabiniers qui croient vous garder encore! Mais il s'agit de rentrer dans la place sans qu'ils s'en doutent, et c'est plus difficile peut-être que d'en sortir. Nous ne sommes plus dans le chemin.

— Reprenons-le.

— Oh que non! le poste de la croix de Tusculum est sans doute occupé, quoique je n'entende plus rien.

— Ce ne sont pas des carabiniers que nous avons vus là ; j'en suis sûr.

— Et moi aussi, mais des limiers de police : c'est pire ! Il ne s'agit plus, comme au départ du prince, de passer coûte que coûte, il s'agit de ne pas faire donner l'alarme et de rentrer sans qu'on puisse s'imaginer que nous sommes sortis.

— Eh bien, ne pouvons-nous gagner avec précaution la petite chapelle qui donne entrée au souterrain ?

— C'est justement ce qu'il faut faire.

— Mais nos chevaux nous gêneront maintenant plus qu'ils ne nous serviront ?

— Ils ne nous gêneront plus ; voyez.

En effet, les chevaux avaient disparu. Pendant mon sommeil, qui avait duré une demi-heure, Felipone les avait dépouillés et mis en liberté. Il avait caché dans les paillis les bridons, les couvertures, les étriers et les sangles, objets faciles à venir reprendre en temps opportun. Ma selle, mes fontes et les pistolets avaient été laissés à dessein à la villetta d'Albano. Nous n'avions gardé pour arme que deux petits fusils en bandoulière, équipement permis à tout habitant d'un pays où la chasse n'est pas gardée. Les chevaux nus venaient d'être livrés à leur instinct ; ils s'en étaient allés, en paissant, au pâturage où ils avaient l'habitude d'être conduits à la pointe du jour ; et, bien que le jour ne parût pas encore, Felipone était certain qu'ils s'y rendraient d'eux-mêmes, malgré ce point de départ inusité.

— Allons, dit-il après avoir écouté encore, en route ! Le temps voudra s'éclaircir aux approches de l'aube, profitons de ce reste de nuit et de brouillard pour traverser la prairie ; nous passerons cette fois derrière les Camaldules ; ce sera plus long, mais plus sûr.

Nous prîmes la prairie en biais ; mais nous n'y avions

pas fait cinquante pas qu'un projectile passa entre nous en sifflant à nos oreilles.

— Qu'est-ce que cela? dis-je à Felipone, qui s'arrêta surpris.

—Une pierre, répondit-il; ça a dû partir de ce buisson-là; oh! oh! Campani est par ici. Il lui est défendu d'avoir des armes à feu, parce qu'il s'en sert pour arrêter les passants; mais il est si adroit à la fronde qu'il se passe de balles. Il nous a vus! Avançons! Courez comme moi, en zigzag!

— Non! tombons sur le buisson et faisons une fin de ce coquin-là.

— Et s'il a une bande avec lui? Vous voyez bien que ceci est une provocation.

En effet, les pierres nous poursuivaient à intervalles réguliers et tombaient presque à nos pieds, dans l'herbe, avec un bruit mat.

— Mauvaise grêle! dit Felipone en s'arrêtant indécis; il en vient de ces autres buissons devant nous! Il paraît que Campani a appris à ses compères à se servir de la corde; mais ils travaillent pour leur compte et non pour celui de la police; car ils n'ont pas de fusils; ils craignent le bruit autant que nous. Avançons! ils ne sont pas tous aussi adroits que leur maître; et d'ailleurs, ils nous entendent plus qu'ils ne nous voient et tirent au juger. Sans cela, l'un de nous aurait déjà son affaire.

Nous avançâmes encore; mais, tout à coup, Felipone s'arrêta de nouveau. — Nous sommes cernés, dit-il; nous nous sommes enfournés dans un cercle de buissons éparpillés, qui est pour eux un poste meilleur que pour nous. Il va falloir soutenir un siége... Eh bien! à la grâce de Dieu! suivez-moi!

Il prit sa course résolûment, et, au milieu des pierres qui continuaient à siffler de tous côtés, il se jeta derrière un paillis plus petit que celui où nous nous étions abrités d'abord, et d'où partaient les aboiements hurlés de plusieurs chiens réveillés depuis le commencement de l'assaut que nous subissions.

—Que faire? dit Felipone; voilà ce que je craignais! Les bergers vont prendre l'alarme, nous confondre peut-être avec les brigands et tirer sur nous. Je ne sais pas s'ils sont plusieurs ou un seul en ce moment dans la prairie. Depuis quinze jours je ne sors pas de Mondragone! Nous voilà tombés dans un mauvais traquenard. Je regrette nos chevaux, à présent.

Les chiens enfermés dans le paillis redoublaient de rage.
—Qui va là? cria de l'intérieur une voix grave. Et nous entendîmes claquer la batterie d'un fusil que l'on armait pour nous recevoir.

— C'est vous, Onofrio? répondit le fermier en approchant sa bouche de la fente de la porte. Je suis Felipone, poursuivi par des bandits. Ouvrez-moi!

— Silence, Lupo! silence, Télégone! dit la voix du berger.

La porte s'ouvrit aussitôt et se referma sur nous, au moyen d'une barre transversale. Nous nous trouvâmes dans les ténèbres, dans la chaleur grasse d'une atmosphère chargée des miasmes de la toison des brebis et d'une forte odeur de fromage aigre.

— Vous n'êtes que deux? nous dit le berger avec calme et douceur. Vous a-t-on vus entrer?

— A coup sûr! répondit Felipone

— Sont-ils beaucoup?

— Je n'en sais rien.

— Avez-vous des armes?

— Deux fusils de chasse.

— Avec le mien, ça fait trois. Ont-ils des fusils aussi, ces coquins ?

— Ils ont des pierres. C'est Campani.

— Avec ses frondeurs ? Croyez-vous que Masolino en soit ?

— *Chi lo sà!* répondit Felipone.

— Vos armes sont chargées ? demanda encore Onofrio.

— *Sicuro!* répondit le fermier.

— Votre camarade n'a pas peur ?

— Pas plus que toi et moi.

— Eh bien, défendons-nous ! Mais il faut voir clair. Attendez !

Il alluma une petite lampe qu'il plaça au milieu des trois dalles de pierre qui lui servaient de cheminée, et nous vîmes l'intérieur du chalet qu'il s'était bâti lui-même à sa guise. Pour sol, un plancher élevé de terre sur des blocs de roche, et sablé ; pour lambris, un mur bas, assez solidement crépi à l'intérieur ; pour toit, une couverture de paille très-artistement faite, avec des branches pour charpente et des bambous romains pour volige ; pour lit, une caisse pleine de feuilles de maïs ; pour siége, un tronçon de pin ; pour table, un superbe chapiteau de colonne antique ; pour ornements, une quantité de chapelets, de reliques, mêlés à des fragements d'antiquités païennes de toutes sortes ; pour compagnie, deux chiens maigres, qui, avec une incomparable docilité, s'étaient tus à son premier commandement, et trois moutons malades qu'il avait pris dans sa cabane pour les médicamenter. Le reste du troupeau était dans un second paillis plus vaste, situé à dix pas de là, et gardé, à 'intérieur, par d'autres chiens qui faisaient assaut de hurlements furieux et désespérés.

— La cabane est solide, me dit Onofrio, qui, en me reconnaissant, me sourit autant que son lourd masque cuivré, encadré d'une barbe blonde, peut sourire; à moins qu'ils n'y mettent le feu, nous y sommes à l'abri de leurs cailloux, et mes paillassons sont à l'épreuve de la balle. Et puis, tenez, ajouta-t-il en retirant du mur certains gros bouchons de paille, voilà, sur chaque face, un trou pour passer le fusil et voir où l'on vise : c'est de mon invention. Il est bon qu'un berger soit fortifié comme cela pour défendre ses brebis. A présent, ajouta-t-il quand il nous eut postés, mon avis est de ne pas laisser approcher l'ennemi. Faisons feu aussitôt que nous pourrons viser.

— Non! dit le fermier, ne faisons de bruit qu'à la dernière extrémité.

— Pourquoi ça ? reprit Onofrio. Le bruit attirera les carabiniers de Mondragone, qui viendront à notre secours. Il paraît, Felipone, qu'ils vous gardent là dedans un jeune homme bien dangereux, un ennemi de la religion qui a tiré sur le pape?

C'est ainsi que mon aventure était racontée dans les prairies de Tusculum. Je ne pus m'empêcher de sourire en songeant à l'effroi du bon berger s'il eût pu reconnaître ce scélérat dans le pauvre peintre dont il avait serré la main quelque temps auparavant, et auquel il donnait maintenant asile et protection au péril de sa vie.

— Oui, oui, c'est un grand misérable que ce prisonnier, dit Felipone, sans se départir un seul instant de sa belle et joyeuse humeur. Mais songeons à ceux qui sont là. Je commence à les voir, et voilà vos chiens qui recommencent à être furieux. Si nous les lâchions sur cette canaille?

— Ils me les tueront, avec leurs pierres, dit Onofrio avec un soupir. Je crois que j'aimerais mieux être tué moi-même. Pourtant, s'il le faut, nous verrons!

Tout à coup, une voix âpre, une voix blanche, fêlée comme celle de beaucoup d'Italiens à formes athlétiques, retentit à la porte de la cabane, comme si elle partait de dessous terre.

— Berger, disait-elle, ne craignez rien ; faites taire vos chiens ; écoutez-moi.

— C'est la voix de Campani ; le serpent s'est glissé dans l'herbe, me dit vivement Felipone, pendant qu'Onofrio calmait ses chiens avec plus de peine, cette fois, que la première. Il s'est blotti sous la cabane, entre le sol et les pierres qui supportent la devanture ; nous ne pouvons pas tirer sur lui !

— Que voulez-vous ? parlez ! dit Onofrio.

— Nous n'en voulons ni à vous ni à vos moutons, mais à une méchante bête qui est entrée chez vous. C'est le prisonnier de Mondragone, l'assassin du saint-père.

— Non ! dit Onofrio en me regardant avec bienveillance ; vous mentez ! Allez-vous-en !

— Je jure sur l'Évangile que c'est lui, répondit le bandit.

— Si c'est lui, vous n'avez pas mission de l'arrêter. Avertissez les carabiniers.

— Oui ! pendant que vous le ferez sauver ! D'ailleurs, les carabiniers le mettraient en prison, et ce n'est pas ce que je veux.

— C'est cela ! dit Felipone à mon oreille ; c'est la vengeance romaine. Il veut vous tuer lui-même.

— Vous ne voulez pas le livrer ? reprit Campani.

— Non !

— *Une fois ?* Je vous avertis que nous sommes quinze, et qu'au premier signal, en un clin d'œil, votre baraque va être enfoncée et vos trois carcasses défoncées. Nous mettrons le feu ensuite, et on croira que vous vous êtes endormi trop près de votre lampe en chantant vos prières.

Onofrio frémit de la tête aux pieds, porta à sa bouche le scapulaire qu'il avait au cou, et, avec sa voix sans inflexion et son visage de pierre, il répondit encore *non,* avec une tranquille et grandiose résignation.

Il se fit une minute de silence; puis la voix de Campani reprit :

— *Deux fois?* Je vas donner le signal; il faudra bien que le loup sorte du trou !

Je n'attendis pas le troisième refus du brave berger. Incapable de maîtriser plus longtemps ma colère, je déchargeai ma carabine sur la tête du bandit, qui avait eu l'imprudence de se relever à demi sans se douter de l'existence de la meurtrière d'où je le guettais, et sa cervelle, fracassée à bout portant, jaillit sanglante sur le mur de la cabane et jusque sur le canon de mon fusil.

— Mauvaise chance pour lui! dit Felipone, en qui l'horreur se traduisit par un éclat de rire nerveux.

— Vous l'avez tué? dit l'impassible Onofrio; c'est un de moins ! Attention aux autres! et ne nous laissons plus approcher, s'il est possible !

J'étais résolu à ne pas compromettre plus longtemps les deux hommes généreux qui se dévouaient pour moi. Je m'élançai vers la porte.

— Que faites-vous? s'écria le fermier en me repoussant avec vigueur.

— Je vais me battre tout seul contre ces bandits, et leur vendre ma vie le plus cher que je pourrai. Ils n'en veulent qu'à moi.

— Cela ne sera pas, je ne le veux pas, dirent à la fois le fermier et le berger. Si vous sortez, nous sortirons aussi.

La situation ne permettait pas un long combat de générosité. D'ailleurs, Felipone n'espérait pas être plus épargné que moi par ces bandits.

— Masolino doit être parmi eux, dit-il; c'est mon ennemi

personnel. Il faut que l'un de nous deux en finisse cette nuit avec l'autre !

Quant à Onofrio, il paraissait porter jusqu'à l'héroïsme la religion de l'hospitalité.

— Si nous nous séparons, disait-il, nous sommes perdus. Nous pouvons nous sauver en restant ensemble. Allons, allons, pas de mots inutiles. Que chacun de nous soit à son poste !

LXI

Felipone se plaça à la meurtrière qui regardait Tusculum, moi à celle qui regardait Mondragone. Onofrio surveillait les autres meutrières, allant de l'une à l'autre. Il avait mis son tronçon de sapin dans la petite lucarne ronde qui lui servait de fenêtre, afin de nous barricader. La porte fermée se gardait elle-même en attendant que nous eussions à réunir nos efforts pour la défendre, si nous ne pouvions tenir l'ennemi à distance.

Un silence effrayant avait succédé au dehors à la chute du corps de Campani. Pas un cri ne s'était échappé de sa bouche. Tout à coup, Onofrio arma à son tour le long fusil qu'il avait désarmé en nous ouvrant la porte.

— En voilà un qui va vers vous, Felipone, dit-il sans se déconcerter; ne vous pressez pas !

Felipone tira ses deux coups; la fumée ne lui permit pas de voir s'ils avaient porté, et d'ailleurs il n'avait pas une seconde à perdre pour recharger.

Ce qui devait arriver arriva. Les bandits qui nous cernaient, se voyant repoussés de deux côtés à la fois, se réunirent pour se porter sur les deux faces de la cabane, qu'ils supposaient dépourvues du moyen de défense des meurtrières. C'était à moi de les recevoir, et Onofrio, devinant leurs mouvements, se porta à la quatrième ouverture, orientée vers Monte-Cavo.

Quand les assaillants virent que nous avions ouvert le feu ils nous firent voir, à leur tour, que plusieurs d'entre eux avaient des fusils. Ils essayèrent une décharge sur la petite fenêtre à travers laquelle s'échappait peut-être un faible rayon de la clarté de la lampe. Mais leur plomb rencontra la grosse bûche, que le berger se contenta de repousser pour fermer plus hermétiquement l'embrasure. Nous pûmes en compter cinq réunis un instant. Ils se dispersèrent aussitôt, et leurs ombres, opaques dans le brouillard, parurent se multiplier en tournant autour de la cabane ; mais peut-être n'étaient-ils réellement que cinq changeant de place.

Leur obstination était le seul indice à peu près certain de la supériorité marquée de leur nombre sur le nôtre. Ils semblaient déterminés à venir chercher, sous notre feu, leurs compagnons morts ou blessés, ou à les venger en nous exterminant ; car, entre chaque décharge, ils gagnaient évidemment du terrain, et, si nos coups portaient, nous ne pouvions plus le savoir. Nos ennemis approchaient en rempant dans l'herbe haute et serrée qui environnait la cabane. Nous usions peut-être nos munitions en pure perte, car il nous fallait tirer et recharger sans relâche. Nous sentions bien qu'une fois collés aux murs et accrochés à un toit si facile à escalader, ils étaient maîtres de la situation. Qu'ils pussent mettre le feu à notre abri de litière, et nous étions perdus. Sans l'humidité des dernières heures de la nuit, la bourre de leurs fusils eût suffi pour incendier notre pauvre forteresse.

Ce siége dura au moins un quart d'heure, pendant lequel il nous fut impossible de savoir où nous en étions. Si nos ennemis eussent été plus résolus et plus braves, il est à croire que nous n'eussions pu nous préserver aussi longtemps; mais ils agissaient sous le coup d'une préoccupation qui nous fut soudainement révélée, lorsque, au milieu d'un de ces silences plus redoutables que leurs efforts ostensibles, nous entendîmes une voix crier de loin :

— *Les voilà !*

Nous prêtâmes l'oreille, c'était le lourd galop des carabiniers sur les pavés volcaniques de la voie latine.

— Nous sommes sauvés! dit le berger en faisant le signe de la croix. Voilà du secours; notre bataille a été entendue !

— Nous sommes perdus! dit Felipone.

— Non, non, reprit Onofrio; nos bandits prennent la fuite; voyez, voyez! Je le savais bien qu'ils agissaient sans ordres ! Poursuivons-les ! à moi, Lupo ! à moi, Telegone!

— Ami ! s'écria Felipone en l'arrêtant, les carabiniers ne doivent pas savoir que vous m'avez vu cette nuit, non plus que mon camarade. Restez ici, nous fuyons !

— Je ne vous ai pas vus? demanda le berger sans curiosité ni surprise hors de propos, mais du ton et de l'air d'un homme qui reçoit aveuglément sa consigne.

— Non ! adieu ! Les bandits ont voulu vous dévaliser ; vous vous êtes défendu tout seul. Si on les prend, et s'ils vous contredisent, vous tiendrez bon. On vous connaît, on vous croira. D'ailleurs, Dieu vous récompensera, ami, et vous savez que Felipone n'est pas ingrat! Au revoir !

— La paix soit avec vous ! répondit le berger. Si vous ne voulez pas qu'on vous voie, entrez dans les châtaigniers, et filez jusqu'au *buco de Rocca-di-Papa*.

— Il a raison, me dit le fermier, car voici le jour, et il est trop tard pour rentrer à Mondragone. Venez !

Nous nous élançâmes dehors. Il nous fallut enjamber la

face hideuse de Campani, qui était tombé sur le dos en travers de la porte. Un peu plus loin, sous les châtaigniers, un cadavre gisait, la poitrine criblée de chevrotines.

— Ah! il s'est traîné jusque-là? dit Felipone, qui s'était baissé pour le voir; c'est bien lui! et c'est moi qui l'ai touché! Voilà mes deux coups de fusil! Voyons s'il est bien mort... Oui; il est déjà froid!

— Marchons! marchons! lui dis-je, les carabiniers paraissent.

— A cette distance je ne les crains pas à la course, quoique j'aie un peu de ventre. Et vous, savez-vous courir?

— Je l'espère! allons! Mais que faites-vous?

— Je cherche sur ce chien mort quelque chose... que je tiens! Attendez! il faut que je lui crache à la figure... C'est fait.

Nous nous enfonçâmes dans les bois, en suivant d'abord la même direction qui nous avait menés à Grotta-Ferrata. Puis, inclinant sur la gauche, nous entrâmes dans un sentier ondulé qui se rétrécissait et s'effaçait toujours davantage, jusqu'à ce qu'il disparût entièrement sur les bords d'un ruisseau admirablement accidenté. Il faisait jour, et les bois prenaient les reflets rosés de l'aurore.

— Nous voilà aussi en sûreté que possible, dit le fermier en se jetant sur la mousse. Ah! si j'avais su que je devais fournir une pareille course, je me serais mis à la diète la semaine dernière. C'est égal, le jarret est encore bon. Et vous, mon garçon, ça va bien? A quoi pensez-vous? Est-ce que vous n'êtes pas content d'être enfin débarrassé de Masolino?

— Débarrassé! Qu'en savons-nous? Vous pensez donc qu'il était là?

— Eh bien! et vous? Est-ce que vous ne l'aviez jamais vu?

— Au jour? non.

— Alors votre connaissance ne sera pas longue ; c'est le cadavre que j'ai souffleté tout à l'heure.

— Le frère de Daniella?

— C'est moi qui l'ai tué, et je prends ça sur moi avec plaisir... et orgueil! Le Satan! Je lui devais ça pour avoir voulu violer ma femme, un jour qu'elle lavait seule à la fontaine. La Danielluccia va prendre le deuil ; elle n'en sera que plus jolie : ça sied bien aux femmes, et elle me devra un beau cierge devant la madone de Lucullus pour l'avoir débarrassée d'une pareille crapule de frère.

Telle fut l'oraison funèbre du bandit. La figure animée de Felipone exprimait une satisfaction si franche que, brisé de fatigue et d'émotion, je me sentis machinalement entraîné à la partager.

— Ah çà dit-il, quand tout en parlant, il eut repris haleine, nous ne sommes pas au bout de notre fuite ; il faut que je m'occupe de vous cacher, et pour cela il nous faut grimper dans un vilain endroit ; mais vous êtes capable de trouver ça joli, vous qui êtes peintre et qui ne voyez pas comme les gens raisonnables.

— Avant tout, lui dis-je, je veux savoir ce qui doit résulter pour vous de la peine que vous prenez pour moi.

— Pour vous, à présent que Campani et Masolino ont rendu au diable leurs âmes de chien, je ne risque pas grand'-chose. Votre affaire s'arrangera ou bien vous fuirez avec votre maîtresse. Vous savez, maintenant, que vous n'étiez pas la principale pièce de gibier traqué à Mondragone. Pour le prince, je ne cours pas non plus grand danger. A l'occasion, même, son frère le cardinal me saura gré de l'avoir fait partir, et, s'il faut tout vous dire... je vous dirai ça plus tard!

— Il vous a aidé, sous main, à favoriser son évasion?

— *Chi lo sà?* Mais pour avoir servi celle du docteur, si l'on découvre jamais qu'il était de la partie, je pourrais bien tâter de la prison plus longtemps qu'il ne convient à mon tempérament. Donc, mon affaire, à présent, est de vous sauver (par amitié pour Daniella et pour vous-même, qui me plaisez) sans trop me compromettre. C'est bien facile, si on ne découvre pas mon souterrain. Voilà pourquoi je ne veux pas m'y fourrer en plein jour. Je vas reparaître à la lumière des cieux, en pleine campagne, les mains dans mes poches, comme un bon régisseur que je suis. Les carabiniers me demanderont d'où je viens. J'ai ma réponse toute prête, mon alibi tout préparé, mes compères tout avertis. Ce serait trop long et inutile à vous dire. Sachez seulement qu'il vaut mieux pour moi, à présent qu'il fait jour, rentrer dans deux heures que tout de suite. Ainsi, n'ayez pas d'inquiétude pour moi, et gagnons un endroit où vous pourrez m'attendre jusqu'à la nuit prochaine.

— Pourquoi ne resterais-je pas ici? L'endroit me plaît et me paraît absolument désert.

— Il ne l'est pas assez! Dans une heure il y aura par là des bergers ou des bûcherons. Il faut aller où les troupeaux ne vont pas et où les bûcherons ne travaillent jamais; là surtout où les carabiniers ne se risqueraient pas volontiers, même sur leurs jambes. Allons, mon camarade, venez donc! un peu de courage encore!

— Je conviens que je suis fatigué, surtout depuis... depuis que j'ai vu ce Masolino! Il me semble, à présent, qu'il avait de la ressemblance avec Daniella, et cela me fait mal. Leurs âmes n'avaient aucun rapport; mais le sang parlera malgré elle; elle le pleurera!

— C'est son devoir, la chère enfant! mais elle sera vite consolée, demain peut-être, quand vous la presserez dans vos bras!

— Demain? Croyez-vous donc qu'elle soit assez guérie pour sortir de la villa Taverna?

— Vous voulez tout savoir, et, à présent, on peut tout vous dire. Elle n'a jamais été malade, elle n'a jamais eu d'entorse; on a inventé ça pour vous empêcher de vous exposer. Elle était en prison, la pauvrette!

— En prison?

— Oui, dans sa chambre, à Frascati, tout en haut de cette grande carcasse de maison que vous connaissez. Son frère l'avait barricadée là, et Dieu sait ce qu'elle a souffert!

— Oh! mon Dieu! Et à présent, elle n'est pas encore libre?

— Elle le sera dans deux heures. Dans deux heures, j'irai, sans bruit, lui ouvrir la porte. Vous n'avez donc pas vu qu'en retournant la carcasse de Masolino, j'ai pris cette grosse clef dans sa poche?

Felipone me montrait une clef massive toute tachée de sang.

— Lavez-la! lui dis-je, en songeant à l'horreur de cette circonstance pour Daniella.

— Et mes mains aussi, dit-il en se penchant sur le ruisseau, car le sang de cette vermine me répugne. Je dirai à ma filleule : « Ma chère petite, verse des larmes, c'est ton devoir; mais réjouis-toi, car je t'apporte une bonne nouvelle. Onofrio a tué ton coquin de frère qui voulait piller son musée d'antiquités tusculanes; ton amant est libre, et, de lui-même, il va revenir s'emprisonner à Mondragone pour partir avec toi quand faire se pourra. »

— Mais alors, cher ami, pourquoi ne viendrait-elle pas me trouver ici pour fuir dès la nuit prochaine? Je sais les chemins, à présent.

— Eh, mon bon ami, avez-vous une dizaine de mille

francs en poche pour fréter un petit bâtiment de contrebande qui viendra vous attendre, à ses risques et périls, à Torre di Paterno ou à Torre di Vajanica?

— Hélas! non. J'oublie que je ne suis pas un prince e que je n'enlève pas une héritière. Il me faudrait passer par le chemin de tout le monde, et ce serait plus long et plus difficile. Donc, faites-moi rentrer dans ma cage la nuit prochaine. Partez! courez délivrer Daniella! Je saurai bien me cacher tout seul! D'ailleurs, à quoi servent nos précautions? Puis-je compter sur autre chose que sur la Providence, dans la position où me voici? Ne vais-je pas rencontrer, dans la cachette où vous voulez me conduire, quelques-uns des bandits que nous avons étrillés et qui, fuyant comme nous les carabiniers, s'y seront rendus ou s'y rendront de leur côté?

— Je ne serais pas si novice que de vous exposer à refaire connaissance avec leurs pierres. Soyez tranquille! la bande qui accompagnait nos deux coquins n'est pas de ce pays-ci. Les gens de Frascati ne sont pas si mauvais que ça, ni si hardis non plus; ils connaissaient trop bien Masolino pour s'entendre avec lui. Nos assassins sont d'ailleurs; et je gagerais que ce sont tous gens de Marino, le bourg du Diable! A l'heure qu'il est, ils rentrent chez eux par le bois Ferentino; ils se déshabillent et se couchent comme feraient des chrétiens, et, si l'on fait par là des perquisitions, leurs femmes crieront Jésus-Dieu et jureront sur le sang du Christ qu'ils n'ont pas découché. D'ailleurs, voyez-vous, ma cachette est une cachette. Elle n'est connue que d'Onofrio qui l'a découverte, de moi, du docteur et de ma femme. La chère âme y a nourri notre ami pendant vingt-quatre heures, avant que l'entrée de mon souterrain fût tout à fait déblayée. Venez donc, et sachez d'ailleurs que c'est mon chemin, car je ne veux pas risquer d'être vu revenant par les fourrés. Je vas m'en retourner chez nous par Rocca-di-Papa.

Nous nous remîmes en route en remontant le cours rapide du petit ruisseau, à travers les roches, tantôt enjambant d'une rive à l'autre, afin d'y trouver place pour nos pieds sur les blocs qui le resserraient, tantôt, quand il s'élargissait sur un sable sans profondeur, marchant dans l'eau jusqu'à mi-jambe, faute d'une berge praticable.

L'instinct paysagiste est si fort, je dirai presque si animal en moi, que, malgré ma lassitude et les sérieuses difficultés d'une pareille marche, malgré les pensées à la fois lugubres et enivrantes qui me traversaient l'esprit comme des songes fiévreux, je me surprenais admirant les mille accidents imprévus et les mille grâces sauvages de ce ruisseau mystérieux caché dans les déchirures d'une terre luxuriante de fleurs et de roches éclatantes de mousses satinées. Nous passions comme deux sangliers à travers les lianes de cette forêt vierge, et j'avais un regret, un chagrin instinctif de briser ces guirlandes de lierre et de liserons, de souiller sous mes pieds ces tapis d'iris et de narcisses, de déranger enfin cette splendide et délicate décoration, où la nature semblait savourer les délices de son libre essor, en cachette du travail spoliateur de l'homme.

Il y eut enfin un moment où les parois de rocs et de buissons qui nous pressaient s'écartèrent assez pour me laisser voir le pays où nous rampions comme dans un fossé. Ce fut un coup d'œil magique aux premières lueurs du soleil. Nous étions dans le fond d'une étroite gorge couverte de taillis épais, semée de monticules et tourmentée de ces mouvements brusques et variés qui sont propres aux terrains volcaniques. Les nombreux reliefs de ces petites masses, que protégeait une enceinte de masses plus élevées, rendaient cette solitude particulièrement favorable au genre de retraite que nous cherchions. Derrière nous les terrains onduleux, d'un vert splendide, semés de buissons brillants de rosée, s'enfuyaient en bonds rapides vers les basses vallées de Tusculum. Un petit aqueduc ruiné, perdu dans les arbres et dans les plantes grimpantes, fermait la vue de ce côté-là. Devant nous se dressait une gigantesque muraille de rocher à pic qu'un reste de brume faisait paraître plus éloignée qu'elle ne l'était réellement, et d'où tombait une cascade perpendiculaire, tranquille comme une nappe d'argent, ou comme un rayon du matin.

Cette cascade, qui me parut plus belle que toutes celles de Tivoli, parce qu'elle est dans un cadre plus grandiose et plus austère, n'a ni célébrité, ni reproductions, ni touristes. Elle n'a pas même de nom: c'est le *buco,* le *trou* de Rocca-di-Papa, un village bâti sur un cône volcanique, à peu de distance, et que, d'où nous étions, il est impossible d'apercevoir ni de pressentir. L'incognito de cette belle cataracte s'explique par son absence durant la saison des voyages et des promenades. La source qui l'alimente s'échappe en filets invisibles dans une coupure voisine, dès que cesse la saison des pluies, et la splendeur de son développement aux premiers jours du printemps est encore une recherche que cette sauvage localité garde pour elle-même et pour les rares promeneurs des jours d'avril.

Je l'avais vue de loin, le jour de ma conversation avec Onofrio sur l'*arx* de Tusculum, et il m'avait dit : — On ne peut pas aller auprès ; c'est trop difficile. En effet, c'est impossible à première vue, à travers le taillis serré de noisetiers et de chênes nains qui couvre les seuls endroits accessibles. Pourtant nous y parvînmes, et je trouvai même cette dure ascension moins pénible que ne le sont certains parcours dans les petits bois ravinés de mon pays Ce pays-ci a une défense de moins, la défense la plus sérieuse que les fourrés d'Europe puissent offrir : il ne produit pas de ronces. On ne s'y trouve pas enfermé et comme mis en cage par ces énormes réseaux d'églantiers et de mûres sauvages qui s'installent chez nous dans les taillis, et que les chiens de chasse les plus intrépides renoncent quelquefois à traverser.

Ici la nature n'est pas méchante, malgré son grand air de résistance. Elle menace plus qu'elle ne blesse. Elle est en harmonie avec le tempérament hardi et aventureux, mais peu résistant et rarement stoïque de ses habitants.

En cette circonstance, je dois pourtant dire que Felipone fut plus robuste, c'est-à-dire plus gai et plus insouciant que moi. J'étais harassé ; j'avais des nerfs et il n'avait que des muscles. Nous ne marchions plus que sur les mains et sur les genoux, lorsque enfin nous gagnâmes un sol à peu près vierge de pas humains, au flanc du grand mur de rocher. Il n'y avait même pas de traces d'animaux dans cette impasse. La cascade tombait à notre droite, et une coupure aiguë sillonnait le massif volcanique devant nous.

C'est là que bondissait, sur un escalier naturel, le véritable courant de la source, la cascade à grande nappe n'étant que le résultat des eaux pluviales et d'un torrent accidentel. Cet escalier se trouve enfoncé en retrait dans le roc et devient invisible à mesure qu'il s'élève.

— Suivez cette échelle de roches et de cascatelles, me dit Felipone. Il y a partout moyen d'y grimper à sec avec un peu d'adresse. Ma femme y a passé pour aller voir notre ami le docteur, un jour qu'un grand mal de dents m'empêchait de sortir ; pauvre petite femme ! elle est si bonne pour moi ! Je vous quitte ici. J'ai encore un peu de chemin à faire à la manière des chèvres, et je gagnerai le bourg de Rocca-di-Papa, qui est là-haut tout près ; vous ne vous en douteriez guère, car ceci ressemble au bout du monde.

— C'est donc à ce village que je dois grimper de mon côté ?

— Non pas ! quand vous aurez grimpé, vous trouverez une drôle de construction, une vilaine bâtisse, et vous y resterez jusqu'à ce que je vienne vous chercher. Vous serez là tout seul avec le vertige, mais la tête pourra vous tourner sans inconvénient : il y a encore un rebord à la plate-forme.

— Ne craignez rien pour moi ; courez chez Daniella.

— Oui, je commencerai par elle ; après quoi, je tirerai de sa niche ce pauvre Tartaglia, qui doit s'ennuyer beaucoup, et qui sera bien aise de déjeuner pour chasser les idées noires. Ça me fait penser que vous allez jeûner là-haut !

— Cela m'est fort égal : je n'ai envie que de dormir.

— Quand vous aurez dormi, la faim viendra. Diable ! Voilà un peu de tabac et ma pipe, et ma fiole d'anisette avec une tasse de cuir pour puiser l'eau, qui ne vous manquera pas.

— Non, non. Gardez tout cela ; vous en aurez besoin pour retourner, car vous avez encore de la fatigue devant vous.

— Bah ! ce n'est rien. Depuis que j'ai vu Masolino salé avec mes chevrotines, je me sens reposé. Je vas seulement boire un coup à votre santé, pour chasser l'envie de faire un somme en m'en retournant.

Il remplit d'eau sa tasse de cuir, y versa quelques gouttes d'eau-de-vie anisée, et me la présenta en disant : *Après vous !* avec une courtoisie enjouée.

— Oh mais ! s'écria-t-il quand nous fûmes désaltérés, qu'est-ce que je vois là ? La Providence est avec vous, mon camarade. Prenez ce qu'elle vous envoie. C'est mauvais, mais ça nourrit, et me voilà tranquille sur votre compte.

En parlant ainsi, il ramassait dans le flot de la cascade un petit sac de toile grossière accroché à une pointe de rocher.

XLII

Ce sac contenait quelques livres de graine de lupin. C'est une semence coriace et d'une amertume impossible, qui fait le fond de la culture de certaines régions de la Campagne de Rome, et le fond de la nourriture des pauvres. La plante est belle et la graine abondante. Pour la rendre comestible, on lui retire son amertume en la plaçant dans une eau courante où elle reste au moins huit jours, après l'avoir fait cuire à moitié pour soulever l'épaisse pellicule ; on la recuit encore et on la mange croquante. Beaucoup d'ouvriers et de paysans ne connaissent pas d'autre régal.

—Ce sac vient de là-haut, dit le fermier en montrant la cime du rocher. Quelque pauvre diable du village aura mal assujetti les pierres en le mettant tremper dans la source, et l'eau l'a emporté. Prenez-le sans scrupule, il eût été perdu. Voyons s'il a trempé assez longtemps !

Il goûta la graine et fit la grimace.

— Ça ne vaut pas le souper d'hier, dit-il en riant ; mais un peu de mortification peut faire du bien à notre âme, à ce que disent les croyants. Et puis, il y a quelque chose de bon dans cette trouvaille. Puisqu'on n'est pas venu chercher ici ce qu'on avait perdu, c'est qu'on croit le passage impossible, et vous serez là en sûreté. Allons, à la garde de Dieu ! mon garçon. Je suis content d'avoir fait votre connaissance, et j'espère la renouveler dans une douzaine et demie d'heures employées à votre service.

Nous nous embrassâmes cordialement. Il s'obstina à me laisser sa fiole et sa tasse. Je découvris que j'avais la poche encore pleine d'excellents cigares que le prince m'avait forcé de prendre la veille. Felipone alluma donc sa pipe, en aspira quelques bouffées pour se donner des forces, et s'éloigna en me jurant de ne pas s'arrêter tant qu'il ne serait pas auprès de Daniella. Son pas était encore si ferme et sa figure ronde si peu altérée par la fatigue et l'insomnie, que l'espérance me resta au cœur.

J'escaladai sans trop de peine les rochers de la cascatelle, et arrivai à me trouver tout à coup en face de la construction la plus étrangement située que j'aie jamais vue. C'est une tour guelfe, à ouvertures ogivales et à créneaux découpés en dents de scie, comme toutes celles qui défendaient jadis les défilés du pays, au temps des querelles des Orsini et des Colonna, et assez semblable à celle qui ferme le ravin du torrent de Marino. La roche se creuse en flanc, comme une coulisse de théâtre, et s'arrondit en plate-forme pour porter et pour cacher entièrement ce guettoir inaccessible sur la face interne du précipice ; je dis inaccessible (bien que j'y fusse arrivé par là), parce que le passage par la cascatelle pouvait et pourrait être encore rendu impraticable par une masse d'eau plus forte, dirigée dans cette fêlure. Une arche, dans les fondations maintenant à jour de l'édifice, me fit penser que l'eau de la source avait dû être mise à profit jadis pour cet usage. Il n'en sort aujourd'hui qu'une petite quantité à travers les décombres. Là où je me trouvais quand j'atteignis la plate-forme, il eût peut-être suffi d'un déblaiement subit de ces décombres pour m'isoler entièrement de toute ressource, dans une sorte de *tour de la faim*.

De la plate-forme, j'entrai de plain-pied dans une petite salle demi-circulaire qui n'avait pas d'issue à l'intérieur.

Est-ce là que l'on mettait des prisonniers ? Par où les y faisait-on entrer ? Je n'eus pas le loisir de chercher une réponse à ces questions. J'étais au bout de mes forces. Je me jetai par terre, sur des débris de brique et de ciment, et je m'y endormis comme si j'eusse été sur le duvet.

Je me réveillai sans avoir souvenir d'aucune chose, pas plus des rêves que j'avais pu faire en dormant que des événements qui m'avaient conduit dans ce lieu étrange. Je ne me rendis compte de ma situation qu'en voyant mon fusil à côté de moi. Je cherchai l'heure. Ma montre marquait midi ; mais elle n'avait pas été remontée, et il pouvait être davantage. Je ne pouvais voir le soleil, le mur de rochers que j'avais pour tout horizon dépassant encore les créneaux de la tour. J'avais seulement une échappée de vue en biais sur une petite portion du ravin, et je m'assurai par la position et la longueur des ombres de quelques arbres grêles qui dépassaient le taillis que je pouvais, en remontant ma montre, placer l'aiguille sur deux heures après-midi, sans me tromper beaucoup. J'avais dormi cinq ou six heures, en dépit d'un froid assez vif et d'une faim dévorante.

Je crus me souvenir que j'avais rêvé que je mangeais, et je me mis à fêter les graines demi-crues et passablement amères que le ciel m'avait envoyées. L'eau anisée et un bon cigare me firent trouver ce repas supportable. Je me sentis réchauffé et d'aussi bonne humeur que possible après des aventures si peu réjouissantes. Mes forces étaient revenues. Je grimpai sur les décombres de ma logette pour voir jusqu'à quel point j'y étais en sûreté, car je savais être à deux pas du village, et je m'étonnais que les enfants qui trouvent tout n'eussent pas trouvé le chemin de cette tour qu'Onofrio prétendait avoir découvert. Je parvins à une brèche, et je reconnus que la tour était parfaitement encaissée dans un gouffre, et absolument isolée sur son bloc, peut-être par la rupture de quelque arche autrefois jetée comme un pont d'enfer sur l'abîme. La tour avait sans doute été dès lors condamnée à s'écrouler aussi d'elle-même et réputée dangereuse. D'ailleurs, cette masure n'était plus d'aucun usage, et le fond de la gorge par où j'étais venu étant impraticable, même aux bergers, personne ne devait s'aviser de l'ascension de la cascatelle, à moins d'être traqué comme une bête fauve ou d'avoir un guide comme celui qui m'avait amené là.

En me demandant de quelle utilité pouvait avoir été une construction située ainsi dans une impasse, et tellement enfouie dans une crevasse, qu'elle n'offrait même pas l'avantage de la vue sur le pays environnant, il me vint une idée que de nombreux exemples du même genre dans les pays sujets aux tremblements de terre ne rendent pas très-invraisemblable : c'est que cette tour avait dû être bâtie à cent pieds plus haut, sur le sommet de la muraille de rochers, et que le subit écroulement d'un bord de cette corniche l'avait fait descendre toute disloquée, au plan où elle se trouve arrêtée maintenant, jusqu'à nouvel ordre, c'est-à-dire jusqu'à la prochaine secousse qui la précipitera tout à fait dans l'abîme. Ce ne serait, en somme, qu'un accident semblable à celui du détachement des voûtes naturelles de la grotte de Neptune à Tivoli, où la violence des eaux a suffi pour tout changer de place.

Il n'y aurait donc eu ici, dans le principe, qu'une tour d'observation sur la cime d'un précipice, à côté d'une cascade. L'événement que je suppose aurait diminué le volume de cette cascade, en créant au torrent un lit voisin plus accidenté, et en ouvrant l'entaille immense où la tour est descendue avec le bloc qui la supportait. Tout cela a pu se passer au quinzième siècle, peu de temps après la construction irréfléchie de cette *maledetta;* c'est le nom que je vais donner à cette tour, pour vous la désigner d'un seul mot.

Le bruit des chutes d'eau ne me permit pas d'entendre si le plateau de rochers qui s'élevait au-dessus de moi était fréquenté. Il devait l'être, puisque j'étais si près de la bourgade ; mais comme je ne pouvais rien voir, je conclus naturellement que je ne pouvais être vu de personne.

Je ne sais si vous vous figurez l'horreur grandiose d'un pareil domicile. Les chouettes elles-mêmes ont craint de s'en emparer.

Au-dessus de la salle où j'étais, la tour éventrée n'offrait que crevasses et débris supportés tant bien que mal par la petite voûte de mon asile. Un tas de sable, apporté sur la plate-forme par les courants accidentels des grandes pluies, servait de logement à de nombreux reptiles que je fis déguerpir. Je n'étais protégé dans mon bouge par aucune espèce de porte ; mais, l'ouverture étant fort petite, j'étais à couvert et à l'abri du vent.

Je m'arrangeai pour passer la journée, sinon gaiement, du moins patiemment. Je m'assis sur la petite plate-forme et m'exerçai à y braver le vertige que Felipone m'avait annoncé et qui est très-réel. Imaginez-vous une poivrière accrochée à l'orifice d'un puits de plusieurs centaines de pieds de profondeur, le long d'une cascade qui a l'air de vous tomber sur la tête et qui se perd sous vos pieds, dans l'espace invisible. Le calme de cette eau brillante qui lèche le rocher en se laissant précipiter nonchalamment, a quelque chose de magnifique et de désespérant. Ce n'est pas l'enivrant fracas des chutes de Tivoli ; on est ici trop haut perché pour entendre autre chose qu'une voix d'argent claire et monotone qui semble vous dire : *Je passe, je passe,* et jamais rien de plus.

Moi aussi, j'aurais voulu passer, me laisser tomber, et arriver d'un saut au fond de la gorge, pour me mettre à courir comme l'onde vers Frascati. La pensée de revoir bientôt

Daniella me donnait des suffocations d'impatience, et je ne pouvais plus me raisonner et me dominer, comme je l'avais fait à Mondragone dans ces derniers temps. Il me semblait que j'avais payé ma dette au sort contraire, à l'émotion, au péril, à la fatigue, et que j'avais le droit de vouloir être heureux, ne fût-ce qu'un jour, après tant de jours sombres et mauvais. Je marchandais avec la destinée, je voulais secouer cette série d'épreuves, j'en réclamais la fin avec humeur.

Et puis, j'étais triste, faible, effrayé; je voyais la cervelle fracassée de Campani sur le mur de la cabane, et les chiens d'Onofrio léchant le sang encore chaud sur les pierres. Je croyais en voir encore les hideuses éclaboussures sur le canon de mon fusil, et j'avais envie de le jeter dans la cascade. Je voyais le regard fixe de Masolino et cette ressemblance avec Daniella qui m'avait serré le cœur. Je ne suis pas un soldat, moi; je suis un artiste; je n'ai ni le goût ni l'habitude de tuer, et je trouve atroce un pays où la loi ne sait pas ou ne peut pas sévir contre ses véritables ennemis. C'est un coupe-gorge perpétuel où il faut qu'à l'occasion le premier passant venu se fasse, en dépit de la douceur de ses instincts, l'exécuteur des hautes œuvres d'une société en dissolution et en ruine.

Je sentais un autre vertige que le vertige physique de l'abîme: celui de l'âme aux prises avec une tentation de haine brutale et de mépris féroce pour les membres pourris de l'humanité. Je songeais à l'œil pur et brillant, au sourire vermeil de Felipone saluant l'aube après ce massacre nocturne, et je me disais: Voilà donc ce que l'on devient tout naturellement avec des instincts de bienveillance et des facultés de dévouement, dans ces vieilles sociétés finies, où il faut se faire justice soi-même et casser la tête à un homme avec autant de satisfaction qu'à un chien enragé.

Décidément, je ne suis pas fait pour ce genre de délassement. J'ai chassé autrefois sans pouvoir aimer la chasse, et s'il me fallait guillotiner moi-même les poulets que je mange, j'aimerais mieux ne manger que des graines et des herbes. Aller à la chasse aux hommes sera toujours un cauchemar pour moi, et il me fallut, dans ce lieu sinistre où j'étais réfugié, faire un grand effort de raisonnement et de volonté pour ne pas me laisser aller à quelque sotte hallucination.

Heureusement, je retrouvai au fond de la poche de mon caban un petit album de promenade et un crayon. Je pus étudier un peu le profil de la cascade et les silhouettes du rocher; après quoi, pour me dégourdir et me réchauffer, je fis une promenade de descente gymnastique dans la cascatelle. La gorge était si déserte, que je fus bien tenté de pousser plus loin que mon mur de rochers; mais la crainte de compromettre mon bonheur me rendit tout à fait poltron, et je restai caché dans cette brèche qu'il est impossible de voir du dehors, tant qu'on n'a pas gagné, à ses risques et périls, le pied même de la montagne.

Mon souper fut impossible; le lupin, que je n'avais pas eu la précaution de remettre tremper dans l'eau, était tout à fait desséché. Je fis mon repas d'un cigare, après avoir broyé sous les dents quelques graines pour empêcher la faim de revenir trop vite. En me livrant à cette maigre chère et en me comparant aux cénobites des temps anciens, je me rappelai tout à coup ce pauvre moine que j'avais laissé à Mondragone, et qui n'avait pas dû manger depuis la veille, à moins que Tartaglia, qui cachait et enfermait ses provisions avec tant de soin, n'eût songé à lui; mais Tartaglia, ravi de retrouver sa liberté, n'aurait-il pas fait comme moi? n'aurait-il pas oublié son ami *Carcioffo* aussi radicalement que j'avais eu le tort de le faire en prenant congé de Felipone?

Ce qu'il y a de certain, c'est que ce pauvre frère Cyprien avait été annihilé dans ma pensée comme s'il se fût agi d'un vêtement laissé dans une armoire. On ne meurt pas pour un jour de jeûne ; mais, en songeant à la capacité de cet estomac d'autruche (d'Autriche, comme disait Tartaglia), et à ces dents de requin dont nous avions tant redouté la puissante mastication, je me fis de grands reproches, et j'eus encore à demander intérieurement pardon à Daniella des mauvais traitements occasionnés par moi aux membres de sa famille.

La nuit étant tout à fait close, comme je n'avais aucune espèce de luminaire, et que je n'attendais pas Felipone avant onze heures ou minuit, j'essayai d'engourdir mon impatience par le sommeil ; mais je ne fis que penser à Daniella. Je me disais avec bonheur qu'après ce qui m'était arrivé à cause d'elle, je me serais senti dégrisé de tout autre amour, tandis que le sien m'apparaissait toujours plus précieux et plus désirable à mesure qu'il entraînait ma vie obscure et mon humeur paisible dans des hasards étranges et dans des aventures répulsives. Je trouvai tant de consolation et de douceur à l'idée de souffrir un peu pour celle qui avait déjà tant souffert pour moi, que je ne sentis presque plus le froid et les mouvements fébriles qui m'avaient agité durant tout le jour.

J'avais trouvé moyen de me faire une espèce de lit avec le sable recueilli sur la plate-forme, et quelques feuilles sèches que j'avais arrachées à la cime d'un jeune arbre tombé, la tête en bas, du haut du rocher dans la cascade. C'était une espèce de platane dont les branches s'étaient affaissées sur la plate-forme de la tour, et cette rencontre l'avait empêché d'être entraîné par l'eau, qui tendait au contraire à le rejeter de mon côté. Ses racines retenaient encore une motte de terre humide, et son feuillage de l'année dernière était resté attaché aux rameaux, tandis que les bourgeons pointaient à l'extrémité. Il paraissait vouloir vivre dans cette position le plus longtemps possible, et je lui avais presque demandé pardon de dépouiller ses maîtresses branches pour satisfaire mon sybaritisme.

En dépit des douceurs de cette couche improvisée, je ne dormais pas, je tâchais de me rendre compte de ce problème : la marche du temps. Le temps qui marche, qu'est-ce que cela ? me disais-je ; il n'y a pas de temps pour celui qui n'a ni commencement ni fin : l'éternité semble être l'antithèse du temps. Dieu voit, pense et sent des choses et des êtres qui passent en lui comme cette cascade dont le bruit tranquille ne finit ni ne commence, à mon oreille, son chant inflexible et fatal. Les révolutions des mondes de l'univers ne dérangent pas plus l'universelle palpitation de la vie que le grain de sable ne dérange et ne trouble ce flot monotone. Et me voilà pourtant ici, comptant les battements de mon cœur, et voulant, de toute la puissance de mon être, accélérer les secondes et les minutes qui ne reviendront plus pour le *moi* que je connais, mais qui recommenceront dans toute l'éternité pour le *moi* immortel que je suis.

Quelle est donc cette fièvre, cette ébullition de la pensée humaine qui s'élance toujours au delà de l'heure présente, comme si elle pouvait échapper à l'heure permanente de Dieu ? Ce qui est le propre de notre nature terrestre est tout ce qu'il y a de plus contraire à la nature universelle, à la loi de la vie qui marche sans repos comme sans lassitude, et qui ne connaît pas la division arbitraire du temps, puisqu'elle ne connaît pas de limites.

Ne serait-ce pas parce que l'homme n'est que la moitié d'un être, cherchant toujours, non à presser le cours d'une existence qu'il craint toujours de perdre, mais à se compléter par une société sans laquelle sa vie ne lui est rien ?

L'autre moitié de son âme est pour lui le dispensateur de l'être et le régulateur du temps. Elle lui donne un moment de joie qui vaut un siècle. Son absence le fait languir dans un état qui n'est pas la vie, et il a beau compter les instants, ces instants-là ne marchent pas, puisqu'ils sont nuls. Ils ne devraient représenter que des phases de néant, et tomber pour lui comme une poussière inerte dans un sablier insensible.

J'en étais là de cette divagation, quand une main, qui cherchait dans les ténèbres, passa sur mon visage et se posa sur ma poitrine. L'obscurité était complète dans le coin où je m'étais blotti. Le bruit de la cascade m'avait empêché d'entendre venir un être humain qui était là, près de moi.

— Felipone ! m'écriai-je en bondissant, est-ce vous?

On ne répondait pas. Je saisis mon fusil à côté de moi, je l'armai. Deux bras m'entourèrent, des lèvres ardentes cherchèrent les miennes. — O Daniella ! c'est donc toi? m'écriai-je. Enfin ! enfin !

C'était elle, aussi vivante, aussi animée, aussi peu lasse après avoir gravi cette rampe escarpée, que si elle eût dansé la *frascatana* sur un parquet.

— Et tu es venue par ce taillis impossible, par ce ruisseau plein de piéges, par ce torrent qui peut renverser à chaque pas? Seule, dans la nuit? Mais n'as-tu pas été malade? Tu as peut-être jeûné dans ta prison ? Et peut-être ton frère t'a-t-il frappée? Et tu n'as jamais perdu l'espoir? Tu avais de mes nouvelles? Tu m'aimes toujours, tu savais bien que je ne pensais à rien au monde qu'à toi, que je ne vivais que pour toi? Et, à présent, nous ne nous quitterons plus d'une heure, plus d'un instant?

Je lui faisais cent questions à la fois. Elle ne répondait que par des questions sur moi-même ; et, dans l'angoisse de nos inquiétudes rétrospectives, comme dans l'ivresse de notre réunion, nous ne pouvions pas venir à bout de nous répondre. Je la tenais serrée contre mon cœur, comme si on eût dû me l'arracher encore, et les sens n'étaient pas le but de cette extase supérieure à toutes les joies de la terre. C'était la moitié de mon âme qui m'était rendue ; je retrouvais la notion de la vie, le sentiment placide et sublime de l'éternelle possession.

Il fallut renoncer à nous expliquer, à nous raconter quoi que ce soit pour le moment. D'ailleurs, elle s'occupait, tout en me parlant, de je ne sais quelle tentative d'installation. Elle étendit sa cape devant l'étroite ogive qui servait de porte et de fenêtre, et alluma une bougie. — Mon Dieu, comme tu as froid ici ! disait-elle ; je vois bien que tu as eu l'industrie de te faire un lit ; mais tu n'as pas eu la malice de trouver le moyen de faire du feu. Je sais qu'un proscrit a passé ici il n'y a pas longtemps. Felipone m'a dit de chercher le charbon et les autres choses qu'il y a laissées, sous les pierres, du côté où le mur est noirci ; cherche donc avec moi !

Je ne voulais pas chercher, je ne voulais pas entendre ; je ne savais pas s'il faisait froid. Je m'employai pourtant, en la voyant fouiller dans les briques et dans les pierres avec ses petites mains intrépides. Nous trouvâmes un tas de menu charbon et des cendres sous les décombres.

— Fais la cheminée, me dit-elle ; voilà les trois pierres plates qui ont déjà servi.

— Mon Dieu, tu as donc froid ?

— Non, j'ai chaud ; mais il nous faudra passer la nuit ici.

— Passons-y toute la vie, si tu veux. A présent, c'est mon Vatican.

Elle alluma la braise avec cette adresse des femmes du Midi, qui savent la disposer de manière à ce que le gaz carbonique soit absorbé entièrement sous la couche en combustion. Puis elle chercha encore et trouva une lanterne sourde, un grand morceau de vieille tapisserie et deux volumes de prières en latin, dont les feuillets avaient en partie servi à allumer le feu. Elle accrocha la tapisserie à l'ogive en guise de porte, mit la bougie dans la lanterne, plaça devant nous, en guise de table, le panier qu'elle avait apporté et dont elle avait déjà tiré du pain, du beurre et du jambon. Elle servit ce repas, avec beaucoup de soin, sur les grandes feuilles du platane. Assis sur des pierres, nous essayâmes enfin de causer en mangeant. Voici ce que j'appris de notre situation :

Daniella ne savait ni le nom du prince, ni celui du docteur, ni celui de la dame voilée. Felipone lui avait raconté l'évasion de personnages importants et le refus que j'avais fait de les suivre hors du territoire. Cette évasion n'était pas ébruitée, mais probablement le cardinal en avait été averti à l'avance, car il était venu à Frascati *incognito* dans la journée. Il avait parlé à Felipone sans témoins. Après quoi il avait ordonné que Mondragone fût ouvert, dès le lendemain, aux recherches de la police. Le secret du souterrain pouvait être découvert, mais Felipone ne le pensait pas, et sa complicité dans notre évasion ne l'inquiétait que médiocrement.

L'affaire de Campani restait un incident à part. Il avait voulu dévaliser le berger de Tusculum, qui est connu dans le pays pour avoir trouvé des choses précieuses, et qui l'avait tué en se défendant. Ses complices avaient disparu.

— Et ton frère? demandai-je, étonné de ne pas entendre Daniella prononcer son nom.

— Mon frère était avec eux, à ce qu'il paraît, répondit-elle en pâlissant. Le malheureux! je ne l'aurais pas cru si fou que de recommencer si vite, après...

— Recommencer quoi? après quoi?

— Eh mon Dieu! il était de ceux que tu as mis en fuite

sur la *via Aurelia !* Tu ne te souviens donc pas que je pleurais, après cette bataille ! Il ne m'avait pas reconnue sur le siége de la voiture, parce que j'avais un chapeau et un voile ; mais moi je l'avais vu ; et voilà pourquoi je t'ai dit ensuite que cet homme-là était capable de tout.

— Mais... cette nuit? qu'est-il devenu?

— Tu le sais bien, dit-elle en baissant la tête. Ne parlons pas de lui.

— Mais tu sais que ce n'est pas moi?...

— Si, c'est toi... n'importe ! Dieu l'a voulu ainsi.

— Non ! Dieu a permis que ce ne fût pas moi.

— Felipone m'a dit cela, et j'espère que c'est vrai.

— Il t'a dit la vérité. Masolino a été tué avec des chevrotines, et mon fusil était chargé à balle.

— Que Dieu en soit béni ! Mais ne crois pas que, s'il en eût été autrement, j'eusse cessé de t'appartenir. Quand même il eût été le meilleur des frères ; quand même tu l'aurais assassiné par méchanceté, il ne dépendrait pas de moi de t'aimer moins pour cela. Tu pourrais bien faire un crime et mériter la mort, je te suivrais sur l'échafaud. Oh oui ! j'aimerais mieux mourir avec toi que de cesser de t'aimer !

XLIII

Je devais donc rester caché à la *Maledetta* jusqu'à ce que l'on eût fait une perquisition à Mondragone. Si la galerie souterraine n'était pas découverte, j'y rentrerais la nuit suivante. Dans le cas contraire, on aviserait à me trouver un autre refuge ou un moyen de fuir. Mais la meilleure éventualité était celle de pouvoir rentrer ensemble dans notre chère prison de Mondragone, jusqu'à ce qu'on se fût lassé de faire des recherches aux environs, car le désappointement de ne trouver personne dans le château amènerait certainement des ordres pour que les recherches fussent réelles et sévères.

— Felipone m'a chargée, ajouta Daniella, de l'excuser auprès de toi de son manque de parole. Il n'aura pas trop de cette nuit pour faire disparaître toutes les traces du séjour de ses hôtes dans la grande cuisine, bien qu'il dise que les agents de police seront fins s'ils y pénètrent. Il m'a tout confié; il est sûr de moi. Quant à ton séjour dans le casino, il n'en reste pas vestige, non plus que dans l'atelier. Tartaglia s'est chargé de tout cela.

— Mais lui, où se cachera-t-il ?

— C'est son affaire; il m'a dit de n'être pas en peine de lui.

— Ah ! mon Dieu, m'écriai-je, frappé pour la seconde fois d'un souvenir qui arrivait immanquablement après tous les autres. Et ton oncle le capucin ?

— Tartaglia l'a fait manger et lui a laissé des provisions pour la journée. On ne veut pas lui confier le secret du passage de la terrasse ; il ne saurait peut-être pas le garder devant les menaces de ses supérieurs. On avait bien songé à le faire sortir par là les yeux bandés ; mais cela eût pris trop de temps. On aime mieux le laisser saisir demain par les carabiniers, qui seront bien sots de n'avoir pas d'autre capture à faire que celle d'un pauvre moine effrayé, et qui le reconduiront sain et sauf à son couvent. On l'interrogera : tout ce qu'il peut dire, c'est qu'il s'est prêté à te porter de mes nouvelles. Il ne sait absolument rien des autres réfugiés.

— Ainsi, nous restons ici encore vingt-quatre heures? Tu ne me quittes pas ?

— Je ne te quitterai plus jamais, excepté demain matin, pour aller à l'enterrement de mon frère; après quoi, je dirai adieu à Frascati pour toujours, si tu veux.

— Sans regret ?

— Sans aucun regret. Je n'y aime plus personne que la Mariuccia et Olivia, et aussi un peu ce pauvre Tartaglia, qui t'a fidèlement servi.

— Et Felipone ? et Onofrio ?

— Oui, ceux qui se sont bien conduits avec toi ! Il y a, chez nous, des gens qui sont si bons et si dévoués qu'il faut bien pardonner aux autres ; mais le plus grand nombre est lâche et mauvais. Croirais-tu que personne ne m'a porté secours quand mon frère m'a enfermée dans ma chambre ? Le premier jour, on venait me parler à travers la porte ; on me plaignait, mais personne n'avait le courage de faire sauter l'énorme serrure qu'il avait mise lui-même à la place de mon ruban rose. J'y ai mis mes mains en sang ; j'y ai brisé tous les ustensiles de mon petit mobilier, j'y ai épuisé mes forces des nuits entières. Quand il m'entendait faire trop de bruit, il entrait et me frappait. J'ai lutté corps à corps avec lui jusqu'à tomber évanouie. Olivia et Mariuccia sont venues dix fois sans pouvoir décider aucun homme à les accompagner. D'ailleurs, Masolino était presque toujours là. Il couchait dans le corridor, et il menaçait d'aller chercher l'autorité pour me mettre en prison tout à fait. — Je la dénoncerai plutôt complice des conspirateurs qui sont à Mondragone, disait-il ; je veux que ces chiens de révolutionnaires meurent de faim, et je sais que c'est elle qui leur portait des vivres.

» Que pouvaient faire mes amis ? Ils aimaient mieux attendre que de le pousser aux dernières extrémités. Les autres se réjouissaient de mon chagrin et de ma colère.—C'est bien fait, disaient-ils ; pourquoi aime-t-elle un impie ? Ils disaient cela pour paraître bons catholiques et n'être pas dénoncés par Masolino. Comme il ne se méfiait pas d'eux, ils eussent pu me délivrer, mais aucun ne l'a osé. Tartaglia l'eût tenté par adresse, mais quand j'ai pu échanger des lettres avec lui sous la porte, et savoir que tu te soumettais et ne manquais de rien, j'ai cru devoir me soumettre aussi. Quand je ne l'ai plus vu revenir, j'ai cru que je deviendrais folle, et j'avais commencé à couper mes draps pour me sauver par la fenêtre. Je m'y serais tuée.

» Heureusement, mon parrain Felipone a pu me faire passer un mot où il me disait : *Tout va bien, patience!* J'ai pris patience. Toute la nuit dernière, n'entendant pas remuer Masolino, je me suis doutée qu'il ne renonçait pas à me garder sans avoir quelque mauvais dessein contre toi, et j'ai travaillé jusqu'au jour à me délivrer. J'avais réussi à entamer le mur de ma chambre auprès de la porte, dans l'espérance de faire tomber les gonds. Mais la fatigue m'a forcée de dormir une heure. Quand j'ai ouvert les yeux, Vincenza était auprès de mon lit. — Lève-toi vite, m'a-t-elle dit, cache-toi la figure avec mon châle, et cours à la ferme des Cyprès. Dans quelques moments, je sortirai ; je refermerai ta porte comme si de rien n'était, et je m'en irai te rejoindre. Voilà comment j'ai été sauvée. J'ai fait avertir Olivia et Mariuccia ; j'ai passé la journée à Mondragone, que l'on garde toujours avec grand soin. J'ai ri et sauté de joie avec Tartaglia ; j'ai fait danser mon oncle le capucin, malgré lui ; j'ai oublié que j'étais en deuil de mon frère. Quand je m'en suis souvenue, j'ai pleuré de repentir. Je lui ai commandé un enterrement honorable et beaucoup de messes. Puis, ayant pris, de Felipone, toutes les informations nécessaires sur le lieu de ta retraite... me voilà !

— Mais tu connaissais donc tous les recoins de ce désert ? Comment, sans voir clair, as-tu pu arriver ici ?

— J'ai pris le chemin de Rocca-di-Papa, qui est facile, et puis, au moment de monter la côte, j'ai observé un gros rocher que Felipone m'avait indiqué, qui se trouve placé sur deux autres. Il ne fait pas si noir dehors que cela te semble d'ici. La lune est voilée cette nuit, mais on voit. Je savais qu'avec un peu de mémoire et d'adresse, on peut entrer par là dans la gorge *del buco*. Il n'y a pas de sentier ; mais la distance est courte, et tu vois, je ne suis pas fatiguée.

— Mais tu n'as pas dormi la nuit dernière ?

— J'ai dormi une heure ; il y avait presque une semaine que cela ne m'était arrivé.

Elle me montra, sur ses épaules et sur ses bras, les marques bleues des coups qu'elle avait reçus. Elle souriait en me racontant ses tortures.

— Pauvre Masolino, disait-elle, je te pardonne, c'est tout ce que je peux faire. Cela me dispensera de te regretter. A présent que je retrouve ce que j'aime, je suis fâchée de n'avoir pas souffert davantage : mon mal n'est pas en proportion de mon bien !

Je la forçai de prendre du repos. Etendue sur le lit de sable et de feuilles, la tête appuyée sur mes genoux, elle s'endormit de ce beau sommeil tranquille que je contemple toujours avec ravissement. Je passai la nuit à la regarder, dans une muette béatitude ; je ne pensais pas ; je vivais de cette seule idée : elle est à moi maintenant et pour toujours ! Le lieu où nous étions me semblait délicieux, la voix claire de la cascade était devenue une musique céleste. La faible lueur de la lanterne dessinait des silhouettes d'architecture bizarres et réjouissantes sur la muraille crevassée. Le morceau de la tenture assujetti, au bas de l'ogive, par des pierres, se gonflait comme une voile, à l'air vif refoulé vers nous par la chute d'eau. Ce vestige de quelque antique décoration du manoir de Mondragone, apporté là sans doute par Vincenza pour préserver le docteur, n'était pas en tapisserie, comme je l'avais cru d'abord ; c'était tout bonnement une ancienne peinture sur toile arrachée de son cadre, une mauvaise imitation de la mauvaise manière de l'Albane, usée, frottée, disparue, mais au centre de laquelle un *amorino* blême et maniéré avait résisté à la destruction et se découpait encore sur un fond d'arbres noirs et opaques. Il me sembla que ce pauvre Cupidon se réchauffait à la douce atmosphère de notre braise, et que, ravi de revoir la lumière, il essayait de se détacher du fond où l'artiste l'avait si cruellement incrusté, pour venir, comme un papillon de nuit, brûler ses ailes éraillées à la bougie.

Dès la pointe du jour, ma chère maîtresse s'éveilla et voulut partir pour Grotta-Ferrata, où l'on avait porté les corps des deux bandits chez les religieux basiliens. Morts sans confession, en état de péché mortel, ils devaient n'avoir de prières que celles de la pitié individuelle, et ne recevoir la sépulture que dans un lieu à part du cimetière consacré.

Ce fut un nouveau déchirement de cœur pour moi que de quitter encore ma Daniella. Il me semble maintenant, dès qu'elle est seulement à deux pas de moi, que je vais la perdre de nouveau, et je m'inquiète comme la mère la plus nerveuse et la plus puérile pour son unique enfant.

Je la reconduisis jusque vers les trois rochers où elle devait reprendre la route. En avançant avec précaution dans ces inextricables taillis ondulés et semés de blocs de lave, comme la forêt de Fontainebleau est semée de grès, nous vîmes combien il y est facile d'échapper à des poursuites. Daniella, examinant la localité au jour, se rassura au point de me permettre de faire l'école buissonnière pour retourner à ma poivrière de la *Maledetta*.

En étudiant les sinuosités du terrain le long des ruisseaux, je m'exerçai à savoir me rendre aussi invisible, en cas d'alerte, que si je n'eusse fait autre chose en ma vie que ce métier de chevreuil.

Je fis donc une promenade de deux heures, et plusieurs croquis de ces charmantes retraites, sans m'éloigner notablement de mon refuge et sans apercevoir bêtes ni gens. Après quoi, je refis le chemin que j'avais fait avec Daniella, afin d'aller l'attendre dans le voisinage des trois pierres.

Rassuré par l'impunité de la solitude, j'approchais, sans trop de précautions, de la lisière un peu plus éclaircie du chemin, lorsque j'entendis un galop de chevaux sur le sable. Je me blottis dans les broussailles pour regarder passer les cavaliers, l'ennemi peut-être. Quelle fut ma surprise de reconnaître Otello portant avec une orgueilleuse aisance la dame voilée ! Elle était suivie du groom du prince, chevauchant à distance respectueuse, comme il eût fait dans les allées du bois de Boulogne.

Je me baissai davantage, car il me sembla qu'elle avait tourné la tête avec insistance de mon côté. Elle fit environ vingt pas en me dépassant, et, tout à coup, sautant légèrement à terre, presque sans arrêter son cheval, elle jeta la bride à son jockey, et, relevant adroitement sa jupe d'amazone, elle vint à moi en courant.

Quand elle fut tout près du buisson où je restais immobile, espérant encore que sa fantaisie la pousserait dans un autre sens, elle m'appela à voix basse en me donnant du Valreg tout court. Étonné de la rencontrer dans cette forêt quand je la croyais en mer, je pensai que quelque événement fâcheux était arrivé à ses compagnons de voyage, et, lui faisant signe de ne pas s'arrêter et de ne pas parler, je la conduisis à quelque distance dans les blocs de rochers.

Quand nous fûmes en sûreté : — Ne craignez rien, dit-elle en s'asseyant résolûment et en jetant son chapeau comme pour respirer. Je vois que vous vous cachez mal, et je suis plus prudente que vous ; car vous vous laissez apercevoir et moi j'ai dit au groom de se cacher un peu plus loin avec les chevaux, pour ne pas éveiller l'attention des passants. Nous pouvons causer cinq minutes, j'imagine. Dites-moi pourquoi vous êtes là ! Vous n'avez donc pas pu rentrer encore à Mondragone ?

— Non, madame ; ce ne sera que pour la nuit prochaine.

— Vous êtes là tout seul ?

— Oui, pour quelques instants.

— Qui attendez-vous ? Daniella, je parie ? Je viens de la rencontrer à Grotta-Ferrata, à la porte du monastère, au milieu d'un enterrement. J'ai eu une émotion affreuse ; j'ai cru qu'il vous était arrivé malheur et que c'était vous qu'elle conduisait au cimetière. J'ai failli m'arrêter pour lui parler, à *cette fille !* mais elle ne me voyait pas, elle était absorbée. Il aurait fallu approcher trop, et attirer tous les regards sur moi. J'ai espéré que les passants me diraient quelque chose ; je n'ai pas rencontré une âme jusqu'ici, où, en regardant toujours avec attention, pour tâcher de découvrir un paysan qui me renseignerait sur ce mort, je vous ai aperçu. Ah ! Valreg, que je suis heureuse de vous voir là vivant !

Ces dernières paroles furent dites avec l'accent saccadé et la physionomie nerveuse qu'elle avait à Tivoli, et je crus devoir la remercier avec un très-froid respect de l'intérêt qu'elle prenait à moi.

— Je ne me serais jamais consolée d'un pareil événement, dit-elle d'un air préoccupé. Mais est-ce que c'est Felipone qui a été tué ?

— Non, Dieu merci, ce n'est personne qui vous intéresse.

— Mais, pardon, peut-être ! Ce n'était pas pour un inconnu que la Daniella se trouvait là en prières ?

— Parlons brièvement; le temps me presse. Masolino Belli a été tué cette nuit par Felipone, en cherchant à nous assassiner. Moi, j'ai tué Campani.

— Pour tout de bon, cette fois?

— Pour tout de bon. Si vous eussiez bien regardé, Masolino n'était probablement pas seul à la porte du cimetière.

— Vous avez tué ce brigand *vous-même?* Donnez-moi votre main, Valreg! J'aime à serrer la main d'un homme qui vient de tuer son ennemi. C'est si rare, au temps où nous vivons, de faire acte d'énergie et de vengeance!

— Cet homme n'était pas plus mon ennemi qu'un loup ou un serpent qui se jetterait sur moi, lui dis-je en touchant froidement la main qu'elle me tendait, et en examinant la singulière expression de férocité exaltée que prenait cette tête fantasque. Je suis le mortel le moins vindicatif qui se puisse imaginer.

— Valreg! reprit-elle en s'animant, vous ne vous connaissez pas! Vous êtes, avec votre sang-froid modeste, de la trempe des héros!

— Moi?

— Ne riez pas, je parle sérieusement. Ce que vous avez fait pour moi en vous exposant à de pareilles aventures vous assure à jamais mon admiration et ma reconnaissance.

Il n'était ni galant ni habile de la détromper; mais elle parlait avec une telle vivacité, que je me hâtai de dire la vérité, à savoir, que je m'étais exposé par reconnaissance pour ses compagnons, et non pour elle, que je n'avais pas même pressentie sous son voile, dans la *befana*.

— C'est impossible, dit-elle en riant; vous m'aviez reconnue!

— Je ne vous avais pas seulement regardée, je vous en donne ma parole d'honneur.

— C'est prendre beaucoup de peine pour repousser un sentiment de reconnaissance bien pur et bien calme de ma part, reprit-elle en se levant avec une agitation qui démentait ses paroles. J'avais cru, en vous voyant enrôlé tout gratuitement dans mon escorte, pouvoir attribuer ce dévouement à une amitié chevaleresque. Il me semblait que vous me deviez cette amitié-là, à moi qui vous ai si courageusement offert mon amour, et qui, malgré l'outrage que vous m'avez fait de le dédaigner, vous ai gardé un attachement, une estime sincères.

— Si ce sont là vos sentiments pour moi, c'est moi, en effet qui vous dois de la reconnaissance, mais je n'ai pas eu l'occasion de vous la montrer. Voilà tout ce que je voulais dire. Et à présent, voulez-vous me permettre de vous demander où sont vos amis, et comment il se fait que vous erriez séparée d'eux et seule dans ce pays sauvage?

— Ce pays n'est sauvage qu'en apparence. Il y a, à mi-côte de ce rocher et tout près de ce village, de petites villas où j'ai demeuré l'année dernière avec ma tante; j'en vais louer une pour quelques jours avant de me décider à prendre un parti.

— Mais le prince...

— Eh bien, le prince!... dit-elle en riant, le prince et le docteur, avec leurs cuisiniers et leurs marmitons, font, en ce moment, voile vers Livourne ou vers Ajaccio; que sais-je? Cela dépend du vent qu'il fait, et je ne m'en soucie guère. Est-ce que j'aime le prince, moi? est-ce que je lui appartiens? est-ce qu'il a le moindre droit sur moi? Je suis libre; j'ai eu envie de me marier, je lui ai fait l'honneur de le choisir; je me suis ravisée; après?

— Je ne me suis permis aucune réflexion; je vous demandais seulement si ces aimables et braves personnes étaient en sûreté.

— Parfaitement, puisqu'elles se sont embarquées hier à la pointe du jour. Vous voulez savoir nos aventures ! Oh ! elles sont moins brillantes que les vôtres. Nous avons traversé en voiture un affreux pays plat où j'aurais dormi de grand cœur si le prince ne m'en eût empêchée en dormant lui-même. Imaginez, *mon cher,* la plus utile et la plus opportune découverte ! Le prince ronfle à couvrir le bruit d'une voiture lancée à fond de train ! J'ai une horreur particulière pour cette infirmité. Mon cher oncle, lord B***, s'endort tous les soirs dans un coin du salon de sa femme, et il ronfle ! Le prince ronfle absolument de la même manière que lui ; une manière si ridicule, si inconvenante, si irritante et à la fin si effrayante, qu'en traversant la forêt de Laurentium, je crus que tous les buffles des marécages couraient après nous. Je me jurai de n'être jamais la femme d'un homme qui ronfle, et j'éveillai le docteur pour le lui déclarer, pendant que son ami continuait à ronfler. Le docteur essaya de me ramener à ce qu'il appelait la raison ; mais quand il eut épuisé son éloquence pour me convaincre, savez-vous ce qu'il imagina ? Je vous le donne en cent !

— Il voulut vous retenir malgré vous ?

— Mieux que ça ! il m'offrit son cœur et ses cinquante-cinq ans ! Vous me direz qu'il est plus beau que le prince ; mais il n'est pas prince : il est roturier et républicain, et il mange deux fois plus que le prince, qui mange déjà deux fois trop puisque ça le fait ronfler.

» J'avais fort envie de rire, continua Medora, mais je préférai me fâcher, afin d'en finir plus vite. Le prince n'entendit rien, ce qui donna à son lourd sommeil un ridicule de plus. Quand nous fûmes sur la grève, il bâilla d'une manière indécente et remplit la voiture d'une odeur de vieux cigare, mêlée à je ne sais quels vieux parfums de lavande attachés à sa barbe. Se parfumer de lavande ! c'est tout ce que j'exècre! Je le pris en horreur, et, sautant sur le sable, je déclarai que j'avais réfléchi et changé d'idée ; que je ne voulais plus me marier ni m'enfuir, mais retourner sur l'heure chez ma tante Harriet.

» Mon pauvre prince parla de se brûler la cervelle; le docteur se chargea de l'en empêcher dans le cas où il en aurait réellement envie, et, comme ledit docteur était fort piqué de mes dédains pour lui, il voulut démontrer à son ami que j'étais une tête folle et un démon. Le pauvre prince prenait mon parti et s'accusait. La discussion menaçait de se prolonger, mais le jour grandissait. Les gardes-côtes paraissaient au loin. Le patron de l'affreuse petite chaloupe, où je n'eusse pas voulu embarquer seulement un de mes souliers, s'impatientait et menaçait de prendre le large sans passagers. Je coupai court à la situation en m'élançant sur Otello, que le groom avait amené sur nos traces, et en disant des choses désagréables à mes vieux Lindors pour les dégoûter de me retenir. Puis, je saisis un moment où le prince, surpris par une quinte de toux, ne pouvait plus se pendre à la bride d'Otello, pour faire un temps de galop comme je n'en ai fait de ma vie. Le prince eut la générosité de vouloir me laisser un de ses domestiques pour me ramener à Rome; mais tous étaient compromis, sauf le groom, qui consentit à suivre ma destinée. Je le vis courir après moi, mais je ne me laissai rejoindre par lui que lorsque j'eus vu, de mes propres yeux, la chaloupe en mer et la grève déserte.

» Alors j'ai été prendre du repos à Albano; et comme aucun mandat d'arrêt ne menace ma liberté, mais que j'aime autant ne pas afficher mes sottes velléités de mariage et le risible dénoûment de mon aventure romanesque, je suis partie d'Albano, ce matin avant le jour, pour aller, comme je vous l'ai dit, à Rocca-di-Papa, où je suis certaine de ne trouver, en cette saison, aucun être civilisé qui me connaisse, et où la solitude me conseillera ma conduite à venir.

XLIV

Après avoir raconté son escapade avec cette sorte de candeur propre aux êtres qui n'ont pas beaucoup de religion morale, la belle Medora remit tranquillement son chapeau, et, voulant l'assujettir dans ses cheveux pour reprendre son voyage, elle m'ordonna de chercher dans la mousse une grande épingle d'acier qu'elle y avait laissée tomber en se décoiffant brusquement.

Son aventure, quoique gaiement racontée, m'avait paru longue, dans la situation précaire où je me trouvais. Ce n'est pas quand il faut avoir l'œil et l'oreille aux aguets, se rendre compte du moindre bruit et du moindre mouvement autour de soi, que l'on se sent bien disposé à prendre la vie par le côté léger et facile, comme cette Anglaise capricieuse semblait résolue à le faire. La circonstance de l'épingle qu'elle me faisait chercher me parut un raffinement de bravade égoïste, d'autant plus qu'elle se mit à rire tout haut, je ne sais de quoi ; peut-être de l'idée qu'il serait fort plaisant pour moi, après avoir surmonté des dangers sérieux, d'être surpris par mes ennemis, pour m'être obstiné, hors de saison, à chercher une épingle.

L'amour-propre dont, quoi qu'on fasse, on ne se débarrasse jamais entièrement quand on se sent ou quand on se croit mis au défi par une jolie femme, m'empêcha de laisser voir mon impatience, et j'arrivai à retrouver la perfide épingle sans me départir du plus convenable sang-froid.

— C'est bien ! me dit-elle en la recevant d'un air de bizarre triomphe : vous êtes véritablement le seul homme que j'aurais pu aimer ! Mais je n'aimerai plus personne, si ce n'est d'amitié. Au revoir donc, et bonne chance pour rentrer à Mondragone !

Elle fit deux pas et se retourna en disant : — Vous ne venez pas m'aider à remonter sur mon cheval ?

— Non ! répondis-je, révolté de cette nouvelle exigence ; j'entends venir.

— Tiens ! c'est vrai ! reprit-elle après un moment de silence. Je me sauve ! à bientôt !

Et, sans attendre une réponse que j'étais peu disposé à lui faire, elle disparut.

Je me baissai dans les rochers et prêtai l'oreille, étonné d'avoir dit vrai en parlant au hasard pour couper court à cette périlleuse entrevue. Les branches mortes criaient sous des pas rapides, et ce n'était pas seulement sous ceux de Medora fuyant vers ma gauche. Une autre personne venait vers moi par une autre direction. Mon cœur et mes sens reconnurent Daniella. Je m'élançai joyeux à sa rencontre.

Elle était pâle et tremblante ; je crus qu'elle était poursuivie et voulus armer mon fusil ; mais elle me fit signe que cela n'était pas nécessaire, et s'enfonça dans le taillis avec une sorte d'impétuosité désespérée, en se retournant de temps en temps pour s'assurer que je la suivais. Sa figure était bouleversée, non d'effroi, mais de colère.

Quand nous eûmes gagné le pied du rocher *del buco,* je voulus la faire expliquer. Elle ne répondit pas et se mit à gravir, avec l'agilité et la force d'un chamois, les gradins inégaux et, par endroits, gigantesques de la cascatelle.

Elle entra la première dans la tour, et, se jetant par terre, elle fondit en larmes.

— Daniella, ma bien-aimée, m'écriai-je en la saisissant dans mes bras, qu'est-ce donc? que t'est-il arrivé? Est-ce l'émotion de cet enterrement? Sommes-nous en danger? Vais-je encore être forcé de me séparer de toi? Non ! je ne le veux pas, c'est impossible ! J'aime mieux être tué à tes côtés. Mais réponds donc ! Quelqu'un t'a-t-il offensée à cause de moi? As-tu reçu quelque reproche, quelque outrage ? Parle, ou je deviens fou !

— Vous me demandez ce que j'ai? dit-elle enfin d'une voix étouffée par l'indignation; vous doutez que je sois outragée, avilie, désespérée ! Vous croyez donc que je ne l'ai pas vue, cette femme qui s'enfuyait tout à l'heure d'auprès de vous en m'entendant venir ?

— Cette femme ! Comment, c'est là la cause de ton chagrin ? Cette femme est celle qui doit moins que toute autre, te porter ombrage : c'est miss...

— Miss Medora ?

— Précisément !

— Vous l'avouez, parce que vous sentez bien que je l'avais reconnue ! Oh ! elle ne se cachait pas ! Au contraire, elle a relevé son voile en passant à dix pas de moi, et elle s'est mise à rire avec insolence. Elle me brave, elle m'avilit. C'est bien la preuve que vous me trahissez.

Je voulus en vain me justifier : la terrible enfant ne m'écoutait pas. Même lorsqu'elle faisait un effort pour recueillir et comprendre mes paroles, il semblait qu'il lui fût impossible d'y saisir aucun sens. Elle marchait avec agitation ou se jetait avec des poses d'une insouciance effrayante sur les frêles rebords de la terrasse. Dix fois, je crus qu'elle allait s'élancer dans le précipice. Elle était tragiquement belle dans ce paroxysme de la passion et de la douleur, avec ses cheveux noirs épars, sa pâleur de marbre, ses yeux creusés d'un cercle bleuâtre, ses lèvres frémissantes ; elle me faisait peur et me remplissait d'admiration. Rien ne pouvait la calmer, car rien ne pouvait la convaincre. En proie à une idée fixe qui semblait paralyser toute faculté de raisonnement, elle trouvait une éloquence effrénée pour se plaindre, pour m'accuser, pour maudire et outrager sa rivale ; elle avait comme des trésors de haine, amassés depuis longtemps au fond du cœur et retenus au bord des lèvres. Elle rugissait comme une lionne blessée ; elle avait des hallucinations de vengeance atroce ; elle était folle.

Je la regardais avec stupeur en me disant que toute cette rage et toute cette souffrance venaient de la chute d'une épingle ; une minute plus tard, notre bonheur n'eût pas été troublé. Pour une minute, pour une épingle, il l'était peut-être sans retour.

Je me défendis longtemps de la contagion de ce délire. Enfin, ne pouvant l'apaiser, je sentis qu'il me gagnait, que je ne trouvais plus de paroles pour me justifier, que mes nerfs se crispaient aussi, et que l'impassible bruissement de la cascade m'entraînait comme un vertige. L'amour de Daniella changé en mépris, son âme profanée par le soupçon, ses lèvres souillées par le blasphème, c'était pour moi comme un rêve affreux. Je ne pouvais pas supporter l'idée de survivre à un bonheur trop grand sans doute pour durer sur la terre où nous sommes. Je sentis le froid du désespoir paralyser mes facultés, et je devins comme hébété devant ses reproches.

Lorsqu'elle vit enfin ce qui se passait en moi, elle se jeta dans mes bras. Ce fut à mon tour de ne pas comprendre ce qu'elle me disait : mon âme avait descendu trop avant dans l'abîme. J'avais la gorge serrée comme par une main de fer et de glace. Je restais condamné à un farouche silence qui lui fit croire que j'étais irrité contre elle.

Pauvre chère âme! elle me demandait pardon, elle se

roulait à mes pieds, elle couvrait mes mains de baisers, et je ne pus la consoler et la tranquilliser qu'après une réaction nerveuse où je crus que ma poitrine et mon cerveau allaient se briser dans les sanglots.

Quand je pus lui raconter tout ce qui s'était passé à propos de Medora, je la vis prête à retomber dans sa crise. Elle ne me pardonnait pas de lui avoir caché le nom de la dame voilée, et ses réflexions me prouvaient à moi-même qu'en effet, aux yeux d'une femme jalouse, les apparences étaient contre moi. J'avais vu Medora à Mondragone, et je pouvais être devenu jaloux de la bonne fortune du prince. Je l'avais escortée dans cette fuite qui m'avait exposé ensuite à de graves périls, et cela pouvait être l'effet d'une passion qui ne recule devant rien. J'avais parlé avec elle, cette nuit-là, et je l'avais peut-être décidée, par mes prières, à quitter son sigisbée. J'avais peut-être concerté avec elle le rendez-vous que Daniella venait de surprendre. De plus, Daniella m'avait aperçu, de loin, agenouillé devant elle pour chercher l'épingle. Elle pouvait avoir dérangé une déclaration, comme dans les pièces de théâtre, où la pantomime classique de plier un genou exprime tout au plus, aux yeux du spectateur, les circonstances atténuantes d'une *criminal conversation*.

En dépit de la sincérité de ma justification, il restait d'ailleurs un point mystérieux que ma pauvre Daniella s'efforçait de me faire avouer et que l'honneur me prescrivait de taire. L'amour que Medora se figure avoir eu pour moi, et qu'elle n'avait pas craint de me rappeler avec un air de détachement superbe ; la scène de Tivoli et les paroles qui, depuis, dans sa bouche, avaient eu rapport à cette folle circonstance, c'était là un secret que, même vis-à-vis de la maîtresse la plus chère, je devais ne jamais trahir, sous peine d'être un fat et un lâche à mes propres yeux. Il me suffisait d'établir et de jurer, en toute loyauté, que je n'avais jamais eu un moment d'amour pour Medora. Je ne devais à personne au monde la confession d'un moment d'égarement de la part d'une femme qui s'était fiée à mon honneur.

Malheureusement, les questions de Daniella s'acharnaient tellement à ce cas réservé de ma conscience, qu'elle me contraignait à mentir. Elle poussa la rudesse de sa passion jusqu'à vouloir me faire jurer sur l'honneur que jamais Medora n'avait cherché à provoquer mon cœur, mon imagination ou mes sens.

C'est en disant toute la vérité que j'aurais pu victorieusement me disculper. Ma vie, ma conduite, depuis l'aventure de Tivoli, étaient bien la preuve d'une sorte d'antipathie pour la belle Anglaise, si j'eusse pu avouer qu'elle m'avait offert sa main ; mais Daniella ne croyait pas qu'elle eût été jusque-là. Elle pensait, au contraire, que j'avais pu être rebuté le jour de la promenade à Tivoli ; que ma fièvre n'avait pas eu d'autre cause que cette contrariété ; enfin, qu'elle-même n'avait été pour moi qu'un pis-aller. C'était donc ma justification pleine et entière qu'elle me demandait, et je vous jure que j'étais stoïque de lui résister, en refusant de lui livrer Medora, provocante et déçue.

Quand elle vit qu'en me défendant d'avoir jamais senti le moindre attrait pour cette beauté, la moindre sympathie pour ce caractère, je m'abstenais de railler et de mépriser la conduite de miss ***, l'orage recommença. La colère était épuisée, mais ce fut un déluge de pleurs.

— Pourquoi ne pas me dire ce que je croyais savoir et ce que je voulais croire ? s'écria-t-elle en tordant ses petites mains comme si elle eût voulu les briser. Cette infâme coquette m'a dit elle-même que vous ne l'aimiez pas, mais qu'elle saurait bien se faire aimer !

— Elle disait cette sottise ou cette folie ?

— Oui, par moments, car tous les soirs, à Rome, quand tu étais dans la maison, elle avait des crises de nerfs et des accès de dépit, où elle disait ce qu'elle avait dans la tête ; mais quand elle s'apercevait du plaisir que me causait son chagrin, elle disait autrement. Elle prétendait que, dès le premier jour où tu l'as vue sur le bateau à vapeur, tu l'avais regardée avec extase ; qu'elle ne pouvait pas faire un mouvement ni lever les yeux sans rencontrer les tiens. Elle était persuadée qu'en courant au-devant de la diligence sur la *via Aurelia,* tu n'avais pas eu d'autre idée que de savoir si elle allait droit à Rome, ou si elle s'arrêtait aux environs dans quelque villa ; et enfin, que tu ne te serais pas jeté si bravement sur les brigands quand tu pouvais te tenir caché, sans un grand désir de te faire distinguer par elle. Que veux-tu ? toutes ces vanteries me brisaient le cœur, à moi qui t'aimais déjà ! Je ne t'ai jamais dit ce que cette fille injuste et despote m'a fait souffrir à cause de toi ; quel dédain elle affectait pour ma pauvre condition et pour ma pauvre figure, et comme elle aimait à répéter devant moi qu'avec sa beauté, son esprit et sa fortune, elle ne devait jamais trouver de cœur qui lui fût réellement fermé. « Il n'osera jamais me déclarer qu'il m'aime, disait-elle pendant ta maladie ; il se croit trop au-dessous de moi ; mais je lui tiens compte de cette fierté modeste, et moins il parle, mieux je le comprends. »

— S'il est vrai qu'elle t'ait dit tout cela, elle manque de clairvoyance et de jugement.

— Elle manque tout à fait d'esprit, comme elle manque de cœur. Je la connais bien, moi ! Une femme de chambre connaît mieux sa maîtresse que tous les hommes qui lui font la cour. De même qu'elle sait tous les défauts et tous les artifices de sa personne, elle sait toutes les pauvretés de son caractère et toutes les sottises de son imagination. Ces poupées que nous habillons pour vous se tiennent devant vous comme des marionnettes dont on ne voit que le dessus; mais, quand elles quittent leur costume, elles quittent aussi leur rôle, elles ont besoin de redevenir elles-mêmes et de se vanter devant nous des succès qu'elles ont eus et de ceux qu'elles n'ont pas pu avoir.

Daniella, dont le dépit et l'aversion déliaient la langue, ne manqua pas, en véritable fille d'Ève qu'elle se sentait redevenir, cette occasion de déprécier les charmes de Medora et de me révéler les artifices, vrais ou supposés, de son teint et de sa taille. Je l'écoutai d'abord en riant de cette malice qui la soulageait; puis tout cela me rendit triste. Je n'avais jamais voulu parler de Medora avec elle, et elle avait compris ou paru comprendre que, dans le divin concert de notre bonheur, ce souvenir étranger arrivait pour moi comme une fausse note. Elle avait été si belle dans sa confiance, si grande en me disant :

— Si je pouvais douter de toi, c'est que je ne t'aimerais plus !

Et je la voyais maintenant s'acharner à enlaidir et à ridiculiser un fantôme de rivale, sans plus tenir aucun compte de ma parole et de ma loyauté.

Je ne pus m'empêcher de le lui dire, et ce fut encore une blessure pour elle, tant il est vrai qu'un peu de foi et d'idéal qui se détache entraîne une avalanche de troubles et d'amertumes. Elle me fit un crime de ne pas me complaire à lui voir exhaler sa haine, et m'accusa de défendre, dans mon cœur, celle qui lui ôtait son bonheur et son repos.

Je m'assoupis pendant qu'elle continuait à me parler avec une énergie qui dépassait la mienne. Je n'avais pas dormi de la nuit. Trop de joie et trop de douleur m'avaient épuisé. Je succombais à la fatigue et au dégoût d'une querelle qui me faisait l'effet d'un mauvais rêve dont le sens vous échappe à chaque instant.

Je crois que je dormis une heure. Quand je m'éveillai, je la vis assise auprès de moi, chassant les cousins de ma figure et me regardant avec une expression si tendre et si triste que j'en fus navré.

— Pardonne-moi, lui dis-je en l'attirant sur mon cœur ; tu souffrais, et moi j'ai dormi ! C'est la première fois que cela m'arrive, et je ne croyais pas que cela pût m'arriver jamais, de me trouver anéanti devant tes larmes, et de n'avoir pas en moi la force de te consoler. C'est donc que ta douleur est, pour moi, une chose impossible à soutenir, et qu'il faudra que je m'endorme dans la mort, si elle continue ! Tiens ! si notre bonheur est fini, si je dois ne plus te faire que du mal, cesse de m'aimer, toi qui es forte, et laisse-moi me tuer, car je me sens faible et incapable de réagir contre tes reproches.

— Non, non ! s'écria-t-elle, il n'en sera pas ainsi ! Tu sauras souffrir, s'il m'arrive de souffrir encore. Que puis-je te promettre ? Rien, puisque je deviens folle à l'idée d'être trahie. Oui, folle ! Tu l'as bien vu, il m'était impossible de t'entendre et de m'entendre moi-même. Mon cœur te défendait et me criait que tu étais sincère ; mais je ne sais quel démon criait encore plus fort dans mes oreilles. Ah ! ne me dis pas que notre bonheur est fini, car je me poignarderais tout de suite si tu croyais cela ! Non ! non ! Je te jure que je ne suis plus jalouse et que je ne veux plus l'être. Si cela m'arrive encore, eh bien ! dis-toi que j'ai un terrible accès de fièvre, et ne m'abandonne pas plus que tu ne le ferais si je tombais malade. Est-ce que tu ne comprends pas cela, mon Dieu, qu'on soit jaloux avec rage de ce qu'on aime avec passion ? Serais-tu tranquille et raisonnable si tu me voyais courir ou me cacher pour causer

avec ce prince ou avec ce docteur dont tu me parlais hier ?
Non, certes, toi aussi tu perdrais l'esprit, tu ne m'écouterais pas, et tu serais peut-être aussi injuste que je l'étais tout à l'heure. D'ailleurs, est-ce que l'amour est tout entier dans le bonheur qu'on goûte ensemble ? Est-ce qu'il n'est pas aussi dans le chagrin, dans le délire, dans l'inquiétude que l'on se cause l'un à l'autre ? Est-ce que nous n'avons pas déjà bien souffert de notre passion ? S'est-elle refroidie pour cela ?

— Tu as raison ! Il ne s'agit pas d'être heureux, mais d'aimer ! Eh bien, fais-moi tout le mal que tu voudras, pourvu que je voie renaître ton sourire et que je retrouve l'ardeur de ton baiser !

La journée s'acheva dans les célestes voluptés d'une tendresse plus vive et plus délicate que nous ne l'avions encore ressentie. Il s'était fait en Daniella comme une transformation à la suite de cette crise terrible. Elle parlait avec plus d'élévation et de clarté ; elle trouvait des mots plus nets et plus profonds pour exprimer son amour. Elle voyait presque en artiste et en poëte les grandeurs de la nature qui nous environnait. Sa beauté même me semblait avoir pris un caractère plus touchant et plus intelligible. Son expansion ne m'étonnait plus par des réticences et des élans imprévus. Elle était intelligente comme un être cultivé dès l'enfance, et tendre comme la femme la plus douce et la plus pieuse. Je n'osais lui dire combien j'étais frappé de cette sorte de transfiguration soudaine. Peut-être m'apparaissait-elle ainsi parce que j'avais vu éclater la violence cachée sous son calme habituel, et que, la connaissant enfin tout à fait, je me sentais épris de l'excès même de son redoutable amour.

Peut-être aussi ce prompt retour à une complète sérénité et cette révélation d'une beauté morale plus exquise, étaient-ils tout simplement le résultat d'une organisation qui a besoin quelquefois d'exhaler un excès de puissance pour se remettre dans son progrès naturel. Les âmes méridionales sont sans doute comme leur ciel, qui, après des orages formidables, verse tout à coup de si bénignes influences sur la terre et fait pousser tant de fleurs sur le sol, meurtri et dévasté une heure auparavant.

A onze heures nous commençâmes à plier bagage. La toile qui nous servait de porte fut roulée et cachée sous les décombres avec les autres ustensiles; le feu et la lumière furent éteints. Je renouvelai l'amorce de mon fusil. Daniella releva sa jupe de dessus dans ses agrafes. Nous nous donnâmes un dernier baiser en envoyant un adieu amical à la vieille tour et à la cascade argentée. Puis nous descendîmes la cascatelle pour être prêts à recevoir Felipone qui devait se trouver là à minuit.

XLV

Nous n'attendîmes pas longtemps; mais les pas qui vinrent vers nous, par le côté des trois pierres, nous causèrent un moment d'inquiétude. Il nous semblait entendre marcher deux personnes au lieu d'une. Daniella, attentive, et, sinon calme, du moins toujours pleine de présence d'esprit, ayant remonté un peu le rocher pour se rendre mieux compte de ces bruits mystérieux, redescendit vers moi en me disant :

— Je sais qui vient avec mon parrain. Ils ont échangé deux ou trois mots. J'ai reconnu la voix et l'accent : c'est monsieur Brumières.

C'était lui en effet.

— Je vous amène un ami, me dit Felipone en s'avançant le premier pour nous reconnaître; un ami qui vous apporte des nouvelles de Rome. Je ne le connais pas; mais ma femme a répondu de lui. Seulement, j'aurais autant aimé qu'il ne s'obstinât pas à m'accompagner ici. C'est un homme qui ne peut pas rester cinq minutes sans vouloir faire la conversation; et vous savez si c'est facile de causer sur un chemin comme celui qui nous amène; outre que c'est assez dangereux pour moi. Il est aimable, gai, gentil; mais il parle trop quand il faudrait se taire. Peut-être qu'il se tait quand il faudrait parler : il y a des gens comme ça.

Brumières nous rejoignit, et, après m'avoir embrassé avec une véritable effusion de cœur :

— Puis-je parler ici? dit-il à Felipone, sans voir Daniella, qui, cachée sous sa mante, était à deux pas de nous.

— Si vous avez quelque chose qu'il faille absolument lui dire ici, faites vite, dit Felipone, pendant que je me reposerai un moment auprès de ma filleule.

— Sa filleule? me dit Brumières à l'oreille, en essayant de voir ma compagne. Est-ce réellement Daniella qui est avec vous?

— Pourquoi en doutez-vous donc?

— Je vais vous le dire; mais venez plus loin... encore plus loin! ajouta-t-il quand nous eûmes fait quelques pas : le bruit de cette cascade est agaçant...

— Il faut en prendre notre parti. C'est ce bruit qui nous permet de causer sans crainte. Voyons, cher ami, pourquoi et comment êtes-vous ici?

— Mon cher ami, c'est pour vous, si vous voulez; c'est afin de vous aider en cas de mauvaise rencontre. Voyons, pensez-vous avoir besoin de moi? Je vous jure sur l'honneur que je suis prêt à vous assister.

— Je n'en doute pas, et je vous en remercie; mais si vous avez quelque autre projet, ne vous dérangez pas. Si Felipone vient me chercher, c'est que je peux abandonner sans danger mon asile.

— Eh bien, soyez sincère avec moi, et je m'en vas de ce pas à Rocca-di-Papa. La femme qui est avec vous est-elle bien Daniella Belli?

— Oui. Après?

— Sur l'honneur?

— Sur l'honneur !

— Et l'autre, où est-elle ?

— Quelle autre?

— Vous savez bien ! la dame de mes pensées, la céleste et extravagante nièce de lady Harriett.

— En vérité, mon ami, je ne sais pas si je dois vous le dire. De quelle part la cherchez-vous?

— De la mienne, d'abord; ensuite, de la part de son oncle et de sa tante, qui sont arrivés ce soir à Frascati, et qui, avec la prudence indispensable en pareil cas, la font chercher, ne pouvant le faire eux-mêmes. Lady Harriett est malade, et son mari n'ose la quitter. Elle a une fièvre nerveuse dans le genre de celle que vous avez eue, la fièvre romaine; et, quand les accès viennent, on ne sait jamais si c'est peu de chose ou si c'est mortel.

— Si c'est de la part de lady Harriett que vous agissez, je crois qu'il est de mon devoir de vous dire que miss Medora doit être très-près d'ici, dans une des villas à mi-côte de Rocca-di-Papa ou de Monte-Cavo.

— Vous ne savez pas laquelle de ces villas?

— Non, je ne le lui ai pas demandé; et d'ailleurs elle

ne paraissait pas savoir elle-même où elle descendrait.

— Mais avec qui est-elle?

— Seule avec un jockey.

— Un jockey? Le prince dont m'a parlé lord B*** a au moins quarante ans. Il ne peut pas s'être déguisé en groom!

— Ledit prince est parti sans elle, à moins qu'il ne soit redébarqué quelque part pour courir après elle; mais elle m'a dit l'avoir vu prendre le large hier matin.

— Ainsi vous l'avez donc vue depuis?

— Oui, aujourd'hui.

— Ah! *traditore!* J'en étais bien sûr que vous étiez d'accord avec elle, et qu'elle faisait semblant de se sauver avec un vieux sigisbé pour courir après vous et avec vous dans les montagnes!

— Est-ce là la pensée de lady Harriett et de son mari?

— Je n'en sais rien, mais c'est la mienne.

— Il vous faut donc toujours des serments? Eh bien! je vous jure encore, sur l'honneur, que je ne suis pour rien dans les résolutions excentriques de miss Medora.

— Valreg, je vous crois. Quand je suis auprès de vous, votre air de franchise me persuade. Quand je n'y suis plus, je vous confesse que je me défie même de vos serments. Voyons, mettez-vous à ma place! Je ne vous connais que parce que j'ai senti pour vous une vive sympathie dès le premier jour, car je pourrais compter le petit nombre d'heures que nous avons passées ensemble depuis notre rencontre à Marseille. Je vois que vous avez, aux yeux des femmes, je ne sais quel attrait. C'est peut-être parce que vous êtes un drôle de garçon sentimental, et que vos théories sur le parfait amour les enchantent; mais c'est peut-être aussi parce que vous êtes un petit jésuite, ne reculant devant aucun mensonge et aucune perfidie. Vous avez été élevé par un prêtre, que diable! et peut-être vous a-t-il enseigné l'art des restrictions mentales, qui annulent les serments les plus sérieux.

— Si vous avez de si agréables soupçons sur mon compte, ne m'adressez donc plus jamais de questions, car je me jure à moi-même que je ne vous répondrai plus.

— Voyons! ne nous brouillons pas! Que vous soyez sincère ou non, vous voyez bien que je suis très-naïf, moi, puisque je m'avoue dominé et convaincu par votre air et vos paroles. Si je suis dupe, je me réserve de vous proposer l'échange de quelques balles quand je serais sûr d'avoir *posé*. En attendant, soyons comme si cela ne devait jamais arriver, et aidez-moi.

— A quoi, s'il vous plaît?

— A mettre à profit la folie que miss Medora vient de faire, et que je sais innocente de tous points. Je vas la dépister et me présenter à elle comme son chevalier dans cette solitude où elle se réfugie, comme l'envoyé de paix, la colombe de l'arche de lady Harriett. Je vas faire de mon mieux pour la dédommager, par une passion franchement déclarée, de votre superbe indifférence et de l'outrage que vous lui avez fait en lui préférant sa suivante; car toute sa fantaisie est là, je le sais! Dépit de femme qui cherche à se venger par une fantaisie nouvelle! Pourquoi ne serais-je pas l'objet de cette fantaisie aussi bien que le personnage qui a failli l'enlever et qu'on dit peu jeune et peu beau? Elle s'est donc ravisée à temps, puisqu'elle l'a laissé partir seul?

— Apparemment; mais par quelle inspiration veniez-vous la chercher par ici?

— Parce que la Providence me sert toujours bien. Je suis un de ses enfants chéris. Figurez-vous, mon cher, que ce matin, en m'informant de vous et d'*elle* auprès de mon ancienne amie Vincenza, aujourd'hui madame Felipone, laquelle m'a tout raconté, j'ai vu accourir en liberté le cheval noir de Medora; il avait cassé sa bride et arrivait gaîment à Frascati, où il paraît qu'il a ses affections ou ses aises. Comme il avait la selle de femme sur le dos, j'ai été effrayé, en songeant que quelque accident avait pu arriver à l'amazone; mais Vincenza ne partageait pas mes inquiétudes.—Ce cheval les aura embarrassés à un moment donné, disait-elle, ils l'auront lâché, et il a retrouvé le chemin de sa plus récente demeure. » J'ai pris des informations en me promenant, et des paysans, qui avaient rencontré Otello, m'ont dit qu'il était venu par le chemin de Rocca-di-Papa. Voilà comment j'ai fait, dans mon esprit, un rapprochement entre votre retraite au *buco* et la présence de mon étoile aux environs. Vous voyez que, moi aussi, j'ai ma malice. Abdiquez la vôtre, et dites-moi, puisque vous avez vu Medora...

— Allons! allons! nous cria Felipone, il faut partir!

Il s'impatientait, et il fallut que Brumières se remît en route avec nous, en silence. Il nous quitta aux trois pierres, après m'avoir encore offert ses services, et prit le chemin de Rocca-di-Papa, qu'il ne connaissait pas beaucoup, mais qui est facile à suivre.

Nous regagnâmes les Camaldules par un nouveau sentier moins difficile et plus court que le lit du ruisseau qui nous avait amenés, la veille, au *buco,* et nous pûmes pénétrer, sans aucune mauvaise rencontre, dans la chapelle de Santa-Galla: c'est le nom du petit édifice qui donne entrée au souterrain.

Quand je me vis enfin dans la mystérieuse galerie avec

ma Daniella, je ne pus me défendre de la presser dans mes bras.

— Vous êtes contents de vous retrouver ensemble sous terre? dit Felipone, qui nous regardait en souriant, tout en allumant une lanterne pour nous diriger dans ces ténèbres. Allons! c'est bien, mon garçon, d'avoir préféré l'amour à la liberté. Moi, je comprends cela. La femme est tout pour celui qui mérite le nom d'homme. Pour ma Vincenza, je consentirais à demeurer dans un souterrain toute ma vie. Elle est mon soleil et mes étoiles, et celui qui m'ôterait son cœur pourrait bien dire vite son *in manus*.

Je pensai au docteur et à Brumières, lequel, dans la causerie dont je vous ai donné l'abrégé, m'avait fait entendre qu'il consolait déjà la Vincenza du départ de son dernier amant. Il y a des dupes intéressantes, et j'avoue qu'au lieu d'avoir envie de rire de la confiance du fermier, je me sens porté à m'indigner de la trahison qui l'environne. Cet homme est jeune, agréable, beau de santé et de physionomie. Il se pique, avec un peu de forfanterie vulgaire, de ne croire à rien au delà de la vie, et traite de préjugés les croyances les plus sérieuses; mais sa charité, sa bravoure, son dévouement et sa bienveillance donnent des démentis continuels à ce prétendu athéisme. Il a cette demi-éducation qui ouvre l'esprit du paysan à des notions de progrès, sans lui ôter l'originalité naïve de ses formes. Si j'étais femme, je le préférerais beaucoup à Brumières et au docteur, l'un qui fait de l'amour une satisfaction d'appétit, l'autre un chemin de fortune ou de vanité. Cette généreuse nature de Felipone n'est pourtant qu'un manteau pour couvrir les caprices de sa femme, et cet homme, qui nie Dieu et qui croit en elle, ne lui inspire ni respect ni reconnaissance véritable. Il n'y a pas là le plus petit mot pour rire, selon moi, et, sous ce joyeux cocuage, je m'imagine sentir gronder je ne sais quel drame déchirant ou terrible.

— A présent, nous pouvons causer, dit Felipone en nous éclairant. Marchons doucement, je suis un peu las. Apprenez où nous en sommes, mes enfants. Les perquisitions ont eu lieu aujourd'hui. On a découvert dix anciennes cachettes dans le château. Un architecte, que l'on avait amené là, a très-bien expliqué comment les personnes réfugiées dans Mondragone avaient dû s'enfuir; mais quand on a examiné de près ces prétendues issues, on a reconnu que le diable seul avait pu y passer; et la seule chose vraisemblable, la communication du petit cloître avec le *terrazzone,* et celle du *terrazzone* avec Santa-Galla, ont été celles que personne n'a su pressentir ni trouver. Si bien que mon secret me reste et que madame Olivia s'en mord les poings. Le capucin ne pouvait rien dire et n'a rien dit, sinon qu'il avait bien faim, et on l'a mis en liberté, atteint et convaincu d'imbécillité; je te demande pardon de l'expression, ma filleule! Tartaglia, comptant que j'aurais soin de son cher maître, — c'est comme cela qu'il appelle Valreg, — a pris la traverse, pour n'avoir pas de désagrément avec la police locale. Les carabiniers sont partis; ils ont porté leurs recherches du côté de la mer, trop tard, bien entendu. Le seigneur cardinal a défendu que l'on s'occupât davantage de la sotte histoire de la madone de Lucullus, et je l'ai entendu dire au *giudice processante:* C'est assez attirer l'attention sur une profanation qui n'a été faite que par les auteurs de l'accusation. Ils ont été tués, et vous ne trouverez personne pour la soutenir. Rien n'est misérable et fâcheux comme d'insister sur un grief que l'on ne peut pas prouver. Laissez donc tomber cette invention misérable, et si l'artiste français reparaît dans le pays, où l'on dit qu'il a une maîtresse, contentez-vous de le mettre en prison, sans bruit et pour longtemps, à moins qu'il ne lui plaise de révéler, tout de suite, d'où lui vient le signe de ralliement trouvé dans sa chambre.

» Quant à Onofrio, Son Éminence l'a mandé devant elle pour l'interroger elle-même en particulier. Il paraît qu'on a voulu lui faire avouer qu'il avait donné asile et secours au prince dans son paillis, et qu'une bonne récompense lui a été offerte s'il voulait en convenir. Mais, je vous l'ai dit Onofrio est un saint. Il aurait pu nous servir et se bien servir lui-même, en laissant croire qu'il avait secouru le prince; mais je lui avait dit de se taire, et, ne comprenant pas, il s'est tu. Alors, le cardinal, émerveillé d'une vertu si rare chez un pauvre paysan, lui a proposé de l'envoyer paître des troupeaux à dix lieues d'ici, dans une de ses terres, pour le soustraire à la vengeance des bandits; mais Onofrio, regardant cette offre comme un piége, a encore refusé cela. Il a dit qu'il était engagé, pour deux ans encore, aux pâturages de Borghèse, et qu'il aimait Tusculum, où les étrangers lui faisaient toujours gagner quelque chose avec sa petite vente d'antiquités. Il assure, du reste, qu'il ne craint aucune vengeance, et que ceux qu'il soupçonne d'avoir accompagné Campani et Masolino dans leur tentative sont trop lâches pour revenir se mettre au bout de son fusil. En cela, il ne se trompe pas: morte la bête, morte le venin; et n'ayant plus de chef, ces canailles quitteront le pays, si ce n'est déjà fait. Bref, le cardinal a renvoyé le berger de Tusculum, en se recommandant à ses prières, et en disant de fort belles choses sur la foi et le désintéressement des âmes simples et vraiment pieuses. Moi, c'est mon avis aussi, que le berger de Tusculum est un saint, vu qu'il a menti comme un chien pour la bonne cause, et c'est ainsi que j'entends la religion.

» Au reste, le brave garçon est bien récompensé de sa discrétion. Tout le pays lui attribue la gloire d'avoir débarrassé Frascati de ce Campani, qui faisait peur aux femmes enceintes par sa laideur, et de ton coquin de frère, ma pauvre Daniella! A présent qu'il est mort, il n'a plus d'amis, et ceux qui lui payaient à boire, il y a deux jours, pour n'être pas dénoncés, disent aujourd'hui que c'était un *fattore,* et ne lui payeraient pas pour un baïoque d'eau bénite. On va en promenade à Tusculum pour complimenter le berger, voir le lieu du combat et se faire raconter l'aventure, qu'il arrange de son mieux.

» Pour conclure, continua le fermier quand nous eûmes pénétré dans la *befana,* où nous trouvâmes Vincenza occupée à nous préparer une sommaire installation, vous allez encore rester ici cette nuit; après quoi, vous pourrez, je pense, reprendre possession de votre casino, et passer quelque temps à attendre prudemment les événements.

— D'autant plus, dit la Vincenza, qu'il y a, à Frascati, un Anglais et une Anglaise, les anciens maîtres de la Daniella, qui auraient voulu voir aujourd'hui le cardinal, et qui auraient tout arrangé avec lui pour monsieur Valreg, si la dame ne s'était trouvée malade en arrivant. Mais ils disent qu'ils répondent de tout, pourvu qu'il ne se montre pas. Ainsi, soyez tranquille et prenez patience. »

Il m'était bien facile de suivre ce conseil. Je rentrais dans ma prison comme Adam fût rentré dans l'Éden, s'il lui eût été permis d'y retourner après quelques jours d'exil sur la terre. Mon Ève avait péché contre Dieu, il est vrai, en péchant contre l'amour. Elle avait cueilli le fruit amer du doute et de la jalousie; mais, en dépit de cette crise terrible, nous étions si heureux de nous retrouver ensemble avec l'espoir de ne plus nous quitter, que nous ne pensions pas avoir payé ce bonheur trop cher par quelques jours d'effroi et de souffrance.

Il était cinq heures du matin quand nous pûmes nous reposer, et ce repos dura jusqu'à midi. Le réveil dans les ténèbres effraya ma compagne. Notre lampe s'étant éteinte, elle ne savait plus où nous étions ; mais elle reprit sa gaieté quand nous eûmes fait de la lumière, et elle me ferma la bouche avec ses baisers en m'entendant plaindre la triste vie où je l'entraînais. Elle s'habilla en chantant, et, pour se reposer de ses fatigues des jours précédents, elle se mit à danser autour de moi. Certes, le lieu n'était pas gai, vu ainsi à la clarté d'une seule lampe, et délaissé par l'active et bruyante compagnie qui m'y avait accueilli trente-six heures auparavant. Mais, en dépit de l'eau qui coule à travers ce vaste édifice et des fenêtres murées de toutes parts, il y fait chaud et sec comme dans toutes les constructions établies dans le sol volcanique, comme dans les catacombes romaines, et comme dans toutes ces caves des vieux palais, où les pauvres ouvriers de la campagne sont heureux qu'on leur permette de se réfugier pendant l'hiver.

Mais nous sommes en plein printemps, et il nous tardait de revoir le ciel. Nous portâmes notre déjeuner dans le *pianto,* où le soleil nous rendit tout à fait la confiance et la oie.

XLVI

Mondragone, 30 avril.

Felipone vint nous y trouver. Il m'annonça que je devais, par considération pour lui, ne recevoir personne, pas même lord B*** qui était venu lui demander de mes nouvelles, et la Mariuccia qui était fort inquiète de sa nièce. Il ne voulait pas révéler le secret du passage, inutilement, à trop de personnes; et il s'était contenté de dire à nos amis que nous étions dans la campagne, en lieu sûr.

— Ma femme, ajouta-t-il, s'occupera de vous apporter des vivres. Moi, il faut que je me tienne chez nous, car il y a bien des curieux sur pied à la suite de ces aventures que chacun explique et raconte à sa manière, et, parmi eux, des mouchards qui voudraient bien me confesser. Il est bon que je montre à ces gens-là ma figure simple et mes yeux étonnés, car mon rôle est de paraître hébêté de surprise quand on me parle de gens cachés ici, qui se seraient envolés par les grands tuyaux du *terrazzone*. On voudra rôder aujourd'hui, et demain encore, autour du château, et, malgré les portes des jardins fermées, il se glissera toujours quelques enfants entre mes jambes. Faites attention à ne point vous laisser voir en replantant votre tente dans le casino. Olivia n'amènera personne dans les cours. Je lui ai donné avis de votre présence. Elle dira que la police défend de visiter Mondragone jusqu'à nouvel ordre. Vous trouverez tous vos effets de campement dans la *befana* où je viens de les rapporter. Et sur ce, mes beaux enfants, l'amour et l'espoir soient avec vous !

Je ne le laissai pas partir sans lui demander ce qu'il savait de la santé de lady B***. Elle allait mieux. Son mari espérait pouvoir aller à Rome le lendemain pour tâcher de mettre fin aux soupçons absurdes dont j'étais l'objet, et qui devaient, selon lui, tomber d'eux-mêmes après le départ des personnages auxquels on m'avait supposé appartenir.

Nous passâmes donc la journée à remeubler le casino. Comme on n'y avait rien trouvé, on n'avait rien dévasté. Je refis mon établissement de travail dans la chapelle où je retrouvai avec plaisir mon tableau et mon album d'écritures, dans le trou où je les avais cachés. Il fait tout à fait chaud, et le soin d'entretenir le feu né complique plus l'embarras de notre existence. Je ne regrette pas les savantes ressources culinaires de Tartaglia, ni la société de Fra Cipriano. La chèvre nous a été ramenée par Olivia, et nos lapins courent de plus belle dans les grandes herbes de la cour. Je n'ai pas pu décider Daniella à me laisser perdre l'habitude du café; mais je lui ai persuadé que je l'aimais mieux fait à froid, et que je détestais les ragoûts. Nous vivons donc de quelques viandes froides, de salade, d'œufs et de laitage. Elle s'occupe de moi, à côté de moi, toute la journée, et voilà trois jours que je vous griffonne mon récit à la veillée, lisant, à mesure, à ma chère compagne, tout ce qui peut l'intéresser dans cette relation de notre humble épopée.

Je suis bien plus heureux, depuis ces trois jours, que je ne l'ai encore été. Daniella ne me quitte plus! On la croit partie avec moi, et s'il me devient possible de prolonger ostensiblement mon séjour en ce pays-ci, je voudrais ne sortir de ma cachette que pour conduire ma fiancée à l'autel. Je voudrais avoir l'agrément de mon oncle, et des papiers qui me missent à même de contracter, en présence des représentants de la légalité française, un engagement inviolable. J'ai donc écrit à l'abbé Valreg, et j'ai envoyé ma lettre à lord B*** pour qu'il la fît partir. Je m'attends bien à des questions, à des représentations, à des lenteurs de la part de mon digne oncle; mais ma résolution est inébranlable. Daniella a assez souffert pour moi, et, bien que mon serment devant Dieu seul lui suffise, je ne veux pas qu'autour d'elle on puisse douter de l'éternel dévouement dont je la juge et dont je la sais digne.

Je vous ai envoyé aussi une lettre plus abrégée que ce volume, mais résumant les mêmes faits. La connaissance que vous en prendrez vous mettra à même d'agir auprès de mon oncle. Je sais qu'une démarche de votre part pour approuver et appuyer ma demande filiale aura du poids dans son opinion.

Et maintenant, je vas me remettre à la peinture. Je m'aperçois avec plaisir que ces agitations, ces joies, ces dangers et ces fatigues, loin de m'énerver, me font sentir plus vivement le besoin, le désir, et, qui sait? peut-être la faculté du travail. Par le temps de civilisation qui court, les artistes sont légitimement avides d'un certain bien-être, à un moment donné. Et moi aussi, je m'arrangerais bien d'une situation faite et de conditions d'existence assez stables et assez douces pour me permettre de faire, de mon talent, le résumé de ma valeur intellectuelle et morale. Mais, d'une part, je n'ai pas encore le droit d'aspirer à ces tranquilles satisfactions et à ces saines habitudes de la maturité. D'autre part, je ne suis peut-être pas destiné à y arriver jamais, et les jours de foi, de santé, d'émotion que je traverse ne me sont pas envoyés pour que j'en attende le résultat, incertain par rapport à mon progrès futur. C'est à présent, c'est dans le mystère où je me plonge, c'est dans l'amour qui m'exalte et dans la pauvreté que j'épouse résolûment, qu'il me faut chercher le calme et la force de mon âme. Je songe à tous ces vaillants artistes du passé qui traversèrent des maux si grands, des revers si tragiques ou des souffrances si amères, sans jamais trouver l'heure bienfaisante où ils eussent savouré la fortune et la gloire. Ils ont produit quand même; ils ont été féconds et inspirés dans la tourmente. Eh bien, marchons dans ce chemin de torrents et de précipices, puisqu'il a été frayé par tant d'autres qui étaient plus et qui valaient sans doute mieux que moi!

. . . .

Du 1ᵉʳ au 15 mai.

Il s'est passé encore bien des choses depuis mes dernières écritures. Comme j'aime mieux en faire davantage à la fois, ceci devient récit plutôt que journal.

Le lendemain du jour où je terminais ce qui précède, Brumières me fit demander par la Vincenza à me parler en particulier, et, bien que Felipone ait défendu, c'est-à-dire demandé à sa femme de ne pas lui révéler l'existence du souterrain, elle l'avait amené dans la *befana,* où j'allai le recevoir.

— Je vous apporte des nouvelles, me dit-il gaiement ; mais d'abord laissez-moi vous presser *sur mon cœur de jeune homme,* car je reconnais que vous êtes un honnête et bon garçon. Vous ne m'avez pas trompé : Medora... Mais parlons de vous d'abord, ce sera moins égoïste.

» Vous êtes libre. Lord B*** m'envoie vous le dire, et ce que je vous dirai malgré lui, c'est qu'en attendant un semblant d'examen judiciaire des faits qui vous ont été imputés, ce bon Anglais, qui vous aime, a déposé, pour vous servir de caution, une somme que je crois fabuleuse, vu qu'on a de grands besoins dans ce gouvernement, et que le régime du bon plaisir autorise à beaucoup exiger, mais dont lord B*** refuse de dire le chiffre, affectant, au contraire, avec sa générosité de grand seigneur, d'avoir arrangé facilement toutes choses. Donc, mon cher ami, allez le remercier et le consoler de l'état de sa femme, qui devient inquiétant.

» Attendez cependant que je vous parle un peu de mes affaires, à moi ! J'ai découvert aisément, aux environs de Rocca-di-Papa, ma céleste extravagante. J'ai enfourché le noble Otello, qui a bien manqué me rompre les os dix fois plutôt qu'une, et, grâce à ce passe-port, je suis entré dans la citadelle avec tous les honneurs de la guerre. La joie de retrouver la bête a fait rejaillir un peu de sympathie et de bon accueil sur le cavalier. Je crois aussi qu'après vingt-quatre heures, la solitude des montagnes pesait déjà un peu à mon héroïne.

» D'ailleurs, en apprenant la maladie de sa tante, elle n'a pas hésité à ajourner ses projets de retraite et d'indépendance pour venir la voir et la soigner. Si bien qu'elle est à Frascati depuis deux jours, où j'ai eu la gloire de la ramener, elle sur son noble coursier, moi sur un affreux mulet galeux, la seule monture que j'aie pu trouver dans cette abominable bicoque de Rocca. Heureusement, il avait des jambes, et j'ai pu ne pas rester trop en arrière. Chemin faisant, nous avons parlé de vous, et même nous n'avons parlé que de vous, et j'ai vu que la fantaisie de ma princesse pour vous était à l'état de souvenir antédiluvien. C'est un plaisir d'avoir affaire à ces heureuses cervelles de souveraines, qui changent subitement toutes leurs batteries et font, de leur existence accidentée, une féerie avec changements à vue. Elle se moque de vous et de votre amour pour la Daniella avec une aisance qui réjouit l'âme. C'est à tel point que je me vois forcé maintenant de vous défendre, d'autant plus que je souhaiterais bien lui prouver que vous agissez le plus raisonnablement du monde, et que le comble de la sagesse est de se marier selon son cœur, quelle que soit l'infériorité sociale ou pécuniaire de l'objet aimé. Vous m'avez donc servi à l'entretenir de théories qui me font franchir beaucoup de chemin, et qui me permettront, au premier jour, d'appeler son attention sur un charmant garçon pauvre, de votre connaissance.

» Sur ce, mon cher, je compte plus que jamais sur vous

pour m'aider à plaire, résultat que vous favoriserez en déplaisant vous-même le plus possible.

— Ah çà, lui dis-je, cette plaisanterie dure donc encore, et vous voulez absolument vous persuader que je risquerais de plaire trop, si je ne faisais de grands efforts pour me rendre moins délicieux?

— Ah! tenez, mon brave Valreg, vous parlez comme vous le devez, et je me plais à reconnaître que, malgré mes persécutions, je n'ai pas pu vous arracher le plus petit sourire de vanité. Je n'aurais peut-être pas été si austère et si religieux, si j'avais été à votre place. Mais le fait est que je sais tout. Ne dites rien, c'est inutile, je sais tout! Medora m'a tout raconté elle-même, avec une insolence de franchise qui m'a mis d'abord en fureur contre elle, et qui a fini par me faire beaucoup de plaisir, car cet abandon de confiance me prouve un désir de mettre mon dévouement à l'épreuve et me donne le droit de me dire le confident et l'ami de ma princesse. Je sais donc qu'elle vous a aimé par dépit et qu'elle vous l'a laissé voir. Je sais qu'un baiser a été échangé dans les grottes de Tivoli... Sapristi! si je ne vous voyais faire, à présent, des folies pour la Daniella, je croirais que vous êtes un nouveau saint Antoine. Il faut que cette Daniella soit délirante pour vous inspirer une telle vertu!

— Ne parlons pas d'elle, je vous prie, répondis-je brusquement, je vais lui dire que je sors; je vais m'habiller, et je vous rejoins chez lord B*** dans un quart d'heure. Où demeure-t-il?

— A Piccolomini; je cours vous annoncer. »

Daniella reçut avec transport la nouvelle de ma liberté. Elle voyait finir mes dangers et arriver l'heure de notre union religieuse, qu'elle avait toujours affecté de ne pas juger nécessaire à notre bonheur, mais que ses scrupules religieux appelaient en secret comme une absolution de son péché.

— Nous allons sortir ensemble, me dit-elle en préparant ma toilette de visite, je veux aussi remercier lord B***, ton ami et ton sauveur !

Quoique je sentisse l'inconvenance de cette démarche, je fus vite décidé à en accepter toutes les conséquences. Mais la pauvre enfant lut dans mes yeux la rapide expression de ma première surprise. Elle attacha son regard profond sur le mien, et s'assit en silence, tenant mon habit noir sur ses genoux.

— Eh bien, lui dis-je, tu ne t'habilles pas ?

— Non, répondit-elle d'un air abattu ; je n'irai pas, je ne dois pas y aller ! Je ne peux pas entrer chez eux comme ta femme, et on me ferait sentir que ma place est dans l'antichambre.

— Il faudra pourtant bien, si l'on tient à me voir, que l'on s'habitue à te recevoir comme mon égale.

— Quand nous serons mariés... peut-être ! Mais non, va, jamais ! lady Harriet est trop grande dame anglaise pour se résigner à faire asseoir devant elle la pauvre fille qui lui a tant de fois lacé ses bottines. Non, non ! jamais ! J'étais folle de l'oublier !

— Eh bien, c'est possible. Qu'importe ? Je vais remercier ces personnes généreuses et leur faire en même temps mes adieux.

— Tu ne peux pas quitter Frascati tant que la somme déposée pour ta caution...

— Je le sais, je ne quitterai pas Frascati ; mais je ne reverrai pas lady B***, car je vais lui annoncer notre mariage, et elle sera probablement charmée de ma résolution de ne plus me présenter chez elle.

— Ainsi, je serai cause que tes amis les plus utiles, ceux à qui tu dois le plus, te chasseront de chez eux ?... Ah ! c'est affreux de réfléchir, et voilà que je réfléchis ! Eh bien, écoute, ne leur dis rien de moi, c'est inutile, et va vite. Ce soir, je te dirai comment je veux me conduire à leur égard ; j'y penserai. Passe ton habit et va-t'en. Tarder serait mal : on t'accuserait d'ingratitude. Va !

Elle me conduisit jusqu'à la porte de la cour et me poussa presque dans le *stradone*, comme si elle eût craint de se raviser et de me retenir. En me rendant *seul* à la liberté, il semblait qu'elle eût la soudaine révélation d'un état de choses douloureux pour elle et malheureux pour nous deux. Elle était absorbée, et quand, après l'avoir embrassée, j'eus fait quelques pas, je me retournai et la vis debout au seuil du manoir, immobile, pâle, avec un regard sombre qui me suivait attentivement.

En ce moment, je me rappelai que Medora était à la villa Piccolomini, et que j'allais probablement la revoir. La pensée d'un nouvel accès de jalousie, lorsque Daniella viendrait à savoir cette rencontre, me donna froid par tout le corps. Je retournai vers elle avec la résolution de lui dire la vérité ; mais, en même temps, je compris que si elle m'empêchait d'aller remercier lord B*** et m'informer moi-même de la santé de sa femme, je commettais une lâcheté impardonnable.

On eût dit que Daniella devinait mes secrètes perplexités. Son bel œil terrible interrogeait ma physionomie et tous mes mouvements. J'avais commencé à marcher vers elle, je ne pouvais plus m'en dédire.

— As-tu oublié quelque chose ? me dit-elle sans faire un pas dehors.

— Non ! je veux t'embrasser encore ! » Je l'embrassai en frémissant ; je sentais que je la trompais et qu'elle me le reprocherait ensuite, comme si mon silence couvrait une infidélité. Et pourtant, si la scène de la *maledetta* recommençait en ce moment, si elle se prolongeait jusqu'au soir, jusqu'au lendemain, j'étais avili et, pour ainsi dire, déshonoré aux yeux des amis les plus respectables et les plus sérieux.

Je me confiai à la Providence, à la loyauté de mon cœur, et je partis en courant, me disant bien que cet empressement, qui n'était de ma part que le désir d'être bien vite revenu, serait peut-être traduit plus tard comme une impatience de revoir Medora.

Les réflexions pénibles qui m'assiégeaient m'empêchèrent de goûter le plaisir instinctif de la liberté. Nous avions fait, Daniella et moi, de si doux rêves et de si beaux projets de promenade pour le jour où il nous serait peut-être permis de sortir au grand soleil, appuyés sur le bras l'un de l'autre ! Nous devions être mariés le même jour ; nous ne comptions pas que je serais délivré si vite et si opinément. Et voilà qu'elle restait seule et tristement prisonnière, tandis que je courais, sans les voir, à travers ces délicieux jardins où nous nous étions promis de cueillir ensemble sa couronne de mariée !

Comme je franchissais cette porte de la villa Falconieri par le cintre à jour de laquelle un vieux chêne passe au dehors une branche énorme, semblable à un bras qui appelle ou repousse les passants, la Mariuccia, qui venait à ma rencontre, se jeta à mon cou et m'embrassa avec effusion en demandant sa nièce et mêlant des doutes et des reproches à ses amitiés.

— Attendez quelques jours, lui dis-je, et vous serez sûre de moi, car Daniella sera ma femme. Allez la trouver à Mondragone, distrayez-la d'une heure de mon absence, et surtout ne lui dites pas...

La parole fut suspendue sur mes lèvres par un accès de mauvaise honte. Je venais d'apercevoir, à dix pas devant moi, Medora qui venait aussi à ma rencontre, appuyée sur le bras de Brumières, dans le *stradone* de Piccolomini.

— J'entends! dit la Mariuccia, qui vit la contrariété sur ma figure. Il ne faut pas dire que la Medora est chez nous! Ce sera difficile : c'est la première question qu'elle va me faire.

— Attendez que je sois de retour pour lui répondre. Je ne tarderai pas.

Comme la Mariuccia s'éloignait sur le chemin que je venais de faire, je fus salué par un éclat de rire moqueur de Medora, et je l'entendis dire, exprès, tout haut à Brumières : « C'est une jolie tante à embrasser que la Mariuccia! Il fera bien de se peigner en rentrant chez lui! »

— Je vois, à votre gaieté, lui dis-je, en la saluant, que lady Harriet est moins malade que je ne le craignais?

— Pardonnez-moi, répondit-elle, en prenant tout à coup l'air d'une tristesse de commande ; ma pauvre tante va mal, et nous la perdrons peut-être!

Le son de sa voix était si sec que j'en fus révolté. Daniella, pensais-je, que ne peux-tu lire en moi l'antipathie croissante que cette belle poupée m'inspire?

Je saluai de nouveau et passai outre, sans même excuser mon impatience. J'entendis encore ces mots : « Il est déjà devenu grossier! » dits à Brumières avec l'intention évidente que je les entendisse. Je levai mon chapeau sans me détourner, comme pour remercier de cette douceur à mon adresse, et je descendis l'allée en courant.

Lord B*** m'attendait sur le perron. Il était affreusement changé.

— Eh bien! vous voilà enfin? me dit-il en me prenant les mains. J'avais bien besoin de vous! Elle est mal! On ne me dit pas toute la vérité ; mais je la sens là, dans mon cœur qui s'en va avec sa vie! Je l'aimais, Valreg! Vous ne croiriez pas cela? C'est pourtant la vérité, je l'aime toujours. Mon ami, je vous prie de rester avec moi cette nuit. Si l'accès de fièvre recommence, ce sera le dernier. Je ne sais pas comment je supporterais cela. Vous ne pouvez pas, vous ne devez pas me quitter.

XLVII

Mondragone, du 1er au 15 mai.

— Je ne veux ni ne dois vous quitter, répondis-je ; laissez-moi aller avertir ma femme.

— Votre femme ? Vous êtes donc marié ?

— Oui, je suis lié par une parole qui vaut un acte.

— Eh bien ! allez chercher la Daniella, dites-lui que je la prie de venir soigner ma femme. Je sais que, maintenant, elle ne servira plus personne pour de l'argent. C'est donc une marque d'amitié que je lui demande. Lady Harriet en a toujours eu pour elle, et l'eût gardée si Medora n'eût pas déclaré qu'elle quitterait la maison si on ne laissait partir la pauvre fille. A présent si Médora veut partir encore, qu'elle parte ! C'est un être qui n'a ni cœur ni tête, et je ne tiens pas, moi, à empêcher de nouvelles folies de sa part. Allez, mon ami ; dites à Daniella que milady est mal soignée, mécontente de ses autres femmes, et que nous avons besoin d'elle. Elle est généreuse, elle viendra !

— Oui certes, elle va venir ! m'écriai-je en reprenant ma course vers Mondragone.

Il était temps que je vinsse au secours de la Mariuccia. Daniella devinait la présence de Medora à Piccolomini.

L'orage allait éclater. J'allai au-devant du coup. — Miss Medora est là en effet, lui dis-je, et très-indifférente à l'état inquiétant de lady Harriet. Il faut, auprès de cette pauvre femme et auprès de son mari, deux cœurs dévoués. On nous demande, toi et moi ; mets ton châle et viens !

Elle n'eut pas un moment d'hésitation, et une demi-heure après nous arrivions tous trois à Piccolomini.

Nous trouvâmes lady Harriet dans la grande chambre du rez-de-chaussée, entourée de son mari, de sa nièce et de Brumières, qui causaient tranquillement avec elle. Lady Harriet n'était ni maigrie ni sérieusement changée. Sauf un éclat singulier dans le regard, sa maladie, rapide et violente, la laissait parfaitement calme et même enjouée dans l'intervalle des accès. Elle était loin de se douter qu'elle n'eût peut-être que quelques heures à vivre.

En me voyant, elle me tendit les mains, et, regardant derrière moi, elle chercha des yeux Daniella, qui restait à la porte, en proie à un étouffement occasionné, non par la course, mais par la présence de Medora.

— Eh bien, dit lady B***, pourquoi n'approche-t-elle pas ? Je la verrai avec plaisir.

Je compris qu'elle ignorait le but de la visite de Daniella, et qu'elle ne pensait pas avoir besoin d'être soignée. Daniella, à qui lord B*** avait été donner rapidement l'avertissement nécessaire, s'approcha et lui baisa la main en pliant un genou devant elle, à la manière italienne.

— Ma chère enfant, lui dit lady B***, je suis contente de te retrouver bien portante. Moi, je suis un peu indisposée, mais ce n'est rien. Je t'ai fait demander pour causer avec toi de choses sérieuses, tout à l'heure, quand nous serons seules.

— Nous vous laissons ! dit Medora sans se déranger, en

toisant Daniella, qui restait debout, elle assise, et plus nonchalamment étendue que si elle eût été la malade.

Lord B*** comprit la situation. Il avança un fauteuil auprès de sa femme, et y conduisit Daniella, qui hésita à s'y asseoir. Elle était partagée entre le désir de braver sa rivale et le respect qu'elle était habituée à témoigner à lady B***.

— Oui, oui, assieds-toi, dit celle-ci avec une bonhomie dont elle ne sentit pas la cruauté : cela me fatiguera moins pour te parler.

— Et vous ne devez pas parler beaucoup, chère tante, dit Medora en se levant, comme si un ressort d'opposition eût existé entre elle et Daniella. Vous savez que, quand vous vous agitez, vous avez un peu mal aux nerfs le soir.

Elle sortit avec Brumières, qui a trouvé moyen de s'installer à Piccolomini dans mon ancienne chambre, et de faire l'utile et l'empressé autour de la famille. Lord B*** m'emmena dans le jardin pendant que sa nièce remontait le *stradone* avec son nouveau cavalier servant.

— Ma femme, dit-il, veut confesser Daniella. Elle admet l'idée de votre mariage sans trop d'étonnement ni de révolte. Il n'en eût pas été ainsi sans cette terrible fièvre qui l'exaspère durant la nuit, mais qui la laisse épuisée, adoucie et comme *sfogata* durant le jour. Son caractère et ses opinions redeviennent alors ce qu'ils étaient autrefois... quand elle m'aimait ! Elle comprend que l'on se marie par amour, et elle s'intéresse à ceux qui recommencent son histoire. Une seule chose l'inquiète pour vous : elle sait, elle affirme que Daniella est une fille fière et froide ; mais elle craint qu'elle n'ait eu pour moi *une faiblesse*, la seule faiblesse de sa vie. Je l'ai fait rire ce matin, en lui disant qu'avec ma figure et mon âge il faudrait appeler cela *une force*, c'est-à-dire une fièvre d'ambition ou de curiosité de la part d'une jeune fille sage. — N'importe, a-t-elle répondu, vous ne me diriez pas la vérité. Elle me la dira, à moi, car j'ai de l'empire sur elle; et si elle a cette faute sur la conscience, je lui ferai une bonne morale pour qu'elle n'en ait jamais d'autre à se reprocher, et pour qu'elle devienne digne de l'amour de monsieur Valreg.

— Or, mon ami, continua lord B***, si cette jeune fille n'a jamais commis de péché qu'avec moi, je vous jure...

— Je le sais; je suis tranquille, puisque j'en fais ma femme.

— Votre femme! Avez-vous bien réfléchi à cela?

— J'ai fait mieux que de réfléchir : j'ai laissé mon âme ouverte à la foi.

— Mais la différence d'éducation, l'entourage, les antécédents de position sociale, votre famille, à vous !

— Je n'ai pensé à rien de tout cela.

— C'est ce que je vous reproche. Il faudrait y penser.

— Non ! J'ai mieux à faire, c'est d'aimer et de vivre !

Il soupira et garda le silence comme pour chercher des arguments nouveaux; mais il était si absorbé par sa propre situation qu'il n'en trouva pas. Il fut même étonné quand je le remerciai de ce qu'il avait fait pour moi. Il l'avait presque oublié.

— Ah oui! dit-il en passant sa main sur son front chauve et flétri : vous m'avez donné beaucoup d'inquiétude. Je n'en avais pas absolument alors pour milady ; mais, depuis deux jours, j'ai vécu un siècle. Voyons, dites-moi donc vos aventures.

Je les lui racontai succinctement, dans l'espoir de le distraire; mais je vis bien que, s'il faisait l'effort de m'écouter, il ne pouvait pas faire celui de m'entendre; et, avant que j'eusse fini :

— Retournons auprès de lady Harriet, me dit-il; il ne faut pas qu'elle se fatigue à parler.

Nous la retrouvâmes très-animée.

— Je suis contente d'elle, dit-elle à son mari en lui montrant Daniella; c'est vraiment une belle âme et une intelligence bien supérieure à ce que je croyais. Voilà comme nous sommes, nous autres gens riches et dissipés; nous ne connaissons pas les êtres qui nous entourent. Monsieur Valreg n'aura pas de peine à lui donner des manières et de l'éducation. Il en fera une femme charmante, car elle l'aime véritablement. D'ailleurs, il n'en serait pas ainsi, que j'accepterais encore celle qui portera son nom. Je ferais pour lui exception à tout usage et à toute opinion reçue. Je ne pourrai jamais oublier qu'il m'a sauvé la vie, et peut-être l'honneur! A présent, ajouta-t-elle, je me sens lasse et je voudrais me coucher. Mais je ne voudrais pas Fanny; elle m'est devenue antipathique. Cette Mariuccia, qui est ici, est bonne, mais trop bruyante. Ma nièce est trop parfumée... et, d'ailleurs, il ne serait pas convenable qu'elle me servît.

— Je vous servirai, moi! dit lord B***. De quoi vous inquiétez-vous?

— Oh! ce serait encore plus inconvenant!

— Et moi, milady? lui dit Daniella en lui offrant son bras; voulez-vous me permettre de vous servir encore?

— Mais... c'est impossible! Monsieur Valreg ne te le permettrait pas?

— Monsieur Valreg, répondis-je, la chérira encore plus, s'il est possible, pour les soins qu'elle vous donnera.

— Eh bien, vous me faites plaisir, et je vous en remercie. Viens, ma chère, je ne serai pas ingrate envers toi!

— Laissez-la parler ainsi, me dit lord B*** quand elles furent sorties, et si elle offre de l'argent à Daniella, dites-lui de ne pas le refuser, sauf à le jeter dans le tronc d'une église, si, comme je le pense, la chose vous blesse. Lady Harriet ne comprend pas assez la fierté des pauvres. Elle croit que les riches ont toujours le droit de payer. Voici l'heure où il ne faut rien discuter avec elle. Allez donc voir, je vous en prie, si le docteur M*** est arrivé de Rome. Il vient tous les jours à cette heure-ci.

Le médecin arrivait au moment même et voulut voir la malade. Mais elle était couchée, et, soit pudeur anglaise, soit coquetterie, elle refusa de le recevoir. Elle ne se sentait ni ne se croyait assez malade pour justifier l'inconvenance qu'on lui proposait. Comme, avant tout, il ne fallait pas la contrarier, le docteur s'installa avec nous dans le salon attenant à la chambre de la malade. Au bout de quelques instants, Daniella vint rouvrir la porte. Lady Harriet, à peine couchée, s'était endormie subitement.

Le mari et le médecin purent alors entrer pour observer les symptômes de la fièvre, qui se déclarait avec des caractères nouveaux.

Je restais seul au salon; j'entendis remuer des assiettes dans la salle à manger. On mettait le couvert. Le flegme de ces domestiques anglais, qui vaquaient à leurs fonctions avec la régularité méthodique de l'habitude, faisait un douloureux contraste aux agitations poignantes qui absorbaient leur maître, de l'autre côté de la cloison.

Au bout d'un quart d'heure, un de ces valets vint annoncer que le dîner était servi, et Fanny, la femme de chambre en disgrâce, traversa le salon pour transmettre cet avis à lord B***.

— Je ne dînerai pas, dit-il en venant sur la porte de la chambre de sa femme. Mon cher Valreg, allez dîner, je vous prie, avec ma nièce et monsieur Brumières, qui veut bien rester près de nous dans ces tristes circonstances.

— J'ai mangé il y a deux heures, répondis-je; si vous le

permettez, je resterai ici, ou je me tiendrai dans la chambre de la malade à votre place.

Je l'engageai à essayer de manger quelque chose. Il secoua la tête sans répondre.

— Elle est déjà réveillée, dit-il, et c'est tout au plus si elle veut souffrir le docteur et moi auprès d'elle. Restez ici, si vous vous en sentez le courage; je vous verrai de temps en temps. Cela me soutiendra jusqu'au bout.

— Le médecin est-il donc très-inquiet?

— Oui !

Et lord B*** rentra dans la chambre de la malade.

En ce moment, Medora entrait au salon par l'autre porte et arrangeait ses cheveux devant la glace, en quittant son chapeau de paille.

— Est-ce que lady Harriet est déjà recouchée? me demanda-t-elle négligemment. Ce n'est pas son heure. Je croyais qu'elle essayerait de se mettre à table avec nous?

— La fièvre s'est déclarée plus tôt que les autres jours.

— Ah ! vraiment ! Je vais la voir.

Elle alla jusque vers le lit de la malade; mais lord B*** lui offrit aussitôt le bras et la ramena vers moi, en lui disant :

— Il n'y a encore rien de certain à augurer de cette crise. Vous savez que votre présence irrite milady quand elle souffre. Allez donc dîner, et ne vous tourmentez de rien jusqu'à nouvel ordre.

Il rentra chez sa femme et ferma la porte. J'offris aussitôt mon bras à Medora pour la conduire à la salle à manger, où Brumières l'attendait. Puis, je la saluai pour retourner au salon.

Ce qu'elle déploya, en ce moment, de coquetterie et d'amertume, d'ironie et de gracieuseté pour me retenir et me faire au moins assister au repas, m'émerveilla un peu. Je ne l'avais jamais vue si adroite et si tenace. Brumières se croyait obligé, pour lui complaire, d'insister aussi, malgré le dépit que lui causait, par moments, ce caprice. Lorsqu'il laissait voir ce dépit, elle le regardait ou lançait un mot vague, de manière à lui faire croire qu'elle se moquait de moi.

Il devenait cependant bien évident pour moi qu'elle voulait me faire asseoir à table à ses côtés, pendant que Daniella remplirait l'office de garde-malade, et, dans l'opinion de Miss, de servante auprès de lady Harriet. Elle s'acharnait à sa vengeance, au milieu de la plus douloureuse situation domestique, avec une présence d'esprit et une liberté de vouloir qui m'indignaient. Je dois dire que j'avais grand'-faim, n'ayant rien pris depuis le matin et venant de faire trois fois, en courant, le trajet assez long entre Piccolomini et Mondragone ; mais, pour rien au monde, je n'eusse accepté un morceau de pain à cette table, et j'allai trouver la Mariuccia, qui mangeait un plat de lazagne dans le casino, et qui le partagea joyeusement avec moi.

Je ne sais pas si je vous ai dit que le casino de la villa Piccolomini est célèbre. C'est un petit pavillon qui se relie au palais comme une aile très-basse, et où le savant Baronius écrivit ses annales ecclésiastiques. C'est aujourd'hui un appartement meublé, en location comme les autres. La Mariuccia y avait dressé un lit pour moi, dans le cas où l'état de la malade me permettrait de me coucher. Elle s'étonna de mon refus de manger *avec les maîtres ;* mais quand elle sut mes raisons d'agir, elle me dit en souriant :

— Je vois que vous aimez ma nièce et que vous savez ménager la susceptibilité d'une femme de cœur. Allons, Dieu vous bénira, et j'ai confiance en vous pour l'avenir.

Je la laissai avec son frère le capucin, qui avait flairé de loin la pauvre lazagne, et qui venait, avec une écuelle de bois, recueillir les restes de ce festin. Il s'étonna de me voir là, et tandis que la bonne fille lui donnait les explications qu'il était capable de comprendre, je retournai au salon.

Il me fallut traverser la salle à manger et subir un nouvel assaut de Medora, qui voulait me faire prendre le café. Quand elle eut encore échoué, elle donna à Brumières je ne sais quelle commission au dehors et vint me rejoindre au salon, où Daniella était entrée un instant pour me dire que lady Harriet allait mieux, en ce sens que la fièvre n'augmentait pas.

Quand Daniella vit sa rivale approcher de moi et s'asseoir tranquillement sur le sofa sans daigner s'apercevoir de sa présence, son bras s'enroula autour du mien comme un serpent.

— Peut-on vous parler un instant? me dit Medora, qui vit ce mouvement mal dissimulé, au coin de la cheminée.

Ma position entre ces deux femmes était la plus ridicule du monde; mais il vaut beaucoup mieux, selon moi, mériter toutes les railleries de celle que l'on n'aime pas, que le moindre reproche de celle que l'on aime. Je retins donc Daniella du regard, et répondis à Medora que j'étais à ses ordres.

— Mais je veux ne parler qu'à vous seul, reprit-elle avec une superbe assurance. Daniella, ma chère, je vous prie de nous laisser. D'ailleurs, vous êtes nécessaire auprès de milady.

— Et moi, répondis-je, j'ai une commission à faire pour milord. J'aurai l'honneur de vous entendre dans un moment moins grave pour votre famille.

J'allais sortir, lorsque Daniella, satisfaite de sa victoire, me retint en disant : « Ce que demandait milord, on l'a trouvé. Rien ne vous empêche de rester ici et de parler avec la signora. Qui donc pourrait s'en inquiéter ? » ajouta-t-elle à demi-voix, mais de manière à être entendue de sa rivale; et elle poussa l'orgueil du triomphe jusqu'à refermer la porte entre elle et nous.

— Cette fille est toujours folle ! dit Medora, dissimulant sa colère; et, sans me donner le temps de répliquer, elle reprit : —Voyons, mon cher Valreg, donnez-moi donc, à propos de monsieur Brumières, un bon conseil; j'en ai besoin, et, dans la situation où nous sommes vis-à-vis l'un de l'autre, vous ne pouvez pas me le refuser.

— Je pense, répondis-je, que vous vous moquez de moi en me prenant pour conseil, moi qui ne sais rien des convenances du monde où vous vivez ; et, quant à notre mutuelle situation, je ne sache pas qu'elle nous crée aucun devoir vis-à-vis l'un de l'autre.

— Pardonnez-moi, c'est une situation sérieuse, et je n'ai rien fait pour me la dissimuler. Je l'ai acceptée, au contraire, en me mettant à votre service, et, qui pis est, à la merci de mademoiselle Daniella, qui ne se gêne pas pour me le faire comprendre.

— Je pensais que vous aviez assez bonne opinion de moi pour ne pas craindre que Daniella fût ma confidente en ce qui vous concerne.

— Quoi ! vous ne lui avez rien raconté de Tivoli ?

— Rien. J'ai eu plus de discrétion que vous, qui avez tout raconté à Brumières.

— Vous me jurez que vous me dites la vérité ?

— Oui, madame.

— Voilà un étrange oui, madame ! Je sens que vous êtes irrité et offensé de mon doute ; je vous en demande pardon ; mais ne pourriez-vous être moins fier et moins froid ?

— Cela m'est impossible.

— Pourquoi? Voyons! il faut s'expliquer. Vous avez été effrayé de mon amour, et j'ai compris cela. Vous êtes méfiant et pénétrant; vous avez deviné que ce coup de tête n'amènerait rien de bon; mais, que vous ayez la même peur de mon amitié, voilà ce que je trouve inouï, et ce qui m'est plus pénible encore. Soyez donc sincère tout à fait, et même avec brutalité, puisque c'est votre caractère. Je suis lasse d'aller au-devant de votre sympathie, et l'effort que je tente aujourd'hui sera le dernier.

Tel est le résumé des préliminaires de l'explication que je fus sommé de donner et que je donnai enfin, résumée ainsi qu'il suit. C'est à vous, surtout, que je la donne nettement formulée, pour que vous puissiez juger mes sentiments et ma conduite dans cette situation extrêmement délicate.

Entre personnes sincères ou sérieuses, l'amitié naît de l'estime mutuelle ou de l'attrait réciproque, soit des esprits, soit des caractères. Mais les natures légères, aussi bien que les natures calculées, font un étrange abus du nom et des priviléges apparents de l'amitié. Je crois que les femmes, et surtout certaines femmes à la fois astucieuses et frivoles, se servent de ce mot sacré d'amitié comme d'un éventail de plumes qu'elles font jouer entre elles et la vérité. Je sens que celle-ci me hait et voudrait me faire souffrir. Elle invente l'amitié pour me retenir sous sa main, à portée de sa vengeance; de même que, pour épouser un titre, elle avait inventé d'avoir de l'amour pour ce pauvre prince, raillé, méprisé, outragé et abandonné tout à coup pour avoir ronflé en voiture et parfumé ses habits de lavande: de même que, pour avoir un nouvel esclave à tourmenter en attendant mieux, elle invente d'avoir de l'amitié et de faire ses plus intimes confidences à Brumières.

La facilité avec laquelle les hommes se laissent prendre à ces prétendues amitiés de jeunes femmes s'explique très-naturellement par la vanité. Si humble et si sensé que l'on soit, on se sent flatté, avant, pendant ou après l'amour, d'inspirer un sentiment qui se donne pour sérieux, une confiance qui semble être une marque de haute estime. Les priviléges d'une certaine intimité chaste flattent les sens quand même, et je comprends très-bien que, si je n'aimais pas exclusivement et passionnément une autre femme, celle-ci, avec ses airs de respect pour mon caractère et de docilité devant mes avis, pourrait se moquer de moi et me conduire adroitement à ses fins, lesquelles ne sont autres que de me rendre amoureux d'elle pour avoir le plaisir de me dire : A présent, mon cher, il est trop tard.

Ce n'est pas que Medora soit une de ces femmes tigresses ou serpents, comme on en voit dans certains romans modernes. Oh! mon Dieu non! C'est une femme comme beaucoup d'autres, une vraie femmelette de tous les mondes et de tous les temps; je veux dire une de celles qui n'ont pas grand esprit ni grand cœur et qui, favorisées de la nature et de la fortune, jouent à leur aise le rôle d'enfant gâté avec tous les gens simples ou vains qu'elles peuvent accaparer. Ces femmes-là font volontiers des perfidies sans être précisément fausses, des coups de tête sans être fortes, et de la diplomatie sans être habiles. Elles s'aiment beaucoup elles-mêmes, d'un amour maladroit et mal entendu, mais exclusif et persistant, qui leur enseigne et leur inspire la rouerie nécessaire à leurs desseins. Elles se compromettent sans se perdre et s'offrent sans se livrer. Elles se font beaucoup de tort et reprennent le dessus continuellement, tant est grande la double puissance de l'argent et de la beauté. Des hommes plus forts et meilleurs que ces femmes-là sont souvent leurs dupes, et Brumières, qui a infiniment plus d'esprit, de pénétration, de suite dans les idées et dans le caractère que n'en a Medora, me paraît destiné à être mené par elle haut la main, et planté là avec le doux titre d'ami excellent et fidèle, dès qu'un serviteur plus brillant ou plus utile se présentera.

XLVIII

Mondragone, 15 mai.

Tout ce que je viens de vous exposer, je l'exprimai franchement à Medora, au courant de la conversation, et ma conclusion fut que je ne pouvais pas plus croire à son amitié qu'elle ne devait désirer la mienne. Je ne voyais pas que l'aventure de Tivoli m'eût créé d'autre devoir envers elle que celui d'une discrétion dont tout homme d'honneur est capable sans grand effort, et l'espèce de reconnaissance qu'elle prétendait m'imposer pour un baiser et quelques folles paroles ne me chargeait ni la conscience ni le cœur. Ma vanité pouvait seule lui en tenir un compte sérieux, et j'étais décidé à terrasser ce mauvais petit démon sot, plein d'équivoques et de subterfuges. Quant à la reconnaissance que ma délicatesse lui inspirait, je l'en tenais quitte et la priais de ne plus m'en parler, car, en y revenant sans cesse, elle me ferait croire qu'elle doutait de sa durée.

Étonnée, fâchée et comme brisée des vains efforts qu'elle venait de faire pour trouver le défaut de la cuirasse, elle restait pensive et muette. Lord B*** vint me dire que la malade était assez calme et que la potion avait agi.

— En ce cas, dit Medora en se levant, vous pouvez peut-être vous passer de la Daniella pendant quelques minutes; e voudrais lui parler.

Daniella vint au bout d'un instant. Sa figure était naivement radieuse. Je vis bien qu'elle avait profité du moment de répit que lui donnait le mieux de la malade pour écouter ce que je disais à Medora. Celle-ci le devina en jetant un regard d'inquiétude sur la fenêtre entr'ouverte. Du perron de la maison, ou du casino de Baronius, Daniella, sortant par le fond de la chambre de lady Harriet, avait pu tout entendre.

— Vous avez l'air triomphant! lui dit Medora en frémissant de colère ou de crainte.

— Parce que madame va mieux, répondit Daniella avec une douceur à laquelle je ne m'attendais pas.

— Voulez-vous me suivre dans ma chambre? reprit Medora agitée; il faut absolument que je vous parle.

Je remontrai que, d'un moment à l'autre, on pouvait rappeler Daniella pour la malade, et je passai dans la salle à manger, où Brumières venait d'entrer. Je l'emmenai fumer un cigare au jardin, et j'entendis que l'on fermait la fenêtre du salon.

Brumières n'a aucun doute sur la loyauté de Medora à son égard. Il ne me demanda pas compte de l'entretien que j'avais eu avec elle, et je le vis plein d'espoir et de joie. — Savez-vous, me dit-il, que mes affaires marchent bien? Dieu conserve la bonne lady Harriet! Mais, si sa volonté est de la rappeler à lui, Medora, n'ayant plus de parente chez qui elle puisse vivre (elle a usé toutes les autres), va certainement se décider au mariage. Elle y était décidée récemment, puisqu'elle choisissait le vieux prince. Cette folie s'est dissipée à temps, et puisque la foule des soupirants se réduit à moi seul *pour le quart d'heure*; puisque le destin me jette là auprès d'elle, dans cette étape de Frascati, entre le dégoût de son dernier caprice et la mort de son dernier chaperon, 'ai des chances que je ne retrouverai jamais. C'est donc à moi d'en profiter. Mais que fait-elle avec votre Daniella?

— Je pourrais m'inspirer de l'air du pays pour vous répondre : *Chi lo sà!* Mais quand on n'est pas Italien, on se donne toujours la peine de supposer quelque chose, et je m'imagine qu'elle se réconcilie avec la personne injustement maltraitée par elle.

— Oui! ça doit être, car elle est bonne, n'est-ce pas? C'est une noble nature ; violente, mais généreuse, folle à ses heures, et comme ivre de fantaisies d'artiste dans ses résolutions excentriques, mais d'une raison et d'une logique admirables quand elle fait appel à sa propre intelligence. C'est une femme supérieure qui s'ennuie, voilà tout. L'amour en fera une créature adorable, vous verrez!

Brumières s'attribuait si naïvement ce prochain miracle, qu'il n'eût pas été possible de le dissuader. A quoi bon, d'ailleurs? L'amour-propre exubérant est une si vive jouissance par elle-même, que les déceptions peuvent bien venir à la suite des rêves. Les compensations anticipées sont aussi réelles que celles qui arrivent après un désastre. Je n'avais rien de mieux à faire que d'admirer cette faculté d'illusion, tout en philosophant intérieurement sur la situation de cette famille : d'un côté, lord B*** au seuil d'un immense et incurable désespoir; de l'autre, Medora faisant des projets; et, à côté d'elle, Brumières disant : « Dieu conserve lady Harriet, mais sa mort me serait bien utile *pour le quart d'heure!* »

Quand je pus rejoindre Daniella et lui demander compte de son entrevue avec Medora, je la trouvai rêveuse et réservée dans ses réponses.

— Mon Dieu! lui dis-je, tu parais attristée! T'a-t-elle dit quelque chose qui puisse te faire encore douter de moi?

— Non certes, bien au contraire! elle a été très-franche, très-bonne, très-grande. Elle m'a avoué, non pas qu'elle t'a aimé, mais que, par un dépit d'enfant, un orgueil de jolie femme, elle avait voulu te plaire. Elle déclare qu'elle a échoué et qu'elle en est contente ; qu'elle se condamne et se moque d'elle-même pour ce mauvais sentiment qui l'a fait m'offenser et me chasser d'auprès d'elle. Elle me redemande *mon amitié* et veut que je lui promette la tienne. Voilà ce qu'elle dit, ce qu'elle a l'air de penser. Je lui ai tout pardonné, et nous nous sommes embrassées, moi de bon cœur, elle... de bonne foi, je pense !

Daniella ne put m'en dire davantage ; on l'appela auprès de lady Harriet. La soirée s'écoula dans des alternatives d'espoir et d'inquiétude. A minuit la fièvre tomba ; l'accès avait été beaucoup moins grave que les précédents. Le médecin, espérant que milady était sauvée, alla se coucher. Lord B*** voulut envoyer reposer Daniella, qui aima mieux rester sur un fauteuil auprès de la malade. Medora prit le thé avec Brumières et se retira dans son appartement. Je demeurai au salon avec lord B***, qui, de quart d'heure en quart d'heure, allait, sur la pointe du pied, écouter la respiration de sa femme.

— Vous devez me trouver ridicule, dit-il dans un de ces intervalles de causerie avec moi. Vous me mettez au nombre de ces époux inconséquents qui se plaignent pendant vingt ans de leur femme, et qui ne trouvent jamais moyen de vivre avec elle, si ce n'est au moment de la quitter pour toujours. Je m'étonne moi-même de ce que j'éprouve, car il y a eu des heures... des heures où j'avais bu, des heures honteuses dans mon souvenir, où je disais, à moitié sérieusement : La mort rendra la liberté à l'un de nous ! Mais, en voyant arriver cette mort qui la prenait de préférence à moi, elle jeune et belle encore, tandis que je me sens vieux et l'âme usée, j'ai été saisi d'effroi et de remords. C'est elle qui a droit à la vie après la triste existence qu'elle a eue avec moi, et j'ai trouvé le destin si injuste dans son choix, que je devenais fataliste. J'avais l'idée de me tuer pour le désarmer !

Je le laissai s'épancher, et j'attendis qu'il eût exhalé toute l'amertume habituellement refoulée en lui-même, pour le raisonner avec affection et le réhabiliter à ses propres yeux sans accuser sa femme.

Il n'y a pas, dans notre action morale, de fatalité que nous ne puissions combattre et vaincre presque radicalement ; voilà ma croyance, et je la lui exposais avec sincérité. J'ajoutais que, dans les faits collectifs que l'on appelle lois de la société, il y avait des souffrances inévitables, fatales en apparence, sur le compte desquelles nous pouvions mettre souvent nos douleurs personnelles et les torts de ceux qui nous entourent ; mais que toute la force, toute la sagesse de l'individu devaient être employées à combattre ces mauvais résultats, autour comme au dedans de nous. Les moyens me paraissaient, non pas faciles, mais simples et nettement tracés. Les vieilles vertus de la religion éternelle sont restées vraies, malgré différentes erreurs d'application, et nul sophisme, nulle corruption sociale, nul mensonge de l'égoïsme n'empêcheront le bien d'être, par lui-même, en dépit de tous les maux extérieurs, une joie souveraine, une notion délicieuse, une clarté sublime. Quand notre conscience est en paix, notre cœur vivant, et notre pensée saine, nous devons nous estimer aussi heureux qu'il est donné à l'homme de l'être. Demander plus, c'est vouloir follement renverser des lois divines qui devaient être puisqu'elles sont, et que nos plaintes ne changeront pas.

— Je suis tout à fait d'accord avec vous, me dit lord B*** ; et c'est parce que mon esprit ne s'est pas attaché à cette notion saine dont vous parlez, que mon cœur s'est aigri et que ma conscience s'est troublée. J'ai été coupable envers les autres en le devenant envers moi-même. J'ai manqué de volonté pour me faire apprécier, et j'ai cherché quelquefois, dans l'ivresse, des étourdissements qui m'ont fait descendre dans l'inertie, au lieu de me faire remonter dans l'espérance. J'ai manqué de foi, je le reconnais bien, et si la femme qui m'aimait m'a pris en dégoût et en pitié, c'est ma faute bien plus que la sienne.

— Tenez, dit-il encore, après que nous eûmes longtemps causé sans que la malade se réveillât, si le ciel me la rend, il me semble que je deviendrai digne, rétrospectivement, de l'amour qu'elle a eu pour moi. A nos âges, l'amour serait un sentiment ridicule s'il ne changeait pas de nature. Mais cette amitié qui lui survit, et à laquelle, s'il vous en souvient, je portais un toast mélancolique au pied du temple de la sibylle, c'est un pis-aller meilleur que l'amour même, plus rare et plus précieux mille fois. Voilà ce que j'aurais voulu et ce que je n'ai pas su inspirer à ma femme.

Puis, comme je lui disais qu'il fallait espérer la guérison d'Harriet et armer son cœur et sa raison pour cette belle conquête de l'amitié sainte, non pas veuve, mais fille de l'amour, il se jeta dans mes bras et versa des larmes qui détendirent si peu sa physionomie sans mobilité, qu'elles semblaient couler comme un ruisseau sur une face de pierre.

— Vous me faites du bien plus que vous ne pensez! me dit-il de cette voix morte et sans inflexion qui contraste avec ses paroles; toutes les formules d'encouragement et de consolation sont des lieux communs, et je ne sais pas si les vôtres ont plus de sens que celles des autres. Il est possible que non; il ne me semble pas que vous me disiez des choses nouvelles pour moi, des choses que je ne me sois pas dites à moi-même; mais je sens que vous me les dites avec une grande conviction et qu'il y a dans votre cœur un vrai désir de me persuader. Vous avez donc, malgré votre jeunesse et votre inexpérience, un ascendant particulier sur moi. Si j'en cherche la cause, je la trouve dans la sincérité particulière de votre nature, dans l'accord réel que je remarque entre votre conduite et vos idées. Pourtant, si vous voulez que je l'avoue, je n'avais pas compris d'abord votre amour pour Daniella. Je pensais que c'était une volupté, et que cela prenait trop d'empire sur vous, trop de place dans votre vie. A présent, je vois que c'est une passion envisagée et acceptée par vous autant que subie, et je vous trouve dans le vrai ; je suis certain que vous ne serez jamais malheureux, parce que vous ne serez jamais injuste ni faible.

» Pourtant, écoutez-moi. Je vous dois une révélation qui peut avoir son importance. Il n'eût tenu, il ne tiendrait peut-être encore qu'à vous d'épouser la nièce de ma femme. Medora vous a aimé, et je crois qu'elle vous aime encore, autant qu'elle peut aimer. Dans tous les cas, après les deux mariages de caprice ou de dépit qu'elle vient d'arranger et de rompre en si peu de jours, je vois que son esprit détraqué ne demande qu'à subir une influence nouvelle, et que monsieur Brumières pourrait, tout comme un autre, profiter de la circonstance. Songez-y, tâtez-vous bien; voyez si une grande fortune serait pour vous un élément de force et de bonheur. Ni ma femme ni moi ne pouvons nous opposer à n'importe quel mariage résolu par cette personne fantasque. Pour avoir essayé de la détourner de ce prince usé et malade (un excellent homme, d'ailleurs), nous l'avons malheureusement poussée à l'inconcevable divertissement de se faire enlever par lui. Je crois, Dieu me damne, que c'est uniquement le danger d'être tuée en s'associant à sa fuite qui a réveillé son cerveau blasé, avide d'émotions inutiles. Elle vous a revu au moment de s'embarquer, nous a-t-elle dit, et j'ai cru deviner que vous étiez la cause involontaire de son revirement. Peut-être que vous lui faites un nouveau tort de cette trahison subite envers le prince : moi aussi, je pense que, le vin étant tiré, il fallait le boire; mais, quelle que soit votre opinion sur sa conduite, je vous dois un éclaircissement sur votre situation. En votre faveur, lady B*** abjurera tous ses préjugés; elle vous l'a dit et cela est certain. Donc, vous pouvez obtenir la main de sa nièce sans lui déplaire, non plus qu'à moi, qui n'ai aucune espèce de préjugé sur la différence des conditions sociales et qui vous trouve, tel que vous êtes au moral, infiniment au-dessus de miss Medora. »

Vous pensez bien que je n'hésitai pas à déclarer à lord B*** que j'avais une seule, mais invincible raison, pour ne pas vouloir plaire à sa nièce, et cette raison, lui dis-je, c'est que je ne l'aime pas.

— C'est une raison, dit-il, et je ne vous prêcherai pas, comme autrefois, la raison contraire. J'ai passé vingt ans à maudire les mariages d'inclination, et, à présent, je vois que l'amour dans le mariage est l'idéal de la vie humaine. Quand on le manque ou quand on le laisse envoler après l'avoir saisi, c'est qu'on ne méritait pas de le conserver.

Le médecin se releva à cinq heures du matin et jugea la malade hors de danger quant à cette fièvre ataxique, dont le dernier accès venait d'être paralysé par ses soins. Seulement, il lui trouva la respiration progressivement embarrassée. Dans la journée, une pleurésie se déclara. C'était une maladie nouvelle qui devait suivre son cours, et qu'il promit de venir observer et soigner tous les jours durant quelques heures. Un autre médecin, dirigé par ses conseils, vint s'installer à Piccolomini pour suivre et combattre, heure par heure, les symptômes du mal. Toute une pharmacie de prévision fut envoyée de Rome le jour même.

Nous pûmes tous prendre un peu de repos, même lord

B***, qui avait passé déjà plusieurs nuits, et qui se jeta sur un lit dans la chambre de sa femme. Medora monta à cheval avec Brumières.

Deux jours après, tout symptôme alarmant avait disparu devant l'habile et prévoyante médication du docteur Mayer. Lord B*** me rendit ma liberté, et lady Harriet remercia très-affectueusement Daniella, en la priant de venir la voir souvent. La Vincenza, présentée par Brumières, avait fait agréer ses soins en remplacement provisoire de l'Anglaise Fanny, qui avait déplu et qui passa le temps à prendre du thé, au grand scandale et au grand mépris de la Mariuccia.

Nous retournâmes à Mondragone en faisant des projets et en nous consultant sur l'installation que nous étions désormais libres de rêver. La pensée de quitter nos ruines, où nous avions maintenant toute facilité de faire un établissement assez confortable dans le casino, nous serrait le cœur à l'un et à l'autre. Nous nous arrêtâmes à la villa Taverna pour demander à Olivia si elle avait le droit de nous louer le casino pour quelques semaines. Elle a ce droit ou elle le prend. Les conditions de la location furent minimes. Daniella envoya aussitôt Felipone avec une charrette pour chercher son petit mobilier à Frascati, où elle ne voulait plus se montrer avant notre mariage. Par suite de la même résolution, elle fit un arrangement avec le fermier pour que celui-ci lui apportât de la ville le pain et les modestes provisions de chaque jour, en même temps que celles de sa famille.

En somme, cette résidence, dont le choix paraît étrange au premier abord, est le seul endroit complétement favorable à notre situation. Elle nous met à distance de tout commérage importun, et nous assure la fuite par le passage resté ignoré, si nos affaires avec l'inquisition n'arrivent pas au résultat favorable sur lequel compte l'excellent lord B***.

Dans l'état des choses, il se fait fort de me faire délivrer mes passe-ports, si je préfère ne pas attendre ce résultat. Mais je n'ai nullement envie de quitter Frascati maintenant. D'abord, je ferais perdre à lord B*** le cautionnement, dont il a la délicatesse de ne pas vouloir que je m'occupe. Ensuite, je ne dois ni ne veux songer à le laisser dans l'inquiétude et le chagrin. Enfin, j'ai ici des affections, une sorte de famille, un soleil splendide, des travaux en train, des sites qui m'appartiennent déjà et qui me charment, d'autres que je n'ai fait qu'effleurer et dont il me tarde de prendre possession ; et, plus que tout cela, des *aitres* témoins de mon bonheur et dont je sens que je ne sortirai pas sans un vif regret.

Ce vieux mot d'*aitres*, qui vient d'*atrium*, mais qui n'a plus un sens aussi intime et aussi patriarcal que dans l'antiquité, représente pour moi tout un état de choses important dans ma vie de campement. Je peux dire que je connais les aitres de tous ces beaux jardins qui m'entourent, et ceux de Tusculum et ceux de la gorge *del buco*, et que cette belle nature, où j'étais un passant et un étranger dans les premiers jours, m'appartient et me possède à présent. Elle m'a ouvert ses sanctuaires et révélé ses grâces secrètes. Il y a, entre elle et moi, un lien qui ne sera jamais détruit. Où que je sois, mon souvenir m'y transportera, et les grandes allées comme les petits sentiers, les croupes adoucies comme les roches ardues, les yeuses colossales comme les petites étoiles bleues des buissons, tout cela est à moi pour toujours.

. . . .

Donc, nous revoici installés dans notre forteresse, et je peux jeter du chocolat par la terrasse du casino aux neveux de Felipone, quand ils viennent jouer sur la terrasse aux girouettes. Il ne sera plus jamais question de manger la chèvre. Nous ne dormons plus sur la paille. Daniella ne tremble plus aux bruits du dehors, et je travaille avec l'espoir d'achever mon tableau, sans crainte de le voir troué par les baïonnettes. Le piano loué par le prince achève son mois de location dans ma chambre, et Daniella s'est imaginé d'apprendre la musique. A présent, je suis bien content de la savoir pour la lui enseigner. Elle a une facilité et une mémoire étonnantes, et je m'aperçois que, pour avoir beaucoup entendu chanter, bien et mal, quand j'étais violon à l'orchestre du théâtre ***, je peux être un professeur passable. Sa voix est encore plus belle et plus étendue que je ne croyais, et l'instinct rhythmique et mélodique est extraordinairement développé chez elle. Il me semble que je n'ai à lui enseigner que la raison des choses qu'elle sait faire, et que, dans un an, elle pourrait être une aussi grande cantatrice que qui que soit.

Elle est, du reste, très possédée de cette idée qui lui est venue tout à coup, en découvrant que j'étais musicien. « Quand tu m'as dit que j'avais une voix si belle, j'ai eu du chagrin en songeant que je ne savais rien, et que je n'aurais jamais le temps et le moyen d'apprendre. Qu'est-ce que c'est que mon état de *stiratrice?* Il y a de quoi manger du pain, et rien de plus. Il a un talent, lui, et il me donnera mes aises; mais je rougirai de ne pouvoir lui donner les siennes et d'être une charge pour lui. Voilà ce que je me disais, et à présent j'ai repris confiance en moi-même. Je ne serai plus une ouvrière, une femme de chambre pour ceux qui me verront arriver avec toi dans ton pays. Je serai une artiste, ta pareille, ton égale, et tu n'auras jamais à rougir de m'avoir aimée. »

Quand elle parle ainsi, sa figure prend une expression

si sérieuse et son œil noir se fixe et se dilate avec une volonté si prononcée, que je ne peux pas douter de l'avenir qu'elle rêve. Et pourtant il me semble que j'aimerais mieux pouvoir en douter un peu. Je vais vous expliquer cela.

XLIX

15 mai. — Mondragone.

Hier, Brumières est venu nous rendre visite pendant qu'elle étudiait. De loin, il avait entendu cette voix merveilleuse, et il ne pouvait croire que ce fût celle de la Daniella. Quand il en fut convaincu, et qu'elle lui eut chanté une très-belle vocalise que j'ai trouvée à la villa Taverna dans les feuillets déchirés d'un vieux solfége, et que je crois être de Hasse, il fit deux fois le tour de la chapelle qui me sert d'atelier, en donnant des marques d'une vive préoccupation. Puis il revint vers moi et me dit :

— Mais elle n'a aucune notion de musique, n'est-ce pas ? Elle a appris cela comme un perroquet; elle ne le lit pas, vous le lui avez seriné ?

Je me mis à rire.

— Et pourquoi riez-vous, voyons ?

— Parce que vous faites des questions d'enfant. Il lui a fallu deux jours pour comprendre ce que c'est que de la musique écrite. Dans quinze jours, elle lira à livre ouvert dans n'importe quelle partition. Dans un mois, avec l'intelligence et la volonté dont elle est douée, elle sera capable de faire sa partie raisonnée dans un ensemble. Mais cet A B C de la pratique, dont vous faites une si grosse affaire, ne lui servirait absolument à rien, si elle n'était pas douée comme elle l'est. Il y a des artistes qui ont étudié dix ans et qui ne se doutent pas de ce qu'elle sait, sans qu'elle-même s'en doute.

— C'est vrai, cela! reprit-il naïvement, et le diable m'emporte si elle ne chante pas mieux que la *** et la ***!

— Voilà que vous passez d'un excès à l'autre. Elle ne sait pas le métier, et, en toutes choses, le métier est à l'art ce que le corps est à l'esprit. Elle doit apprendre à ménager ses moyens, afin de les trouver toujours à son service, même quand l'inspiration, qui est une chose fugitive, lui fera défaut. Et puis, cette distinction naturelle, cette élévation instinctive, ont besoin d'un criterium du plus au moins en elle-même; et c'est par le savoir, qui est la lumière du sentiment, qu'elle l'acquerra.

— Oui! le pourquoi et le comment! Mais croyez-vous qu'elle conserve cette fraîcheur de timbre, cette naïveté d'accent?

— Je l'espère, car je ne veux pas qu'elle ait d'autres professeurs que moi, et je m'imagine savoir comment il faut développer une individualité comme la sienne.

— Ah çà! vous êtes donc un grand musicien, vous aussi?

— Non certes. Je sais ce que c'est que la musique, voilà tout.

— Et vous l'aimez passionnément?

— Depuis huit jours, oui!

— Et votre femme sera une grande cantatrice?

— Oui! lui cria Daniella moitié riant, moitié impatientée de ses questions dont elle ne voyait pas venir le but.

Je le pressentais, et je voulus en détourner l'aveu.

— Voyons, dis-je à Daniella, veux-tu lui chanter un air du pays? Cela, c'est toi seule, toi tout entière, avec ce que la nature t'a donné, avec le caractère et l'accent que personne ne pourrait t'enseigner et que personne ne pourrait, en ce sens, réaliser mieux que toi. Te rappelles-tu ce que tu chantais un soir à la villa Taverna?...

— Oui, oui, s'écria-t-elle. Oh! cela me fera plaisir de me *rechanter* cela !

Elle dit un ou deux couplets; mais, mécontente d'elle-même et trouvant qu'elle manquait de feu et d'entrain, elle prit le *tamburello,* et, comme si elle se fût remontée à l'énergique appel de ce grelot sauvage, elle chanta avec plus de nerf. Cependant elle secouait la tête d'un air de dépit.

— Qu'a-t-elle donc? dit Brumières. Il me semble qu'elle va mettre le feu au château !

— Non, non, je ne suis ni en voix ni en âme, s'écria-t-elle. Ces choses-là ne se chantent pas, elles se dansent !

Et, s'élançant au milieu de la chapelle, en sautant par-dessus les planches et les copeaux qui en encombrent encore une partie, elle se mit à danser, à chanter et à tambouriner en même temps, avec cette sorte de fureur sacrée qui m'avait fait déjà frissonner d'amour et de jalousie.

J'espérais que ce transport ne se communiquerait pas à Brumières; et, d'ailleurs, je craignais d'être égoïste en m'opposant au besoin que cette fille de l'air éprouvait d'essayer un instant ses ailes. Mais Brumières est impressionnable autant qu'expansif. Il se mit à crier d'admiration et à divaguer dans son enthousiasme d'artiste, de manière à me contrarier beaucoup. J'arrachai le tambourin des mains de Daniella, et, l'emportant presque elle-même dans mes bras, je la poussai au piano en la grondant malgré moi.

— Mais pourquoi l'empêchez-vous d'être si belle? disait Brumières; vous êtes un brutal, un pédant! Laissez-la donc se révéler ! Encore, encore !

Je donnai pour prétexte à mon dépit que ce chant mêlé de danse pouvait casser la voix.

— Crois-tu cela? me dit Daniella qui, sans être essoufflée, s'était assise, accoudée sur le piano d'un air tout à coup grave et rêveur.

— Non! lui répondis-je tout bas; mais je te l'ai dit, tu ne danseras jamais que pour moi, si tu m'aimes.

— Eh bien, mon cher, s'écria Brumières, comme s'il eût deviné mes paroles, vous auriez tort de vouloir faire mystère de telles aptitudes! Voyez-vous, la signora Daniella a cent mille livres de rente dans le gosier, dans les pieds, dans le cœur, dans les yeux, dans la tête. Ah! vous n'êtes pas maladroit, vous, d'avoir deviné et saisi au vol la sylphide déguisée en villageoise! Quelle grâce, quelle verve, que d'enivrements réunis dans un seul être! C'est trop, c'est trop! Et avant un an, voilà un prodige qui effacera tous les prodiges de nos théâtres. La musique et la danse, au même degré de puissance...

Daniella l'interrompit brusquement. Elle voyait que ces éloges à bout portant me donnaient sur les nerfs, et elle tenait à me montrer qu'elle n'en était pas enivrée.

— Vous vous moquez de moi, lui dit-elle, et c'est ma faute. La paysanne a trop reparu. Il faudra qu'elle s'efface, car je veux être ce qu'*il* voudra que je sois. En attendant, je vas vous montrer que je suis encore une bonne ménagère en vous servant du café de ma façon.

Elle sortit et ne revint pas, délicatesse de cœur dont je lui sus un gré infini. Sans s'apercevoir de mon émotion, Brumières continua à s'extasier sur les séductions de ma femme et à me dire, sans trop gazer, que j'avais tiré à la loterie de l'amour un meilleur numéro que le sien. Il m'avait pris pour un braque, pour un philosophe, c'est-à-dire pour un crétin ou un fou; mais il voyait bien que j'avais de meilleurs yeux que lui et qu'en retournant du fumier j'avais trouvé un diamant ; tandis que lui, en retournant des perles fines, il n'avait ramassé qu'un hanneton.

Je saisis l'occasion de le faire taire sur le compte de Daniella en le faisant parler de Medora, et quoique peu curieux d'entendre un nouveau chapitre de ce roman qui ne m'intéresse pas énormément, je feignis d'y prendre beaucoup de part.

— Eh bien, mon cher, répondit-il, je voudrais bien que nous fussions dans une planète où il serait possible et convenable de dire à un ami : Changeons, prenez mon rêve et donnez-moi le vôtre. Vrai ! je vous envie cette adorable et magnifique Romaine qui, en attendant la gloire et la fortune, vous donne à la fois l'ivresse et la sécurité de l'amour. Oh ! je vois bien maintenant quel bonheur est le vôtre ! Moi, sachez que j'ai de cette Anglaise aussi éventée que glacée, cent pieds par-dessus la tête, et qu'il me prend envie, cent fois par jour, non pas de l'enlever, mais de m'enlever moi-même d'auprès d'elle. Ah ! si j'avais seulement un petit ballon, comme je m'en servirais, dès ce soir !

— Voyons, qu'y a-t-il donc de nouveau, et comment, depuis huit jours, la scène a-t-elle changé de face à ce point-là ?

— Mon cher, vous êtes trop inexpérimenté pour savoir ce que c'est qu'une coquette. C'est un miroir à prendre les alouettes. Ça brille, et tout à coup ça ne brille plus, car ça ne luit qu'à la condition de tourner toujours.

— Qui vous force au métier d'alouette ?

— Eh ! eh ! l'ambition ! Je ne fais pas la bégueule avec vous, moi, je dis la chose telle qu'elle est ; j'aimerais à avoir huit cent mille livres de rente : vrai, ça me ferait plaisir ! Je ne suis pas un Arabe du désert comme vous ; je suis né satrape. Il n'y a pas de mal à ça quand on est bien décidé à ne jamais faire ni vilenie ni bassesse pour réaliser sa fantaisie. Vous me connaissez assez, j'espère, pour être bien certain que je ne voudrais ni d'une bossue, ni d'une vieille, ni d'une laide, ni d'une femme de mauvaise vie, eût-elle la fortune des Rothschild à m'offrir ; mais Medora est belle, et, malgré le soin tout particulier qu'elle prend de se compromettre et de faire jaser, elle est pure. De plus, elle est adorable d'esprit et de caractère quand elle veut. Enfin, j'en suis fou !...

— Et vous n'avez pas de ballon pour vous soustraire à la fascination ? Allez donc votre train et suivez l'étoile qui vous luit. Pourquoi la blâmer et la maudire pour un jour de caprice ? Si elle était parfaite, seriez-vous parfait vous-même pour la mériter ?

— Ma foi, pourquoi pas ? répondit-il en riant ; je ne vois pas ce qui me manque pour être un garçon accompli. D'ailleurs, la question n'est pas de savoir si je dois continuer à la poursuivre ; c'est de savoir si je ne perds pas mon temps et si je n'use pas mes dernières bottes fines pour n'aboutir qu'au titre flatteur de *cher ami*. Tenez ! vous aviez plus de chances que moi pour réussir auprès d'elle ; pourquoi diable n'avez-vous pas pris ma place et moi la vôtre ? Daniella est plus belle, quand elle chante et danse, que n'importe qui. Et même quand elle rêve... elle a des yeux, des narines... je ne l'avais jamais regardée comme aujourd'hui. Elle est pauvre et méconnue ; mais il ne tient qu'à elle d'être riche et célèbre, et, comme vous avez le mérite de l'avoir découverte, elle vous sera peut-être fidèle.

— Ce *peut-être* est de trop, mon cher ami ; et si vous voulez me faire plaisir, vous me laisserez apprécier tout seul les mérites de ma femme.

— Allons ! vous voilà jaloux ?

— Et pourquoi pas, je vous prie ?

— C'est juste. Mais que diable faites-vous là? dit-il en me voyant retourner mon tableau sur le chevalet et reprendre ma palette.

— Ça veut être de la peinture, répondis-je.

— Eh! eh! s'écria-t-il en regardant avec une attention de plus en plus marquée : c'est de la peinture, en effet! Diable! mais savez-vous que c'est bien, ça? Je ne vous croyais pas fort!

— Vous aviez raison : je ne suis pas fort.

— Mais si, diantre! vous êtes un sournois; vous cachez votre jeu. Drôle de corps, va! Est-ce que Medora a vu quelque chose de ce que vous savez faire?

— Rien du tout. Pourquoi?

— Ne lui laissez rien voir, hein? Si elle découvre que vous avez du talent, elle ne m'en trouvera plus du tout.

Il tourna longtemps autour de moi avec des compliments exagérés, mais naïfs comme tous ses premiers mouvements, et finit par me dire, avec chagrin, que, depuis son arrivée à Rome, il n'avait pas touché un pinceau.

— Et j'y venais pourtant avec la résolution de travailler; car, à Paris, voilà deux ans que je vas dans le monde et que je n'entre guère dans mon atelier. J'ai besoin d'avoir du talent, car je n'ai pas la moindre fortune, et la littérature d'agrément que je fais ne me rapporte rien. J'ai toujours rêvé des choses difficiles, et pendant que je suis aux prises avec mes rêves ambitieux, le temps se passe et les résultats s'éloignent.

— Vous êtes dans un jour de spleen ; demain vous parlerez autrement.

— J'ai peur du contraire. Medora me traite comme un domestique qu'on essaye.

— Ou comme un mari qu'on éprouve?

— Vous voulez me consoler; mais je suis tout démonté. On nous avait promis du café; voulez-vous que j'aille le chercher?

— Non, j'y vais.

— Je vois bien que vous êtes un tigre! reprit-il quand je revins avec le café que Daniella avait préparé et qu'elle savait bien que j'irais chercher moi-même. Je le comprends; mais ne vous inquiétez donc pas de moi. Je suis un homme trop occupé pour être dangereux. D'une part, mon état de chien fidèle et parfois grognon auprès de ma princesse; de l'autre, une petite sotte d'aventure pour passer le temps et prendre patience. Vous connaissez la Vincenza?

— Oui. J'aime mieux son mari.

— Son mari n'est qu'un imbécile, parfaitement habitué au sort que je lui procure.

— Vous vous trompez. C'est une dupe aveugle; mais puisque vous me parlez de ça, je vous dois un avis. Prenez garde à cet homme gras et souriant: il aura un mauvais réveil!

— Je sais que je risquerais quelque chose avec lui. Je ne suis pas riche; il me rançonnerait, à coup sûr.

— Vous lui faites injure en supposant qu'il vous épargnerait si vous pouviez payer son déshonneur. C'est un homme au-dessus de ce qu'il paraît. J'ai été à même de l'apprécier, et je cause avec lui tous les jours avec beaucoup d'intérêt. Il aime sa femme, il croit en elle, et, dans l'occasion, il sait se venger... Je ne peux rien vous dire de plus. Soyez averti.

— Bah! je connais mon Frascati sur le bout du doigt! Les femmes y sont bien plus libres que les filles. Cette Vincenza, à laquelle j'ai dû renoncer autrefois parce que la partie était dangereuse, et qu'en somme je ne prenais pas la personne assez au sérieux pour tout risquer, à présent qu'elle est mariée et qu'elle demeure pour quelques jours à Piccolomini... Diable! n'allez pas dire cela à Daniella. Elle le répéterait peut-être à Medora, à présent qu'elles sont au mieux ensemble! je serais perdu. D'autant plus que je tiens si peu à la fermière! Elle est gentille et proprette, voilà tout. Et puis, j'ai remarqué une chose, c'est que, pour être un peu malin et un peu fort auprès d'une grande coquette, il ne fallait pas perdre un certain calme des sens qui réagit sur l'esprit. C'est en cela qu'une maîtresse sans conséquence, de l'autre côté de la cloison, est fort utile et très-appréciable; mais je vois que je vous scandalise et que j'empêche votre femme de revenir auprès de vous. Moi, il faut que j'aille voir si on s'est aperçu de mon absence et de ma bouderie.

Je retrouvai Daniella préoccupée et presque triste. — Tu m'en veux de ma jalousie? lui dis-je en me mettant à ses genoux.

— Je n'ai pas le droit de t'en vouloir, répondit-elle. Je t'ai donné ce mauvais exemple et j'ai été bien plus mauvaise que toi!

— Oui, car tu doutais de moi, et moi, je te jure que je ne t'ai pas seulement supposé l'idée de vouloir plaire à Brumières.

— Bien vrai?

— Aussi vrai que je t'aime.

— En ce cas, je te pardonne.

— Et pourtant, tu restes triste!

— Non, mais je réfléchis, et c'est d'autre chose que je me tourmente. M. Brumières croit que je peux faire fortune avec mes dispositions pour la musique ou la danse. Il a parlé de public et de théâtre... Tu ne m'avais jamais rien dit de pareil, toi! Est-ce que tu serais jaloux, si, au lieu d'un seul bavard comme lui, j'avais plein une salle d'admirateurs et plein ma chambre de flatteurs?

— Qu'en penses-tu? réponds toi-même?

— Je pense que tu serais très-jaloux, parce que je le serais à ta place.

— Et la jalousie fait beaucoup de mal, n'est-ce pas?

— O *Dio santo!* quelle torture !

— Et pour me l'épargner, tu renoncerais au rêve d'une vie brillante comme celle dont parlait Brumières ?

— Oui, tout de suite ! Si tu dois souffrir quand je saurai quelque chose, ne m'apprends plus rien.

— Ce serait mal. Nul n'a le droit de mettre un frein à la puissance d'un autre, quand c'est une belle et noble puissance. On serait d'autant plus coupable d'étouffer le feu sacré, que l'on aime davantage l'être qui le possède. Ainsi, quoi qu'il arrive, je te mettrai à même de te développer.

— Mais à quoi me servira d'être savante, si je cache mon savoir ?

— D'abord, je n'exige rien et je ne veux rien établir pour l'avenir. Il est possible que ton génie t'emporte sur un chemin de soleil et de feu ; et, pourvu que tu m'aimes, je te suivrai. Il est possible aussi que, voyant plus de vraie clarté et de douce chaleur dans un sentier ombragé, tu préfères y rester avec moi. Quant à dire ce que tu feras alors de ton savoir, je ne saurais te l'expliquer que par une comparaison : Écoute le rossignol; pour qui crois-tu qu'il chante? Pour nous, ou pour lui ?

— Ni pour l'un ni pour l'autre ; il chante pour ce qu'il aime.

— Voilà une plus belle réponse que ce à quoi je songeais ; mais sache que, privé de sa femelle et mis en cage, il chanterait encore.

— Il chanterait pour chanter. Eh bien, je comprends

cela. C'est comme cela que j'ai toujours aimé les chansons et la danse, et quand je disais à mes compagnes : « Je n'aime pas le bal, mais j'y vas pour danser, » elles comprenaient bien que je n'y allais pas pour les amoureux et pour les compliments, mais pour le besoin de me décoller l'esprit et les pieds de la terre où l'on marche.

— Il faut que je t'embrasse pour cette métaphore, mon bel oiseau du ciel. Tu la sentiras encore plus claire et plus vraie à mesure que tu découvriras, dans l'art, des sources d'émotion, de recueillement et d'enthousiasme que tu ne fais encore que deviner.

— Donc, il faut que je travaille et que je ne me tourmente pas de ce qui en arrivera? Pourtant... est-ce que tu as beaucoup de talent, toi?

— Je ne pense pas, mais je tâche d'en avoir.

— Et tu crois que tu en auras?

— Oui, j'espère : espérer, c'est croire.

— Mais ce sera long?

— Peut-être que non.

— Et cela te fera riche?

— Cela est douteux. Je ne sais pas. Tu as donc besoin d'être riche?

— Moi? Pourquoi aurais-je ce besoin-là ? J'ai toujours été pauvre : mais, tu es riche, toi !

— Tu trouves?

— Oui, par comparaison, et je pense toujours que tu vas manger ce que tu as pour me faire belle et paresseuse.

— Travaille donc et ne crains rien. Disons-nous, pour n'avoir pas de déception, qu'à nous deux nous gagnerons toujours le nécessaire, et que nous pouvons nous passer du superflu.

— Mais... écoute encore! Sais-tu que je n'ai rien?

— Je ne t'ai jamais demandé si tu avais quelque chose.

— Ma petite toilette, qui tient dans ce coffre, et le pauvre petit mobilier que tu vois, c'est tout ce que je possède. J'avais un peu d'argent et des bijoux donnés par lady Harriet ; je n'ai rien voulu accepter de sa nièce en la quittant ; mais Masolino, en m'enfermant dans ma chambre, a tout pillé sous prétexte de m'empêcher de secourir les conspirateurs, et je ne sais ce que cela est devenu. On n'a rien trouvé sur lui ni chez lui.

— Eh bien, tant mieux! Je t'aime mieux ainsi.

— Tu n'es pas inquiet?

— Non !

— Et tu serais fâché peut-être que j'eusse gagné beaucoup d'argent au service de lady Harriet ?

— Cela me serait indifférent.

— Mais si j'avais accepté les dons que Medora voulait me faire ?

— J'en serais humilié. Je te sais un gré infini de les avoir si fièrement refusés.

Elle m'embrassa, et me pressa de dîner pour aller faire notre visite de tous les soirs à la malade de Piccolomini. Je trouvais ma chère femme un peu agitée et comme impatiente de sortir. J'attribuais sa préoccupation à ce que je lui avais dit de Vincenza et de Brumières : je l'avais engagée à sermonner cette petite femme, ou, tout au moins, à lui recommander la prudence. Daniella, qui est très-attachée à son parrain Felipone, était indignée de cette nouvelle trahison.

Lady Harriet va de mieux en mieux. Daniella passa une heure auprès d'elle, puis monta chez Medora, et, au retour, m'embrassa avec effusion sous les platanes de la villa Falconieri. — Tu m'as donné un bon conseil, dit-elle, et, grâce à toi, je suis délivrée d'un tourment cruel. A présent, tu auras ma confession ! Ecoute !

L

— L'autre jour, quand Medora, après avoir fait tout son possible pour te plaire, m'a demandé à parler avec moi, elle était si tourmentée, si humiliée, si en peine de trouver un moyen de relever son orgueil, qu'elle me faisait de la peine à moi-même. Elle était si bien sous mes pieds après avoir échoué, même en t'offrant son amitié, que je ne lui en voulais plus du tout. J'étais assez vengée, je me sentais généreuse. Elle avait une peur affreuse de moi, elle voyait bien que j'avais entendu ce que vous aviez dit ensemble, et l'idée d'être bafouée par une fille de rien comme moi, pour une chose qui n'est pas bien grave, lui faisait plus de mal que si une autre eût surpris le secret de quelque crime. Je t'assure que cela est comme je te le dis. J'ai vu Medora faire des imprudences comme jamais une signora anglaise et une fille du grand monde n'oserait s'en permettre. Elle me racontait cela en riant et en dansant par la chambre; mais vouloir tourner la tête d'un homme et n'y pas réussir, voilà où je lui étais un témoin bien amer et une rivale qu'il lui eût était bien doux d'étrangler,

— Pourtant, repris-je, tu m'as dit qu'elle avait été douce, loyale et généreuse.

— Oui; elle n'avait que ce rôle-là à jouer, et elle l'a joué. Tout ce que je t'ai rapporté est vrai. Elle a bien parlé, et elle m'a embrassée.

— Et pourquoi n'aurait-elle pas été sincère? Si les coquettes recevaient de temps en temps une leçon bien polie, bien discrète, mais bien nette...

— Elles se corrigeraient peut-être, je ne sais pas! mais je sais que Medora a inventé quelque chose de perfide. Elle m'a offert de l'argent.

— Pour payer ton silence?

— Voilà ce que je lui ai dit en refusant. J'étais offensée de ses doutes; je lui avais tendu la main, je lui avais dit: « Ne craignez rien; tout cela restera entre nous. » Elle devait me croire. Elle a juré alors qu'elle me croyait, qu'elle m'estimait, et elle a prétendu que je n'avais pas le droit de refuser ce qu'elle appelait une petite dot, vingt mille francs! « Je sais par monsieur Brumières, m'a-t-elle dit, que monsieur Valreg possède cela, ni plus ni moins. Je veux que tu sois son égale sous le rapport de la fortune. C'est une preuve de véritable amitié que je te donne, et si tu ne comprends pas cela, c'est que tu n'aimes pas monsieur Valreg, qui va être bien pauvre et forcé de se faire ouvrier peut-être, quand il aura femme et enfants. » Enfin, elle m'en a tant dit, et l'idée de te réduire à la misère me faisait tant de mal, que j'ai accepté, et, pendant trois jours, j'ai eu ces vingt mille francs en bank-notes dans la poche de mon tablier.

— Et tu ne les as plus, j'espère?

— Non, je les ai rendus ce soir. Je n'ai gardé que le joli petit portefeuille de satin blanc, comme souvenir; et le voilà! Tiens, regarde, qu'il est bien vide!

J'embrassai encore ma chère Daniella en la bénissant d'avoir repoussé cette tentation.

— C'est moi qui te remercie, reprit-elle, de m'avoir fait sentir ce que je dois être en devenant ta femme. J'étais pourtant bien contente d'avoir ces vingt mille francs! Je les comptais trois ou quatre fois par jour dans le *pianto,* quand tu étais dans ton atelier; mais comme j'avais besoin de me cacher de toi pour les regarder, comme je ne pouvais pas me décider à te les montrer, je sentais bien qu'ils étaient mal acquis et qu'ils me pesaient comme s'ils eussent été de plomb. La Mariuccia m'a bien grondée, ce soir, de les avoir rendus! Elle prétend que nous sommes fous; mais si tu es content de moi, je crois que j'ai fait la chose la plus sage du monde.

— Oui, oui, ma chère, ma bien-aimée, tu me rends bien heureux. Ne regrette donc rien. Laisse-moi le bonheur et la gloire de travailler pour toi, et s'il fallait, comme le prétend Medora, devenir ouvrier pour te nourrir, sois sûre que je m'y déciderais sans chagrin et sans honte. Vois-tu, je me suis fait une devise qui dit toute ma foi et toute ma force : *Tutto per l'amore!*

25 mai, Mondragone.

. . . .

Mes papiers n'arrivent pas, non plus que la réponse de l'abbé Valreg, et je suis décidé à procéder au mariage religieux, le seul légal en ce pays-ci. Je me marierai en France à la municipalité, ou bien, au premier jour, nous irons passer quelques heures en Corse pour satisfaire à la loi française. Je souffre de la situation de Daniella, d'autant plus que je la crois grosse, et que l'idée d'ajourner mon devoir de citoyen envers ce citoyen futur qui me fait déjà battre le cœur d'émotion et de ravissement n'est pas admissible pour moi. Encore deux jours d'attente, et, si nous n'avons pas de lettres, nous passerons outre. Medora semble croire encore que je me raviserai. Lady Harriet se scandalise de notre établissement à Mondragone avant le sacrement. Elle a raison ; on est responsable devant Dieu et devant les hommes de la conscience et de la dignité de la femme que l'on aime.

La formalité lente de la publication des bans s'expédie très-vite en ce pays-ci et s'escamote en partie moyennant finance. J'ai déjà envoyé Felipone chez le *parocchiale* de Frascati à cet effet. Ce sera un mariage sans éclat et sans noce, comme il convient à notre position et au deuil de Daniella.

Ce matin, après avoir pris cette résolution et ces arrangements, je me suis rendu à Piccolomini pour en faire part à lord et à lady B***. J'ai trouvé lady Harriet levée pour la première fois depuis sa maladie. Elle ne doit pas sortir de sa chambre avant une quinzaine, par mesure de précaution. En apprenant que le mariage aurait lieu avant qu'elle fût en état d'y assister, elle a eu un trait de caractère féminin bien marqué. Elle se tourmente, depuis une semaine, de la nécessité pressante de ce mariage ; et, lorsqu'elle a un peu de fièvre, elle redevient dévote au point de dire que si Daniella ou moi mourions en ce moment, nous serions damnés. Pourtant elle a été fort contrariée de mon empressement à la satisfaire. Elle avait résolu de mettre, ce jour-là, pour aller à l'église, une certaine robe du matin qu'elle n'a pas encore exhibée, et elle a été au moment de me prier de différer encore.

Cette robe a été, du reste, l'occasion d'une scène d'intérieur que je veux vous raconter, parce qu'elle m'a touché beaucoup.

Lord B*** était auprès de sa femme, qu'il ne quitte plus d'un instant, et, quand elle a laissé voir son regret, il s'est mis à rire de cet enfantillage avec une bonhomie que je ne lui avais jamais vue auprès d'elle.

— Milord se moque de moi, me dit lady B*** avec un peu de dépit; c'est son habitude!

— Moi, je me moque? répondit-il en reprenant son sérieux à ressort. Vraiment non! Je suis content de vous voir songer à la toilette. C'est signe que vous êtes guérie. Elle est donc bien jolie, cette robe? Est-ce qu'on peut la voir?

— Non! vous ne la trouverez pas jolie; vous ne vous y connaissez pas!

— Mais Valreg s'y connaît, un peintre!

— Je demande à voir la robe, m'écriai-je pour prolonger le moment de gaieté des deux époux.

Fanny apporta la robe, que je ne trouvai pas jolie du tout par elle-même, mais dont je pus louer les enjolivements compliqués. Les Anglaises n'ont, je crois, pas de goût. Lady Harriet avait choisi, à Paris, une étoffe d'un ton cru que la couturière avait corrigé par les garnitures. Lord B*** trouva la robe laide, et reprocha à sa femme de ne plus porter de rose. Elle prétendit (avec raison!) n'être plus assez jeune. Sur quoi le vieux mari prétendit qu'elle était toujours aussi belle qu'à vingt ans, et cela avec une conviction brusque et obstinée qui valait le mieux tourné des compliments. La bonne Harriet minauda un peu, et finit par avoir l'air de convenir que son mari ne se trompait pas. Mais elle le pria de se taire, trouvant cette galanterie déplacée devant moi, et, comme il y revenait en critiquant le bleu dur de la robe, elle lui imposa silence assez sèchement.

Lord B*** se leva et marcha mélancoliquement dans la chambre. J'avais pris un journal pour avoir l'air de ne pas entendre ce débat puéril. Tout à coup lady Harriet me retira doucement le journal et me parla bas:—Il a passé toutes les nuits depuis que je suis malade, me dit-elle; il n'a pas dormi une heure sur vingt-quatre. Il est fatigué, et il ne veut pas se reposer.

— Vous savez donc cela? lui dis-je. Je pensais que vous ne le saviez pas!

— Il s'en cachait, mais Daniella me l'a dit. Elle est bien singulière, votre Daniella; elle est maintenant d'une hardiesse avec moi... C'est donc vous qui l'avez rendue comme cela? Elle me gronde comme un petit enfant.

— Elle vous gronde?

— Oui, elle me dit que je n'aime pas lord B*** !

— Et elle se trompe? repris-je vivement en serrant sans façon les blanches mains de lady Harriet dans les miennes.

— Oui, elle se trompe beaucoup, répondit-elle en élevant la voix. Je l'aime de toute mon âme.

— Qui? dit lord B*** en s'arrêtant au milieu de la chambre.

— Le meilleur et le plus dévoué des hommes.

— Qui donc?

— Ah! je vous le demande?

En parlant ainsi, ils se regardèrent; elle, souriante et attendrie; lui, naïvement étonné et ne comprenant pas qu'il fût question de lui. Je me levai, voyant que le pauvre homme allait manquer cette suprême occasion d'être compris, faute de comprendre lui-même. Je le poussai aux pieds de sa femme, qui, oubliant sa pruderie, et comme entraînée par mon émotion, lui jeta ses deux bras autour du cou, non pour l'embrasser, cela eût été un peu trop bourgeois pour elle, mais pour lui dire avec une sensibilité exaltée : « Milord, vous avez été un ange pour moi, et je vous dois la vie! »

Lord B*** ne sut rien répondre. Il était si ému qu'il devint comme une statue, et sortit au bout d'un instant sans avoir pu trouver une syllabe.

— Eh bien! vous voyez! me dit sa femme avec dépit. Il est homme d'honneur et de conscience. Il m'a comblée de soins; il s'est admirablement conduit avec moi; mais il est tellement dépourvu de sensibilité qu'il ne s'explique pas ma reconnaissance. Il la trouve ridicule; toute expansion lui semble affectée.

Je priai lady B*** de faire un effort pour marcher jusqu'à la fenêtre, appuyée sur mon bras, et elle vit son mari assis derrière la petite pyramide qui décore la fontaine du casino. Il se croyait bien caché et ne se doutait pas que nous l'avions sous les yeux en profil. Il tenait son mouchoir sur sa figure, mais, au mouvement répété de ses épaules, il était facile de voir qu'il sanglotait.

Harriet fut très-émue et pleura elle-même en revenant à son fauteuil.—Allez donc le chercher, me dit-elle; il faut enfin que nous nous expliquions ensemble. Il croit que je le dédaigne, et pourtant, depuis quelque temps... depuis surtout que Medora n'est plus entre nous, je fais mon possible pour lui donner confiance en moi.

— C'est de lui et non de vous qu'il se méfie, milady. Si je vais le chercher en ce moment, il refusera de se montrer, ou il viendra à bout de refouler son attendrissement devant vous.

— Mais pourquoi est-il ainsi?

— Eh! ne connaissez-vous pas encore cet homme sans expansion, dont vous avez exigé ce que vous seule pouviez lui enseigner? L'abandon est un don du ciel; la faculté de traduire ce que l'on éprouve est un art inné chez ceux qui ont l'instinct artiste, mais qui se convertit en démonstrations gauches ou incomplètes chez les natures timides. Lord B*** a trop d'esprit et de fierté pour être ridicule. Il reste impassible en apparence, et vous ne voyez pas qu'il souffre. Au lieu de l'encourager et de lui donner le souffle de la vie par cet incessant magnétisme qu'exerce la volonté d'une femme aimée, vous attendez, depuis quinze ou vingt ans, qu'il se révèle de lui-même, et vous attendez en vain. Il ne se révélera pas tant qu'il ne se sentira pas deviné.

— Ainsi, vous me grondez aussi? dit lady Harriet... comme Daniella! Voyons, est-ce vrai, tout ce qu'elle m'a raconté du désespoir de milord pendant que j'étais en danger?

Je rapportai tout ce qu'il m'avait dit dans la nuit du 1er au 2 de ce mois. Lady Harriet en fut profondément frappée, et sa bonne âme parut se relever d'un long abattement.

— J'ai fait fausse route, dit-elle, je le sens bien! J'ai mal pris ce caractère facile à froisser. Allez le chercher, vous dis-je, et, devant vous, je veux lui demander pardon de ma légèreté et de mon indélicatesse.

Elle parlait comme une jeune fille qu'elle croit être. Elle s'imaginait réparer un tort d'hier et se *corriger,* ainsi qu'elle aimait à le promettre d'un air enfantin, naïvement maniéré. Elle accabla son mari d'un déluge de paroles affectées et de pleurs sincères. Il admira le tout, et son enthousiasme de reconnaissance se traduisit par des *ho!* et des *ha!* qui sont tout ce qu'on peut obtenir de son éloquence. Ils étaient bien un peu risibles, ces amoureux sur le retour, et pourtant, je fus d'autant plus heureux et attendri de leur réconciliation, que c'était, on me l'apprenait, l'ouvrage de ma Daniella.

Le 26, au soir.

. . . .

Il nous arrive une chose singulière et assez contrariante. Par un motif inexplicable, le curé de Frascati refuse de nous marier, *pour le moment et jusqu'à nouvel ordre*. Pendant que j'étais sorti pour faire une étude, il a mandé Daniella devant lui et lui a dit tout ce qu'il croyait propre à la faire renoncer à ce mariage ; que j'étais un inconnu, peut-être un vagabond, mal noté à la police, et sous le coup d'une accusation grave ; que le moins qui m'en arriverait serait d'être expulsé à jamais du pays : qu'elle allait donc quitter sa famille et ses amis, sans espoir de les revoir jamais, pour suivre un homme suspect qui n'avait peut-être ni feu ni lieu, etc., etc.

Daniella ayant persisté, il lui a déclaré qu'il lui donnait huit jours pour réfléchir, et qu'à moins d'un ordre supérieur, il ne procéderait pas au mariage avant ce délai. Mis en demeure de promettre au moins de s'exécuter dans huit jours, sans plus, il a hésité ; il a dit : « *Peut-être, nous verrons*. J'espère que d'ici là vous aurez renoncé l'un à l'autre. »

Cette situation inquiète et irrite Daniella, d'autant plus que le curé va disant, dans son cénacle de dévotes, que notre mariage n'est pas fait et ne se fera probablement pas. En mandant ma pauvre compagne devant lui, il l'a forcée à se montrer dans la ville, où elle a été accueillie par un empressement de curiosité désagréable pour elle, malveillante à mon endroit. Bien que l'on se soit réjoui tout haut de la mort de Masolino, on prétend maintenant que je l'ai tué pour tromper sa sœur plus aisément, et qu'elle charge son âme d'un grand péché en voulant épouser le meurtrier de son frère. Encore un jour de ces propos, et le curé aura beau jeu à s'en servir contre nous.

— Vous voilà, nous disait Felipone, qui est venu passer la soirée avec nous, comme les *promessi sposi* de notre Manzoni, et notre *parrochiale* me fait l'effet de don Abbondio. Vous serez donc forcés de lui jouer le même tour que *Renzo* voulut lui jouer?

— Je n'y aurais pas de scrupule, répondis-je, si la chose était encore possible au temps où nous vivons.

— Comment? reprit Felipone, vous doutez qu'elle soit possible? Voulez-vous être mariés demain matin?

— Oui certes!

— Oui? bien vrai? Et toi, ma filleule?

— Oui, oui, s'écria-t-elle en frappant des mains; c'est cela! le mariage *alla pianeta!*

Je vais vous expliquer ce qui me fut expliqué à l'instant même. Le mariage clandestin est encore valide dans les États romains. Les formalités sont à peu près aussi brusques et aussi simples que celles racontées par l'auteur des *Fiancés*. Il y faut seulement une messe et deux témoins.

LI

Mondragone, 4 juin 185..

J'ai été interrompu par une visite très-inattendue, et j'ai à vous raconter avec ordre ce qui s'est passé. Je vous écrivais après avoir pesé avec Daniella et Felipone le pour et le contre du mariage à la *pianeta,* lorsqu'on sonna à la porte de la grande cour. J'allai ouvrir, laissant Daniella deviser avec son parrain dans le casino.

Mon étonnement fut extrême de voir Medora seule avec Buffalo, venant me rendre visite à dix heures du soir.

— Je ne veux voir que vous, me dit-elle ; venez dehors sous ces arbres.

— Non, répondis-je. Que penserait-on si nous étions observés ou rencontrés ? Venez chez moi, ma femme et Felipone y sont.

— C'est impossible. Vous n'êtes pas marié, et, comme vous ne le serez pas, je dois considérer Daniella comme votre maîtresse et rien de plus.

— Vous plaît-il de me dire d'où vous savez que nous ne serons pas mariés ?

— Je le sais par une lettre que votre oncle a écrite au mien. Il déclare s'opposer formellement à ce qu'il appelle une folie coupable.

— Alors, c'est par intérêt pour moi que vous daignez venir seule, la nuit, m'avertir de cette mésaventure ?

— Je ne suis pas seule, monsieur Brumières est par là qui m'attend. Quant à l'intérêt que je vous porte, il est réel, et, bien ou mal accueillie, je vous rendrai toujours tous les services qui dépendront de moi.

— Apporter une mauvaise nouvelle avec tant d'empressement, est-ce là un service ?

— Oui sans doute, si elle est utile à quelque chose.

— Et si elle ne sert à rien ?

— L'intention reste bonne. Vous voilà averti : c'est à vous de savoir si vous devez entretenir Daniella dans ses illusions que vous ne pouvez plus partager. Après la manière dont, en homme de cœur et de principes, vous nous avez parlé de l'abbé Valreg, je ne peux pas supposer que vous songiez à lui désobéir.

— Ceci me regarde et ne saurait vous intéresser. Mais vous plaît-il encore de me dire quelles raisons mon oncle fait valoir pour s'opposer à ce mariage?

— De très-bonnes raisons si elles sont fondées. Il aurait reçu, sur le compte de Daniella, des renseignements très-défavorables.

— Lord et lady B*** rectifieront son jugement.

— Moi aussi certainement. Je ne puis rien alléguer de grave contre *cette fille,* tant qu'elle a été à mon service; mais je ne connais pas ses antécédents.

— Je les connais, moi, et ma parole sera prise en considération par mon oncle. Je vais vous conduire au bras de Brumières.

— C'est inutile. Bonsoir; réfléchissez!

Elle disparut, et j'avais à peine refermé la porte que Daniella, inquiète, vint à moi dans la cour.

— Qu'est-ce donc qui est venu? Je pensais que c'était Olivia.

— C'est Olivia, en effet, répondis-je, résolu à ne pas lui faire part de la désobligeante communication de Medora; elle n'avait pas le temps d'entrer. Elle venait me demander, en passant, si nous n'avions besoin de rien.

Quand nous eûmes rejoint Felipone, qui s'en allait par le *pianto* et par les souterrains (c'est le chemin le plus court, et il n'en veut pas prendre d'autre), je l'arrêtai en lui annonçant que j'étais résolu à me marier dès le lendemain matin.

— Eh bien! *fiat voluntas tua!* dit-il avec sa bonne humeur et sa résolution accoutumées. Il ne s'agit que d'avoir deux témoins. En voilà un, fit-il en posant sa main sur sa large poitrine. Quant à l'autre, ça ne sera pas bien facile à trouver si vite : il y a peu de gens disposés à se mettre mal avec le curé. N'importe, on avisera, et on se lèvera de bon matin. Venez chez moi par le souterrain, à six heures précises. Et bonsoir, car je veux être sur pied avant le jour.

— Et pourquoi n'irais-tu pas tout de suite à Frascati? lui dit Daniella. Il n'est pas tard, tu trouverais les gens chez eux.

— Non pas! reprit-il; quand on demande aux gens un service un peu délicat, il ne faut pas leur laisser une nuit de réflexion.

Il s'éloigna, et Daniella, se jetant dans mes bras, me supplia de réfléchir aussi, moi, à la détermination que je venais de prendre. Elle s'effrayait du silence de mon oncle et craignait de m'attirer des chagrins.—Attendons encore quelques jours, disait-elle; peut-être recevras-tu une bonne réponse qui nous mettra l'âme en joie et en repos pour ce beau jour de notre mariage.

— Ayons l'âme en repos et en joie tout de suite, lui répondis-je. Si j'ai quelque chagrin de famille, il ne sera pas à comparer à ce que tu as souffert pour moi. Mon oncle n'a aucune espèce de pouvoir légal pour s'opposer à mon mariage. Sa volonté, si elle était contraire à ma résolution, aurait beaucoup d'empire sur moi en toute autre circonstance; mais celle-ci est au-dessus de toute considération. Songe donc, Daniella, tu portes déjà là, contre ton cœur, un être que j'aime déjà avec passion. Je peux déjà dire : *C'est vous deux* que j'aime plus que tout au monde! A qui me dois-je, je te le demande? Pourquoi attendrais-je des discussions qui ne peuvent rien changer entre nous, et dont l'issue sera toujours la même? L'autre nuit, j'ai rêvé que j'entendais une voix d'ange à mon oreille. C'était celle de mon enfant qui me disait : « J'existe; je suis entré dans le cercle de ton existence ; je suis là. Dieu me donne à Daniella pour toi. » Et je tarderais, moi, un seul jour, à prendre un engagement sans lequel cet enfant, cet ange, pourrait me dire demain dans mon sommeil : « Tu ne veux donc pas de moi ? »

— Oui, oui, demain ! s'écria Daniella avec transport; marions-nous demain ! Que rien ne puisse nous séparer ; que personne ne puisse dire un jour : Voilà un pauvre petit ange qui n'a pas été aimé le jour où il est descendu vers eux !

A six heures du matin, nous étions chez Felipone. Sa femme était à Piccolomini, où elle soigne toujours lady Harriet. Cet arrangement ne convient guère au fermier; mais la Vincenza l'a voulu, dit-il : elle ne manque pourtant de rien ici ! Elle veut gagner de l'argent, folie de jeune femme, pour avoir des bijoux !

— Et notre second témoin, l'as-tu trouvé, parrain ? lui dit Daniella préoccupée.

— Oui, répondit-il; nous allons le prendre en passant. Passe devant, toi, *figlioccina*, et va-t'en à l'église de la paroisse par le bas du faubourg. Ton fiancé s'en ira seul par le chemin d'en haut. Moi, je ferai le tour par la porte de la ville. Au moment où la messe sonnera, soyons chacun à l'une des trois portes de l'église. Je vous donnerai le signal pour entrer, en entrant le premier. Vous aurez l'œil sur moi, et vous me suivrez, chacun de votre côté, par les petites nefs. De cette manière, nous arriverons ensemble à la porte de la sacristie sans avoir éveillé les soupçons du curé, qui pourrait bien nous jouer quelque mauvais tour pour nous empêcher de l'approcher à temps.

— Mais le second témoin, reprit Daniella, où sera-t-il?

— Il est déjà à son poste, répondit Felipone. Vous verrez un homme bien dévot, prosterné devant la chapelle de Saint-

Antoine. Touchez-lui l'épaule en passant, Valreg. Il se relèvera et vous suivra. La chapelle en question sera la dernière à votre gauche.

Au moment de quitter mon bras, Daniella, effrayée, se mit à genoux et pria pour appeler sur notre entreprise la protection de son saint patron. Puis elle cacha entièrement sa taille et son visage sous un grand châle blanc, et prit le chemin le plus long, ainsi qu'il était convenu.

— Toi, me dit Felipone en me regardant, tu es trop signor étranger. On fera trop d'attention à toi. Prends-moi cette cape et ce chapeau de campagne, et marche !

Au moment où la messe de six heures et demie commençait à sonner, j'étais à la porte de droite de l'église, et je la tenais entre-bâillée. Au bout de quelques instants, je vis celle qui me faisait face s'entr'ouvrir aussi, et la tête voilée de Daniella apparaître. On allait dire une messe basse, et, dans la semaine, le troupeau des fidèles est fort restreint à cette heure-là. Il n'y avait qu'une douzaine de vieillards des deux sexes dans l'église, et notre isolement dans ce vaisseau désert était une circonstance assez défavorable.

Au bout d'une minute, qui me parut un siècle, Felipone entra par la porte principale, et, longeant les piliers massifs qui le protégeaient de leur ombre, il vint me rejoindre dans la petite nef que je remontais sans bruit, pendant que Daniella faisait le même mouvement le long de la nef opposée.

J'eus un moment d'émotion lorsque je la vis traverser, pour venir nous joindre à la porte de la sacristie, et surtout quand Felipone me dit, en haussant les épaules d'impatience :

— Et l'autre témoin !

Je l'avais oublié ; j'avais passé près de lui sans le voir. Une seconde de retard faisait tout échouer. Nous entendions des pas traînants dans la sacristie. Je m'élançai vers la chapelle de Saint-Antoine ; mais notre ami inconnu venait à ma rencontre. C'était un paysan qu'à son chapeau pointu et à son sayon de peau de chèvre j'eusse pris pour Onofrio, s'il n'eût été plus petit d'une coudée.

Je ne perdis pas le temps à le regarder. Le curé sortait de la sacristie pour se rendre à l'autel. Nous étions collés contre la muraille, de chaque côté de la porte, Daniella avec son parrain, moi avec mon témoin. Nous saisîmes tous deux, en même temps, la *pianeta*, c'est-à-dire la chasuble de l'officiant, et, parlant le premier, je lui dis en lui montrant Daniella voilée : *Voilà ma femme;* et Daniella dit de même en me montrant : *Voilà mon mari.*

Le curé ne m'avait jamais vu ; il m'adressa un sourire presque bienveillant, comme pour me dire : Mieux vaut ce mariage-là que rien. Il regarda mon témoin, et son sourire devint tout à fait enjoué. Mes yeux se portèrent rapidement sur ce personnage, qui venait d'ôter son chapeau respectueusement devant le prêtre... C'était Tartaglia !

Jusque-là, tout allait bien. La figure du prêtre ne rappelait en rien ce *rocher poilu* auquel l'auteur des *Fiancés* compare la triste figure de don Abbondio. C'était une figure réjouie, luisante de santé ; l'œil était vif et hardi. Mais cette face épanouie se couvrit d'un nuage sombre lorsque Daniella rejeta en arrière le châle qui cachait ses traits. Le curé fit une grimace menaçante en voyant auprès d'elle l'athée Felipone. Mais il était trop tard, nous tenions la chasuble, nous avions dit les mots sacramentels qui appellent et forcent la protection de l'Église. L'officiant était obligé de prendre nos noms, de subir la consécration légale de nos témoins et de nous donner *in petto* la bénédiction nuptiale, en bénissant son troupeau durant la messe.

L'attitude de Daniella durant cette cérémonie me toucha

vivement. Sa gravité extatique et son recueillement profond contrastaient avec les prosternations facétieusement hypocrites de Tartaglia, et la campe audacieuse de l'incrédule Felipone. Couverte de son châle blanc, qui, de sa tête brune, retombait sur sa robe de deuil, elle offrait une harmonie de tons austères et de lignes pures qui rappelait la suave majesté des vierges d'Holbein.

Cette beauté délirante aux heures de l'expansion a une faculté étonnante de transformation complète, lorsqu'elle se concentre, pour ainsi dire, dans son ravissement intérieur. Elle porte tour à tour, au front et dans les yeux, l'éclair brûlant et la tranquille lumière des étoiles. Jamais encore je ne l'avais vue si chastement belle et si saintement heureuse.

Quand la messe fut finie et l'acte rédigé dans la sacristie, sans qu'une seule parole fût échangée entre nous et le curé, nous sortîmes de l'église, Daniella et moi. Felipone regagna sa ferme sans vouloir ébruiter la part qu'il avait prise à notre mariage, et, pendant que nous lui adressions quelques remercîments rapides, Tartaglia avait disparu comme un rêve.

A peine étions-nous dans la rue, ma femme et moi, qu'une, deux, trois et bientôt vingt commères vinrent nous accoster et nous questionner. En un quart d'heure, tout Frascati sut que nous étions bel et bien mariés. Nous nous donnions le divertissement de l'annoncer en confidence à chaque curieuse, en la priant de garder le secret. C'était le plus sûr moyen de donner à notre mariage la consécration de la publicité.

Notre premier soin fut d'aller en faire part aux habitants de la villa Piccolomini. Nous rencontrâmes en chemin la tante Mariuccia, qui pleura de joie, mais qui nous témoigna une certaine inquiétude.

— Vous allez avoir, dans le curé, un ennemi bien à craindre, dit-elle. Ce n'est pas un méchant homme ; mais il sera fâché de perdre comme ça son autorité par surprise. Et puis, Dieu sait ce que c'est qu'un prêtre étranger qui est venu rendre visite à lord B***, et qui est, je crois, encore avec lui à l'heure où je vous parle. Il a une figure noire qui m'a fait peur, et, si vous m'en croyez, vous n'irez pas à Piccolomini pendant qu'il y est.

Les inquiétudes de Mariuccia ne pouvaient m'atteindre. Marié avec Daniella, je me sentais libre et fier comme si j'eusse été le maître du monde. Nous passâmes la grille et vîmes, dans le *stradone,* lord B*** qui marchait lentement avec un prêtre. Tous deux nous tournaient le dos. Je voulus aller vers eux ; Daniella voulait m'en empêcher et aller d'abord saluer lady Harriet.

— Je ne sais pas pourquoi cet homme noir me fait peur, disait-elle. Sachons de milady s'il vient ici pour nous, et ne nous montrons pas à lui. Viens vite, passons avant qu'il se retourne !

Il était trop tard : les deux promeneurs se retournèrent, et ce prêtre, dont je ne m'étais pas donné la peine d'observer la démarche, me montra en plein sa figure. C'était l'abbé Valreg !

Je courus me jeter dans ses bras et, le ramenant vers Daniella interdite, je lui dis, comme au curé de Frascati :

— Voilà ma femme !

— Ta femme ! ta femme ! dit-il avec moins d'humeur que je n'en attendais de sa part, ce n'est pas encore décidé !

— C'est décidé et conclu, repris-je ; nous sortons de l'église, et nous sommes mariés.

— Mariés ? mariés sans mon consentement ! quand j'avais écrit au curé de Frascati que je m'opposais... Ah ! je vois bien que tout va à la diable dans ce pays du bon Dieu, et me voilà encore plus mécontent d'y être venu, quand tout cela aurait pu s'arranger aussi mal de loin que de près?

— C'est donc pour moi que vous avez fait ce voyage?

— Et pour qui, je t'en prie? Crois-tu que je sois comme toi, et que j'aime à perdre mon temps et mon argent sur les chemins?

— Je vois, dans cette démarche, une preuve d'affection si grande, que j'en suis heureux au delà de ce que je peux dire. Oui, oui, mon bon vieux! Et, en l'appelant ainsi, comme au temps de mon enfance, je l'embrassais encore malgré lui... Oui, ce jour-ci est le plus beau de ma vie, grâce à *elle* et grâce à vous, puisque vous êtes là!

— C'est cela! reprit-il, moitié riant, moitié colère; je viens pour te donner ma malédiction, et tu trouves tout cela très-gentil, très-drôle, très-amusant!

— Non, non, je trouve cela si bon et si généreux de votre part, que je sens que je vous aime mille fois plus qu'auparavant.

— C'est-à-dire que, m'aimant mille fois mieux depuis que tu m'as désobéi et traité comme une vieille marionnette au rebut, je dois m'attendre, par la suite, à un redoublement d'affection dans le même genre! Ça promet!

Je le laissai exhaler son mécontentement. Lord B*** avait emmené Daniella auprès de sa femme, et nous marchions à grands pas, moi suivant docilement tous les mouvements de mon bon oncle, le long du *stradone*. Il avait un dépit que j'eusse trouvé vraiment comique, si la crainte de l'avoir sérieusement affligé ne m'eût tenu dans l'attente d'une explosion plus grave. Mais cette explosion n'arriva pas, et j'en fus même étonné, sachant que l'abbé Valreg, sans être vindicatif, est assez persistant dans ses ruptures avec ceux qu'il appelle des ingrats.

Il se contenta de me *grogner* pendant une demi-heure,

me questionnant, n'écoutant pas mes réponses, puis me reprochant de ne pas lui répondre, et cherchant matière à fâcherie dans les témoignages d'affection que je lui donnais ; enfin s'adoucissant tout à coup avec une grande bonhomie, pour repartir sur nouveaux frais, mais jamais avec beaucoup de justice, selon moi, car nos opinions sur toutes choses diffèrent si essentiellement qu'il me reprochait ce que je pensais avoir fait de bon, et passait légèrement sur ce que je m'affligeais sérieusement de n'avoir pu éviter. Par exemple, il comprenait, disait-il, que j'eusse mis à néant son autorité, puisqu'en somme il n'en avait pas légalement sur moi.

— Chacun pour soi, après tout, disait-il. Ainsi va le monde, et il n'en peut être autrement. Tu savais que je dirais non ; tu t'es dépêché de conclure. Je ne t'en veux pas pour ça : tout autre eût agi de même à ta place. Mais ce que je trouve fou et bête au dernier point, c'est d'avoir refusé une héritière pour épouser une fille qui n'avait rien ; car je sais toute ton histoire, vois-tu. J'ai causé avec cet Anglais, qui m'a l'air d'un brave homme, bien qu'il ait une drôle de manière de parler. Mot par mot, je lui ai tiré les paroles du ventre, tout de même. Je ne suis pas encore si maladroit que tu t'imagines, et j'ai bien vu que tu n'avais fait, dans ce pays-ci, que des âneries. C'est ta manière de voir, soit ! Tu crois que tu as une fortune au bout de ton pinceau ! Moi, je crois que tu n'auras rien sous la dent quand viendra la marmaille, et que, comme tu seras toujours un niais, j'aurai beau économiser sou par sou, je ne te laisserai jamais ce qu'il faudrait pour contenter tes caprices. Par exemple, voilà une jolie petite course que tu me fais faire, qui me coûtera au moins... cinquante francs de mon argent ! Heureusement, l'archevêque de mon diocèse m'a payé les frais de route, vu qu'il avait justement une commission à me donner pour le cardinal Antonelli, qui est de ses amis. Sans ça, j'aurais été obligé de dépenser une année de mon casuel. Il est vrai que je ne serais pas venu; non, morbleu, je ne serais pas venu !

Tout en grondant, mon oncle m'apprit qu'il était arrivé depuis quatre jours à Rome, et qu'il avait employé ce temps à faire sa commission et à solliciter de Mgr Antonelli la rémission de mon péché :

— Car il paraît, ajouta-t-il, que tu t'amuses à cracher sur les saintes images et à porter sur toi des signes de cabale maçonnique ou autres ?

— Vous ne croyez pas cela, j'espère ?

— Non, je ne le crois pas. J'ai même engagé ma parole; j'ai juré sur mon salut éternel que jamais l'idée n'avait pu te venir de profaner une image du culte. Quant à la cabale, tu m'avais écrit que tu ne savais pas même de quoi il était question, et j'ai répondu de toi. On a fait un peu de grimaces pour mettre fin à cette procédure: mais comme il paraît que j'avais apporté de bonnes nouvelles de mon archevêque, et qu'il m'avait bien recommandé dans ses lettres ; comme, d'ailleurs, je suis têtu et que je ne crains pas de parler en face à n'importe quel grand personnage de l'Église, je l'ai emporté. Tu es libre ; le cautionnement sera rendu à ton Anglais, qui est vraiment meilleur que tu ne mérites ; et si tu ne te fais plus d'ennemis dans le pays, tu peux y faire quelques économies.

Il m'apprit aussi que ses lettres à lord B*** et au curé de Frascati, pour retarder mon mariage, avaient été écrites de Rome. C'était la cause du retard tenté en vain par ce dernier. Mon oncle avait eu pour motif principal, disait-il, l'inconduite de Daniella.

— Mais on m'avait trompé, se hâta-t-il d'ajouter. L'Anglais m'a rassuré à cet égard ; il paraît que la fille est honnête, et qu'on m'avait mal parlé d'elle par jalousie.

Pressé de me dire l'auteur de ces calomnies, il m'avoua avoir reçu à Mers une lettre anonyme où on l'engageait à s'opposer à mon mariage avec une fille intrigante et de mauvaises mœurs.

— Cela, dit-il, m'avait décidé à aller trouver mon archevêque. Je le priais d'écrire dans ce maudit pays pour empêcher ton mariage. C'est alors qu'il m'a dit : « Pourquoi n'iriez-vous pas ? J'ai justement une communication secrète à adresser à Rome par un moyen sûr. Vous êtes une personne sûre, vous ! — Ah ! pardié oui, que je lui ai répondu: je suis un bonhomme tranquille, moi, et pas curieux de toutes vos manigances de grands seigneurs ! » Ça l'a fait rire. « Allez-y, m'a-t-il dit, je me charge de vos dépenses... » Tout de même, il a mal fait son compte : il croyait, comme moi, que la vie n'était pas chère en Italie, et les hôtels sont des coupe-gorge. Ah oui ! je me suis mis en colère avec tous ces écorcheurs, les bateliers, les conducteurs, les garçons d'auberge, les aubergistes et les *facchini !* Bien nommés, ma foi ! de vrais faquins ! Plus de cent fois par jour, j'en ai le sang à la tête. Il faut payer partout, payer pour visiter les églises, qui sont fermées à clef comme des coffres ; payer pour demander son chemin dans la rue ; payer à la douane ; et des frais de passe-port ! et des mendiants ! C'est honteux, tant de loqueteux dans les rues et sur les chemins ! Si ma paroisse était administrée comme ça, je ne voudrais jamais y remettre les pieds ! En voilà un étonnement pour moi, de voir comment les choses se passent ici ! Des prêtres qui vont à la comédie, des cardinaux qui donnent le bras aux dames pour traverser l'église de Saint-Pierre ; et des Vénus, et des Comus, et des Bacchus plein le Vatican ! des idoles païennes jusque dans les églises ! Encore si tout ça était joli à regarder ; mais rien ! C'est affreux ! Des vieux tas de pierres dans les plus beaux quartiers, des statues à qui il manque bras et jambes, un pays à l'abandon, une brande de Vaudevant, une brenne de Mézières tout autour de la ville sainte, des aqueducs qui n'amènent plus d'eau, des bœufs desséchés, des hommes qui ont tous l'air de brigands, qu'on est toujours à regarder derrière soi s'ils ne reviennent pas vous assassiner après vous avoir ôté leur guenille de chapeau ; des femmes sales qui ont l'air effronté, par-dessus le marché ; des scorpions dans le pain, des cheveux dans la soupe... Et quelle soupe ! Je n'en voudrais pas chez nous pour laver les sabots de ma jument. Pouah ! le vilain pays ! Dépêche-toi de me regarder, car tu ne m'y verras pas longtemps dans ta belle Campagne de Rome !

Quand il eut exhalé son dépit, sa fatigue, ses déceptions et ses étonnements, il se sentit plus calme et consentit à venir déjeuner à Piccolomini, où lady Harriet nous réclamait. C'était la première fois qu'elle se remettait à table avec la famille, et je trouvai Daniella assise à côté d'elle. Medora entra quand nous eûmes tous pris place, et sa figure, animée par la promenade du matin, prit une expression de fureur quand elle vit l'accueil fait à ma femme. Elle se calma aussitôt, et, après avoir souhaité le bonjour à sa tante, elle se retira chez elle, sous prétexte de migraine, mais bien évidemment pour ne pas manger avec Daniella.

Lady Harriet fut admirablement bonne et charmante en cette circonstance. Elle sauva l'impertinence de sa nièce en affirmant que Medora était réellement indisposée ; mais elle l'affirma d'un air et d'un ton qui montraient que cette personne injuste et volontaire avait perdu toute influence sur elle, et qu'elle se souciait fort peu de la mécontenter. Elle avait fait improviser à son cuisinier, dès qu'elle avait su, par Daniella, notre mariage, un déjeuner plus recherché qu'à l'ordinaire ; et Mariuccia avait couvert de fleurs les assiettes de dessert. C'était, disait lady Harriet, tout ce que l'on avait pu faire pour notre repas de noces ; et l'abbé Valreg qui, sans être gourmand, a des habitudes de bien vivre très-contrariées depuis qu'il a quitté son presbytère, recouvra toute sa bonne humeur devant cette table proprement et copieusement servie.

La bonne Mariuccia voulut aider dans l'office, bien qu'elle ne se mêle jamais du service de nos Anglais. Cette femme aimante et dévouée était heureuse de regarder, par la porte entr'ouverte, sa nièce assise à la *table des milords*. Lord B*** l'aperçut au dessert et dit quelques mots à l'oreille de sa femme, qui la fit appeler pour la prier de boire avec elle à la santé des mariés. Elle lui versa elle-même du vin de Grèce dans un verre taillé, et le lui présenta sur une assiette avec force biscuits et confitures. Mariuccia ne fut pas invitée à s'asseoir. La conversion de milady ne pouvait aller jusque-là ; et, en somme, Mariuccia, qui ne s'était pas attendue à tant d'honneur et qui n'était pas en toilette, n'eût pas accepté avec plaisir de s'arrêter plus longtemps. Elle fit le tour de la table pour trinquer avec chacun de nous, embrassa sa nièce avec enthousiasme, et emporta les friandises pour le *capucino,* ce pauvre idiot de frère qu'elle aime et qu'elle gâte, tout en disant qu'il s'est fait moine parce qu'il n'était bon à rien.

Brumières fut aimable aussi. Il improvisa très-heureusement des vers qu'il écrivit au crayon sur le dos d'une assiette, et dans lesquels il vanta à propos le bon cœur et la vive pénétration de la noble dame qui accueillait maternellement la femme de génie, la future grande artiste. Lady Harriet voulut avoir l'explication de cette énigme. Daniella s'y refusait, en riant des exagérations de notre ami ; mais celui-ci parla, malgré nous, avec tant de feu, de la voix et de l'instinct musical de ma femme, et du grand talent qu'il m'attribue comme musicien et comme peintre, que, bon gré mal gré, il nous fallut passer pour des aigles. Lady Harriet, prompte à la crédulité et à l'engouement, donna d'emblée dans ce rêve de nos glorieuses destinées et caressa, en elle-même, celui d'être notre première protectrice. Elle déclara que sa première sortie serait pour venir à Mondragone entendre chanter Daniella et voir ma peinture.

Elle était visiblement gaie et heureuse de l'effort qu'elle avait fait pour rompre, une fois en passant, avec ses habitudes de convenances et ses préjugés aristocratiques. Je sentais bien que cette rupture ne pouvait être de longue durée, et que tout cela était une petite débauche de bienveillance et de bonté, favorisée par la solitude de Frascati, les souvenirs de la via Aurelia, la présence de mon oncle et le plaisir, toujours cher à l'Anglaise en voyage, de faire un peu d'excentricité. Mais, au milieu de ces considérations, j'en apercevais une plus puissante et plus agréable pour moi : c'était le désir de satisfaire le mari si longtemps méconnu et dédaigné. Lady Harriet était véritablement sensible à l'attachement qu'il lui avait prouvé, et si elle doit revenir à ses tristes erreurs sur le compte de cet excellent homme, ce qu'à Dieu ne plaise ! du moins, il aura eu, pendant cette convalescence où la joie de se sentir revivre a disposé Harriet à une appréciation plus équitable, quelques jours de repos et de bonheur.

LII

L'abbé Valreg voulut nous reconduire à Mondragone, pour voir comment nous y étions installés. A l'aspect de cette vaste ruine, son étonnement fut au comble, et, avant que nous eussions traversé le parterre en friche pour le conduire au casino, un nouveau spleen s'était emparé de lui. Il me trouvait de plus en plus fou de préférer cette demeure, selon lui lugubre, et cette vie, qu'il appelait misérable, à celle que je pourrais avoir en vivant chez nous, *sur mes terres*. Daniella, avec sa gaieté radieuse au milieu de cette solitude, le frappait de stupeur, et il se demandait tantôt si c'était une sainte, tantôt si c'était une maniaque comme moi.

Il causa avec elle et la trouva si croyante, que cette âme, pleine de foi et de feu, lui fit impression, sans qu'il se rendît compte de l'ascendant qu'elle prenait sur lui.

— Décidément, me dit-il quand il parla de nous quitter, je crois que tu n'as pas mal choisi. C'est une femme de courage et de principes. Le malheur est que tu vas la gâter, lui mettre en tête tes idées saugrenues et vouloir en faire une artiste, c'est-à-dire une paresseuse, au lieu d'une bonne ménagère qu'elle pourrait être. Mais tout ça te regarde, et je sais qu'il ne faut pas mettre le doigt entre l'arbre et l'écorce. J'ai fait mon devoir auprès de toi, j'ai rempli ma mission auprès du cardinal Antonelli, et je m'en vas un peu plus tranquille que je ne suis parti, et beaucoup plus aise de quitter Rome que je ne l'étais de quitter mon endroit. Il fera chaud quand on me rattrapera aux voyages d'agrément ! Allons, tâche de revenir bientôt au pays, à moins que tu ne trouves à faire fortune ici, ce dont je doute bien fort. Mais je comprends aussi que tu doives faire honneur et compagnie à ces Anglais qui t'ont sauvé de la prison, et peut-être de la corde ! Tu méritais bien quelque chose comme ça pour ton peu de cervelle ! C'est égal, les choses ont mieux tourné que je ne l'espérais, et je te laisse en assez bonne passe, en t'engageant à montrer aux amis qui te comblent, la reconnaissance que tu leur dois.

Il nous quitta sans nous permettre de l'accompagner au-delà de la porte. Il voulait voir le curé de Frascati et faire notre paix avec lui, comme il l'avait faite à Rome avec les cardinaux. Puis il voulait quitter Rome aussi vite que possible. « J'y mourrais, disait-il, si j'étais forcé d'y passer un jour de plus. » Et il était bien évident pour moi qu'avec sa nostalgie si prompte et son franc parler si peu diplomatique, il n'avait rien de mieux à faire que de se presser de partir.

. . . .

Mondragone, 5 juin.

Je fus, cependant, vivement ému de le perdre sitôt, car il avait été aussi bon que de coutume, et, en outre, d'une douceur et d'une indulgence dont je n'espérais pas si aisément le retour. Il y avait, dans ce dernier fait, beaucoup du désir de s'en aller, et d'autres raisons qui m'ont été expliquées plus tard.

Nous venons de passer huit jours de délices dans notre solitude. Daniella n'est nullement malade de sa grossesse, et nous avons profité de quelques beaux jours, entremêlés de jours de pluie et d'orage, pour aller nous promener ensemble autour des lacs. Je donne la préférence au petit lac Némi, dont le cadre n'est guère plus grandiose que celui du lac Albano, mais dont les rives sont adorablement jolies. Il y avait là, le long d'une coulée de roches sombres, un temple dédié à Diane *Nemorina*, dont les itinéraires assurent qu'il ne reste aucune trace, un tremblement de terre ayant tout englouti dans le lac. Alors l'énorme fragment sur lequel nous nous sommes assis serait récemment mis à nu par quelque autre secousse non encore mentionnée. C'est un bloc de construction antique colossale, qui s'est arrêté sur la margelle herbue du petit lac, et qu'un arbre renversé dans l'eau, un arbre également colossal, embrasse, étreint et semble soutenir dans ses racines énormes. L'arbre est bien portant quand même, et trempe sa longue chevelure verdoyante dans le *Miroir de Diane*, tel est le nom poétique que l'antiquité a donné à ce diamant d'eau bleuâtre enchâssé dans le roc, dans les fleurs et dans le feuillage.

Couché sur ce gigantesque débris, autour duquel venaient se briser en faibles soupirs les petites lames de l'eau tranquille, je contemplais, heureux et recueilli, la beauté sereine et suave de ma Daniella, assise sur une des branches de l'arbre. Un vent léger faisait passer sur son front les ombres mouvantes du feuillage et les taches d'or du soleil. Puis elle s'étendit à son tour pour se reposer de l'ardente chaleur qui nous poursuivait jusque sous cet ombrage séculaire. Sa tête, penchée parmi les roseaux, se trouvait naturellement couronnée comme celle d'une naïade. Sa taille souple a déjà perdu de sa ténuité virginale, et je contemplais, avec une passion pleine d'attendrissement et de respect, ses épaules plus tombantes et sa hanche moins cambrée, légers indices, déjà visibles pour moi, du bonheur que Dieu nous envoie.

J'ai prié dans mon cœur avec une foi ardente, pendant qu'elle dormait là, souriante et comme ravie dans un rêve délicieux. Chaque fois que je la contemple, elle me semble toujours plus belle, et je crois découvrir en elle des trésors de grâce qui ne m'avaient pas encore été révélés. Peut-être n'est-elle pas belle pour les autres : voilà ce que j'aimerais à me persuader. Je me souviens maintenant avec plaisir d'avoir entendu dire à Medora qu'elle était laide, et à Brumières qu'elle était agréable seulement. Si cette beauté mystérieuse, qui me fascine et m'enivre, n'était visible et appréciable que pour moi, combien je serais fier d'avoir reçu d'en haut le don de la comprendre !

Lune de miel, direz-vous peut-être ! Non, non, vie de miel et d'ambroisie pour l'éternité ! Tout ce qui peut m'arriver en ce monde n'est rien que le cours inévitable d'une destinée fugitive. La mort même de l'un de nous ne serait que l'accident du voyage sur cette terre d'épreuves plus ou moins dures, car devant l'effroi dont une semblable pensée me glace, je sens lutter une foi, une certitude triomphantes : c'est que je suis déjà bien heureux d'avoir rencontré dans ce monde-ci l'être que je dois retrouver, aimer et posséder après, et toujours et partout ! Je ne sais si déjà, dans une existence antérieure, j'ai goûté ce bonheur, ou si je l'ai mérité par une suite d'existences pures et tristes. Je ne sais rien du passé, bien que parfois mes joies présentes ressemblent à de vagues et doux souvenirs; mais l'avenir, l'avenir sans fin, je le porte là, dans mon cœur, comme le souffle même de ma vie, et je sens que je ne serai plus jamais seul, parce que je n'aurai jamais d'autre amour sur la terre, et que, par là, j'en éternise la sainte possession.

Nous avons parlé de vous au bord de ce beau petit lac, cratère éteint dont les brisures sont devenues de véritables nids de fleurs sauvages. Daniella vous aime et mêle votre nom à ses prières. Elle a compris ce que je commence à comprendre moi-même : c'est qu'en exigeant ma parole de vous écrire ma vie, autant que possible jour par jour et heure par heure, vous m'avez conduit à une transformation sérieuse de mon individualité. Je ne me sens plus le même qu'au temps où j'existais sans savoir pourquoi ni comment, perdu dans des rêveries vagues, et craignant toujours d'envisager le but de cette existence; m'ignorant, me négligeant, me dédaignant presque moi-même, et me laissant parfois envahir par ce découragement propre à ceux qui ont besoin d'un idéal que la société ne leur montre et ne leur promet pas. Aujourd'hui, je me sens exister; j'ai fouillé et interrogé, malgré moi, mon propre cœur, et je sais qu'il a été, sans peur, sans hésitation et sans sophisme, droit au but qui lui était offert par la Providence : *Tutto per l'amore!*

Et je m'inquiéterais, à présent, de la fortune que je n'ai pas, de la réputation que je n'aurai peut-être jamais, de la sécurité, des aises, des convenances, de l'opinion, de la mode, de ce que fait et pense et dit le monde à propos du but à poursuivre dans cette vie d'un jour? Et que m'importe, quant à moi? De temps en temps mes yeux tombent sur des publications nouvelles où je vois l'expression du désir, du besoin, ou du rêve de chacun. Beaucoup d'argent! Dans les romans mêmes, qui sembleraient être la peinture d'un idéal plus pur que les bulletins financiers des journaux, je vois souvent percer une aspiration impétueuse vers quelque trésor comme celui des grottes de Monte-Cristo. Je ne m'en étonne ni ne m'en scandalise. Je vois bien que, dans une société si incertaine et si troublée, dans une Europe qui frémit de crainte et d'espoir entre des rêves de prospérité fabuleuse et des terreurs de cataclysme social universel, les imaginations vives s'élancent, comme fait celle de Brumières, vers ce programme effrayant : *Être riche ou mourir!* Je crois que c'est là un malheur des temps où nous vivons, et que nous nous donnons un mal terrible pour nous bâtir un gros navire, là où nous n'aurions besoin que d'une petite nacelle.

Au retour d'une de nos excursions, nous avons trouvé Brumières à la porte de Mondragone, tout agité, tout transporté, nous attendant pour nous dire son *étonnante aventure.*

— Voilà, s'écria-t-il, ce qui vient de passer par la tête de Medora : un mariage comme le vôtre, un *matrimonio segreto*, un mariage *alla pianeta !*

— Et avec qui? lui demanda en souriant Daniella.

— C'est ce que je me suis d'abord demandé à moi-même ; mais j'ai fini par me procurer l'agréable persuasion que ce serait avec moi.

— Contez-nous ça.

— Je ne viens que pour vous le raconter. Sachez donc que, depuis votre mariage bizarre, ma princesse rêve sans cesse à la commodité, à la gaieté, au sans-gêne et à la promptitude d'un pareil moyen pour échapper, en cas de parti pris sur le *conjungo,* aux ennuyeuses formalités, aux lenteurs, aux commentaires, aux cérémonies du mariage officiel. Elle dit qu'elle ne se mariera jamais si, entre le oui dit dans un salon et le oui dit à l'autel, elle a quinze jours de réflexion. C'est ce qu'a fort bien senti monsieur Valreg, ajoutait-elle. Il a craint les représentations de sa famille et ses propres objections ; il a voulu se prendre lui-même par surprise ; il m'a donné un exemple à suivre. Il faut que je me marie, c'est décidé ; et comme je n'aime personne, je serai à qui voudra bien m'aimer passionnément, sans autre espoir que celui de mon amitié, sans autre garantie de bonheur que celle de ma vertu. Ma tante et mon oncle vont s'opposer, comme ils l'ont déjà fait, à ce qu'ils appelleront un coup de tête. Lady Harriet, qui s'est si bien trouvée, comme l'on sait, de son mariage d'amour, fait comme le renard de la fable, qui avait la queue coupée, et ces bons parents, avec leur désir effréné de faire mon bonheur, ne s'occupent qu'à prolonger indéfiniment mon ennui et leurs tracasseries. Donc, au premier jour, je vas leur dire : « J'épouse Pierre ou Paul. » Ils répondront que ni Pierre ni Paul ne me conviennent, que je suis *folle,* compliment qu'on m'a déjà fait et qu'il ne me plaît pas d'entendre répéter trop souvent. Donc, au premier refus de leur adhésion au premier projet que j'aurai arrêté, je me pends à la chasuble du premier prêtre que je verrai passer dans une église, et tout sera dit. Je sais bien que je m'en repentirai au bout d'une heure; mais comme je me repens également de toutes les occasions que j'ai manquées de perdre ma liberté; comme, tout bien considéré, cette liberté en est venue à m'ennuyer tout à fait, me voilà décidée à me jeter, la tête baissée, comme monsieur Valreg, dans le précipice.

» Je vous demande bien pardon, chers amis, continua Brumières, de vous répéter ces légères paroles. Je sais que vous avez raisonné tout autrement; mais je n'ai eu garde de contredire ma divinité. Les dieux ont toujours raison. J'ai déclaré ma flamme avec une sincère éloquence, et on ne m'a encore dit ni oui ni non ; mais j'ai vu que ma passion ne déplaisait pas, qu'on en attendait l'explosion depuis longtemps et qu'on me permettait d'en dire bien long sans m'interrompre. On m'a laissé mettre à genoux, baiser les mains et même un peu les bras. Bref, j'attends une solution, et j'espère. Faites des vœux avec moi pour que ce mariage déplaise beaucoup à lady Harriet, car si elle cédait il n'y aurait plus pour Medora le moindre prétexte au mariage clandestin, ni le moindre plaisir, puisque c'est l'esprit de contradiction qui la pousse et, qu'à cette imagination blasée, il faut des luttes. Faute de luttes, elle meurt d'ennui, voyez-vous, et j'ai parfois envie de lui dire tout à coup que je ne l'aime pas et que je ne veux plus me marier. Si j'avais ce courage et cette habileté-là, je suis bien sûr qu'elle se persuaderait qu'elle est folle de moi, et qu'elle m'épouserait dans l'espoir de me faire enrager.

Cette supposition de Brumières était si bien fondée que j'eus un moment l'idée de l'y encourager, par le sentiment de ma propre expérience. Certes Medora ne m'a voulu pour mari qu'à cause de mon indifférence. Mais, trop naïf pour donner des conseils de perversité à un ami, j'essayai, au contraire, de lui prouver que, dans de pareilles conditions de hasard et de caprice, son union avec Medora le rendrait infailliblement très-malheureux et quelque peu avili; mais cela fut imposible à lui faire entendre. Il ne voit dans tout cela qu'une conquête difficile et *rare*, une lutte d'orgueil et de finesse, une affaire qui fera honneur à son habileté et à sa persévérance.

— Vous verrez, dit-il en parlant de lui-même, que le *gaillard* n'est pas maladroit, et que la grande aventure de sa vie, le roman rêvé, la fortune immense et la femme incomparable seront le prix de sa confiance en sa destinée et en lui-même : Aide-toi, le ciel t'aidera.

— Bien, bien ; j'admets que vous réussirez, que vous aurez cette merveilleuse beauté et cette merveilleuse dot. Après? si l'on vous hait, si l'on vous trompe ?

— Ah ! voilà ce que je ne crains guère ! d'abord, parce qu'elle est froide et fière ; ensuite, parce que je ne suis pas un sot et que je me ferai aimer d'elle. »

— Laisse-le donc faire, me dit Daniella quand nous fûmes seuls : il ne l'aime pas, il ne veut qu'être riche. D'ailleurs, elle se moque de lui comme des autres. Est-ce qu'il est fait pour flatter une vanité comme la sienne ? Il n'a pas de titre, il monte mal à cheval, il n'a pas de réputation, enfin il n'a rien qui puisse tourner la tête à une Medora.

— C'est vrai ; mais c'est déjà une vieille fille dont les sens se décident peut-être à parler. Il est très-beau garçon. Elle cherche un esclave, et il saura jouer ce rôle tout le temps qu'il faudra. Il a de l'esprit, un peu de talent, beaucoup d'aplomb...

— Eh bien, qu'elle l'épouse ! que t'importe ?

Je vis que la jalousie de Daniella n'était pas si bien passée qu'elle ne fût prête à se rallumer au moindre soupçon. Je la calmai en lui disant que je m'intéressais à Brumières et nullement à Medora.

Le lendemain, j'eus une conversation très-vive avec lord B***, qui, de temps en temps, vient nous voir le matin. Imaginez-vous que lady Harriet s'est mis en tête de doter Daniella; qu'elle a entretenu l'abbé Valreg de ce projet et que c'est là la cause de son subit apaisement. Les papiers au moyen desquels je peux faire légaliser mon mariage sont arrivés, et je dois me rendre demain à Rome avec Daniella et mes témoins pour remplir cette formalité devant le consul de ma nation. Lady Harriet veut, en cette circonstance, constituer à ma femme une dot de cent mille francs, et il a fallu presque me fâcher pour me soustraire à cette libéralité. Lord B*** comprend très-bien que je répugne à recevoir de l'argent en récompense d'un acte d'humanité aussi simple que celui de la via Aurelia. Il convient qu'en me tenant caché pour voir tranquillement accomplir un vol et peut-être un meurtre, j'eusse été un lâche, et qu'il ne résulte pas de mon *manque de lâcheté* que l'on me doive un salaire. Il reconnaît aussi qu'en venant soigner sa femme et en lui disant avec esprit et douceur des choses qui l'ont émue et persuadée jusqu'à ramener un peu de calme et de bonheur dans son ménage, ma Daniella n'a fait qu'obéir à une belle et bonne inspiration de sa nature, et que tout cela se paye avec le cœur, non avec la bourse.

Mais lady Harriet *veut*, et mylord est bien embarrassé pour la contredire. Je veux être pendu s'il n'est pas redevenu amoureux de sa femme, et même plus qu'il ne l'a jamais été, car il avait toujours résisté à son influence quand elle était mauvaise, et aujourd'hui il la subit aveuglément. Jadis il disait : « Je l'aime, bien qu'elle se trompe ; » maintenant il semble dire qu'elle ne peut pas se tromper.

L'excellente dame comprend si peu que je sois humilié de ses bienfaits, qu'elle aura un véritable chagrin, qu'elle sera humiliée elle-même, si je les repousse, et son mari ne sait comment s'y prendre pour lui porter ma réponse. Il a fallu transiger : il ne sera pas fait d'acte, Daniella recevra un portefeuille, et mylord voudra bien le reprendre sans *récépissé*, en disant à sa femme que nous l'avons prié d'être notre dépositaire.

Daniella, présente à cette discussion, a eu la générosité et la délicatesse de dire comme moi. Pourtant elle m'a fait quelques reproches ensuite. Elle a déjà l'instinct passionné de la maternité, et elle trouve que nous n'avons pas le droit de refuser ce qui assurait à ses yeux l'indépendance et le bien-être de notre enfant dans l'avenir. Elle comprenait que nous ne dussions rien accepter de Medora ; mais elle n'a pas les mêmes scrupules vis-à-vis de lady Harriet, qui a toujours été bonne pour elle et devant qui elle ne s'est jamais sentie humiliée.

J'ai eu quelque peine à lui persuader que ce serait peut-être un malheur pour notre enfant de naître avec un héritage assuré, relativement trop brillant pour la condition où je voulais l'élever. Ç'a été déjà une sorte de malheur pour moi d'avoir un petit patrimoine, puisqu'en considération de l'oisiveté où j'avais le droit de vivre, l'abbé Valreg ne m'a rien fait apprendre tant que j'ai été sous sa tutelle. Si je n'avais pas aimé la lecture, je serais devenu idiot, et si je n'avais pas eu ensuite un certain courage, je ne me serais pas mis à même d'avoir un état.

— Ta crainte d'avoir un enfant riche vient, me disait-elle, de l'endurcissement d'intelligence de ton oncle. Il a voulu te rendre esclave de ton petit capital, et tu as pris en aversion un moyen de liberté dont on voulait te faire une chaîne; mais nous élèverons nos enfants tout autrement: nous leur dirons...

— Nous leur dirons, malgré nous, la vérité. On ne peut pas se résoudre à tromper ses enfants, même pour leur bien. Et quand ils auront ces distractions et ces langueurs de l'enfance qu'il faut combattre doucement, mais sans se lasser, nous céderons, nous aurons peur de les contrarier, de les fatiguer, nous en ferons des indolents et des oisifs. Alors ils auront d'autres goûts que ceux de la frugalité et d'autres besoins que ceux de l'âme. Ils se trouveront pauvres, car cent mille francs, sache donc que c'est une goutte d'eau dans la mer pour ceux qui ne les ont pas acquis par leur travail, et qui n'ont rien à faire que de les dépenser.

Daniella s'assit dans un coin et pleura.—Pourquoi pleures-tu? lui dis-je en l'embrassant. — Parce que tu as raison, répondit-elle. Tu m'as fait songer à la nécessité de contrarier notre bien-aimé, notre enfant, notre trésor, notre *tout!* et voilà que nous commençons avant qu'il soit né! Mais c'est égal: il le faut! Tu m'apprendras à l'aimer sagement, à regarder ta fierté, ton honneur et ton courage comme le plus bel héritage à lui laisser. Allons, n'y pensons plus. Voilà deux fois que je suis riche, et deux fois que tu me fais comprendre que toute ma fortune est dans notre amour.

LIII

Mondragone, 7 juin.

Nous avons été hier à Rome, et nous voilà mariés indissolublement. Par surcroît de bonheur, j'ai une commande.

Le rêve de la Mariuccia s'est réalisé. La princesse B***, s'étant fait raconter toute notre histoire et me voyant enfin à l'abri de toute persécution, m'a demandé d'aller la voir avec ma femme, à laquelle elle a fait l'accueil le plus gracieux. Nous sortions du consulat, et je venais d'échapper à l'acte par lequel lady Harriet voulait nous enrichir. La Providence nous envoyait donc un soudain dédommagement et comme une récompense de notre confiance en elle. La princesse a vu une pochade de moi que j'avais laissé emporter par Brumières, et que celui-ci a eu l'obligeante idée de faire mettre, à mon insu, sous les yeux de l'illustre propriétaire de Mondragone. C'était précisément un projet de fresque, un entrelacement de fleurs, de fruits et d'enfants, pour un joli petit plafond de salle de bain projetée et déjà mise, l'année dernière, en état de recevoir une décoration quelconque. La forme élégante de cette petite pièce m'avait frappé, et, dans un moment de loisir, j'avais jeté mon idée sur du papier à aquarelle. Il paraît que cette idée a plu. On me charge de l'exécuter, et on me fournira un aide pour m'affermir dans ma connaissance, un peu incomplète, des procédés de la fresque. Si l'on est content de mon travail, et que je ne désire pas quitter le pays, on me confiera d'autres décorations dans le palais, et on fera arranger alors le casino, pour me mettre, avec ma famille, à l'abri du froid en hiver. C'est la seule occasion où l'on ait paru songer à envoyer de nouveau des maçons et des charpentiers dans ce palais toujours en ruine, dont on s'occupe, avant tout, d'enjoliver les boudoirs. Il est question de trois mille francs pour mon travail de la saison, et il me semble que c'est déjà bien joli pour un commençant de mon importance.

Et maintenant, me voilà devant ma composition, prenant des mesures et débrouillant mon premier travail, afin d'entrer dans un rêve délicieux. Tous ces *Amorini,* que je vais faire les plus beaux possibles, auront certainement un air de famille. Ils ressembleront tous à Daniella, laquelle veut déjà choisir celui qui lui plaira le mieux, pour le regarder, dit-elle, à toute heure, et pour que ses traits passent, de son âme, sur le visage de son enfant.

. . . .

, Lady B*** se trouve si bien du séjour de Frascati, qu'elle songe à y acheter une villa, afin d'y revenir tous les ans, et qu'elle prend des arrangements pour passer tout l'été, soit dans sa propriété future, soit à Piccolomini, qu'elle parle de meubler convenablement. Le bon accord semble vouloir durer entre elle et son mari. Je crois qu'elle s'est aperçue de ce fait bizarre, qu'après vingt ans de mariage fort maussade lord B*** entrait dans une véritable lune de miel, et la satisfaction d'inspirer de l'amour dans son arrière-saison flatte réellement l'amour-propre de cette bonne et vertueuse dame. Elle a pris, avec son époux, des manières de pudique chatterie, et des embarras de jeune personne, et des coquetteries prudes qui seraient très-amusantes à observer; mais la Medora raille tout cela avec tant d'aigreur, que nous nous abstenons même d'en sourire, Daniella et moi.

Ce réveil du vieux Cupidon préposé à la gouverne du ménage B*** ; cette refloraison de milady, qui, en cachette de mylord, teint ses cheveux un peu blanchis par la maladie qu'elle vient de faire ; la jalousie de Felipone, qui commence, dit-on, à faire des scènes de passion à sa perfide Vincenza ; notre bonheur, à nous autres solitaires de Mondragone ; le printemps, les oiseaux, l'éloquence de Brumières, que sait-on? tout et rien, ont inspiré enfin à Medora une sorte de goût pour son cavalier servant ; et le *gaillard*, comme il s'intitule lui-même, a eu l'adresse de rendre lady Harriet assez contraire à ses espérances, ce qui leur donne plus d'assiette. En réalité, lady B*** trouve, avec raison, que sa nièce use trop de la liberté accordée aux demoiselles anglaises, et que cette succession de soupirants encouragés et éconduits commence à compromettre la dignité d'une tante et la bonne renommée nécessaire à une fille à marier. Elle tiendrait à honneur de lui faire faire un mariage convenable, à son point de vue, et si elle avait le droit de chasser Brumières de Piccolomini, elle l'eût déjà fait. Il sent très-bien qu'on l'admet à contre-cœur au rez-de-chaussée, et il s'en réjouit. Il aspire au moment où on lui fermera la porte du salon au nez. Ce jour-là Medora sera décidée à être madame *de* Brumières, car notre ami a découvert, ou a bien voulu nous révéler, qu'il avait quelques petits aïeux en réserve pour faciliter son établissement.

Dans tout cela, nous cherchons Tartaglia sans retrouver sa trace. Le secours important qu'il nous a donné pour notre mariage, revirement inattendu de ses idées au sujet de mon union avec Medora, l'emploi de son temps depuis sa disparition de Mondragone, rien ne nous a été expliqué. Après nous être apparu comme un revenant dans l'église de Frascati, il s'est évanoui comme une ombre, avant que nous ayons pu le remercier. Felipone prétend n'en savoir pas plus que nous sur son compte. Il nous a raconté qu'il s'était assuré d'abord, pour nous servir de témoin, Simone di Mattia, traiteur de la *Campana,* un de ses amis, habituellement ivre de la veille, et par conséquent incapable de réfléchir aux conséquences d'une brouille avec le curé ; mais, au moment de se mettre en route, maître Simone s'était ravisé prudemment, prouvant par là, disait Felipone, qu'il portait mieux son vin que celui des autres. Si bien que notre ami le fermier s'était vu très en peine pendant quelques instants, et sur le point de nous faire abandonner l'entreprise pour ce jour-là, lorsque Tartaglia, déguisé en berger de la montagne, s'était trouvé comme tombé du ciel au coin de la rue. Il avait accepté l'offre de nous assister, sans hésitation, disant qu'il m'aimait trop pour ne pas consentir à empirer ses relations déjà très-mauvaises avec l'autorité. Felipone n'avait pas eu le temps de lui en demander davantage. La cloche de l'église était en branle.

Onofrio, que nous allons voir de temps en temps, nous a dit l'avoir vu rôder, le soir de ce jour-là, autour de Tusculum ; il ne l'a pas aperçu depuis.

. . . .

15 juin, Mondragone.

Nous l'avons enfin retrouvé, mêlé aux nouveaux événements que j'ai à vous raconter.

Il fut décidé, le 8 de ce mois, que miss Medora épouserait monsieur *de* Brumières à la *chasuble*. Voici ce qui s'était passé pour amener cette résolution : autorisé à faire sa demande à lady Harriet pour un mariage en règle, Brumières s'était arrangé pour déplaire, et pour s'entendre dire devant Medora, jusque-là railleuse et comme prête à se dédire s'il était agréé, des choses assez blessantes, telles que: « J'espère que ma nièce réfléchira. — Je n'ai aucun autre droit sur elle que celui de l'intérêt que je lui porte ; mais si elle m'accordait la moindre autorité, j'en userais pour la détourner de vous, qui n'avez pas les opinions et les sentiments du monde où elle est appelée à vivre. »

Il faut vous dire que Brumières, qui n'a aucune espèce d'opinions, s'était posé, ce jour-là, en homme *très-avancé* et même beaucoup trop avancé, en présence de lady B***, et que Medora, qui, en fait d'indifférence absolue sur toute matière politique, est absolument dans le même cas que son adorateur, avait trouvé neuf et divertissant d'être excessivement philosophe, en paroles, à son exemple.

La chose prévue arriva : lady Harriet fut scandalisée, et Medora se déclara victime persécutée. Jour et heure furent pris pour l'union clandestine. Seulement, elle jugea à propos de faire une légère modification au programme dont Daniella lui avait donné l'exemple. Craignant que le curé de Frascati ne fût sur ses gardes, elle décida qu'on se marierait à Rocca-di-Papa, où elle comptait passer les premiers jours de son mariage.

C'était donc un enlèvement en règle dont Brumières nous annonça le bonheur et la gloire, et même il eut la fantaisie de m'avoir pour un de ses témoins, faveur dont je le remerciai négativement, ne voulant rien faire qui pût être désagréable à lady B***.

C'est à Rocca-di-Papa précisément que nous reçûmes cette confidence en y rencontrant le futur. Il s'y était rendu pour examiner la localité. Nous avions été là, nous autres, pour nous promener, et moi surtout pour regarder des enfants, car ils vivent *en tas* dans cette petite ville, et ils y sont à peu près nus en cette saison. On y peut donc étudier leurs mouvements dans toute la liberté de la nature.

Je n'ai rien vu d'aussi étrange et d'aussi pittoresque, en fait de construction, que cette bourgade de Rocca-di-Papa. Je vous ai décrit la gorge sauvage meublée d'une sorte de forêt vierge qui occupe le fond du précipice *del buco*. Nous avions laissé ce désert sur notre gauche et suivi le chemin plus large et plus doux qui, à travers les bois de châtaigniers, monte vers la ville. Daniella, en passant auprès des *trois pierres,* détourna la tête pour ne pas voir l'endroit du fourré où elle m'avait surpris avec Medora. Ce lieu lui rappelait le seul chagrin que nous nous soyons causé l'un à l'autre.

Rocca-di-Papa est un cône volcanique couvert de maisons superposées jusqu'au faîte, qui se termine par un vieux fort ruiné. Les caves d'une zone d'habitations s'appuient sur les greniers de l'autre ; les maisons se tombent continuellement sur le dos ; le moindre vent fait pleuvoir des tuiles et craquer des supports. Les rues, peu à peu verticales, finissent par des escaliers qui finissent eux-mêmes par des blocs de lave supportant une ruine difficile à aborder, et flanquée d'un vieil arbre qui se penche sur la ville, comme une bannière à la pointe d'un clocher.

Tout cela est vieux, crevassé, déjeté et noir comme la lave dont est sorti ce réceptacle de misère et de malpropreté. Mais, vous savez, tout cela est superbe pour un peintre. Le soleil et l'ombre se heurtent vivement sur des angles de rochers qui percent de toutes parts à travers les maisons, sur des façades qui se penchent l'une contre l'autre, et tout à coup se tournent le dos pour obéir aux mouvements du sol, âpre et tourmenté, qui les supporte, les presse et les sépare. Comme dans les faubourgs de Gênes, des arceaux rampants relient de temps en temps les deux côtés de la ruelle étroite, et ces ponts servent eux-mêmes de rues aux habitants du quartier supérieur.

Tout est donc précipice dans cette ville folle, refuge désespéré des temps de guerre, cherché dans le lieu le plus incommode et le plus impossible qui se puisse imaginer. Les confins de la steppe de Rome sont bordés, en plusieurs endroits, de ces petits cratères pointus, qui ont tous leur petit fort démantelé et leur petite ville en pain de sucre, s'écroulant et se relevant sans cesse, grâce à l'acharnement de l'habitude et à l'amour du clocher.

Cette obstination s'explique par le bon air et la belle vue. Mais cette vue est achetée au prix d'un vertige perpétuel, et cet air est vicié par l'excès de saleté des habitations.

Femmes, enfants, vieillards, cochons et poules grouillent pêle-mêle sur le fumier. Cela fait des groupes bien pittoresques, et ces pauvres enfants, nus au vent et au soleil, sont souvent beaux comme des Amours. Mais cela serre le cœur quand même. Je crois d'ailleurs que je ne m'habituerais jamais à les voir courir sur ces abîmes. L'incurie des mères, qui laissent leurs petits, à peine âgés d'un an, marcher et rouler comme ils peuvent sur ces talus effrayants, est quelque chose d'inouï qui m'a semblé horrible. J'ai demandé s'il n'arrivait pas souvent des accidents.

— Oui, m'a-t-on répondu avec tranquillité, il se tue beaucoup d'enfants et même de grandes personnes. Que voulez-vous, la ville est dangereuse!

J'entrai dans une des plus pauvres maisons pour me faire une idée de l'existence de ces êtres. Je fus surpris de la quantité de provisions et d'ustensiles entassés dans ce bouge infect. Jarres et tonneaux pleins de pois, de châtaignes, de grains et de fruits secs; solives garnies de maïs, d'oignons, de fromages, de viande de porc salé; vases de terre, de bois et de faïence; linge dans le cuvier de lessive; lits énormes; images de dévotion, chapelets bénits, statuettes et reliquaires, tout était pêle-mêle, et si encombré, qu'autour de la cheminée, de la table et des lits, il y avait à peine moyen de poser les pieds et de passer les épaules sans fouler ou renverser quelque chose.

Cette abondance en désordre, couverte de crasse et de vermine, me donna à penser. Ces gens sont donc pourvus de tout ce qui est nécessaire à la vie; le sol est fertile, et ils possèdent dix fois plus d'aliments et de meubles que la plupart des journaliers de mon pays, dont les maisonnettes, propres et bien rangées, ne se remplissent jamais que de ce qui est strictement nécessaire au jour le jour. Chez nous, le pauvre n'a pas de provisions dans les mauvaises années; il travaille pour le pain du lendemain, il court après le fagot de la veillée, la femme lave et raccommode sans cesse les pauvres vêtements de la famille. Ici, il n'y a point de mauvaises années; on recueille et on entasse, jusque sur son oreiller, des denrées variées; on engraisse des animaux domestiques jusque sous son lit; on paye des journaliers pour cultiver la terre, et on ne raccommode pas les hardes; on ne travaille pas, on se laisse dévorer par la vermine; on se vautre au soleil et on tend la main aux passants : voilà l'existence des localités fertiles et saines. D'où vient?

Vous répondrez; moi je reprends mon récit. Nous sortîmes de la ville, non sans peine, par une ruelle étroite, rapide et glissante d'eau de fumier, où passait une caravane de mulets chargés de genêts qui ne laissaient pas de place aux passants, et qui ne pouvaient s'arrêter à la descente. Nous avions hâte de fuir ce taudis navrant d'où, cependant, par la fenêtre de toute baraque immonde, l'œil plonge sur des abîmes de verdure splendide, sur les brillants petits lacs, sur les ravins délicieux et sur les immenses horizons de montagnes d'opale. Nous marchâmes tout au plus dix minutes, et nous atteignîmes la source *del buco*.

C'est une fontaine abondante qui s'épanche dans de grandes auges de pierre blanche, lavoir pittoresque dans les rochers, sur des cimes sauvages. Les eaux s'échappent en nombreux filets qui bouillonnent sur un sol de roche ondulée, et vont, à quelques pas de là, se réunir et s'engouffrer dans le *buco*.

Nous étions sur les plateaux qui forment d'immenses terrasses entre les monts Albains et les monts Tusculans, non loin du prétendu camp d'Annibal. Sous nos pieds, dans la fêlure gigantesque du mur de roches que nous tâchions en vain de côtoyer, tombait la cascade et se dressaient les créneaux brisés de la petite tour où j'ai passé des heures si heureuses et si tristes. Il n'y a là de frayé qu'un sentier effroyable où je ne voulus pas laisser Daniella se hasarder. Je m'assurai que, d'en haut comme d'en bas, ma belle cascade et ma tour fantastique sont à peu près impossibles à voir sans se casser le cou. Les formes étranges de ces plateaux, rehaussés de cônes aigus ou tronqués, et les formidables brisures de leurs flancs escarpés attestent les convulsions violentes des âges volcaniques. Sur un de ces plateaux, où un vent frais soufflait avec impétuosité dans sa chevelure, Daniella ramassa pour vous des gentianes d'un bleu veiné de rose et de petites jacinthes sauvages qui sont des plantes adorables de forme et de couleur, mais dont malheureusement vous n'aurez que les squelettes.

Daniella était triste en cueillant ces fleurs et en regardant l'âpre paysage qui nous environnait : des plaines incultes, des taillis impraticables, des ruisseaux sans cours, formant marécage jusque sur les cimes battues du vent; tout cela s'étendant, d'un côté jusqu'à Monte-Cavo (*mons Albanus*), de l'autre jusqu'au revers de *l'arx* de Tusculum, qui, vu de la hauteur, se trouvait beaucoup plus près que, de mon refuge dans le précipice, je ne l'avais imaginé.

— Allons-nous-en, me dit Daniella ; mon corps et mon âme se refroidissent ici. Le bruit de cette cascade me fait mal. Tu n'as pas voulu me laisser apercevoir la tour maudite, et tu as bien fait : je sens que je ne la reverrai jamais sans remords.

— Et moi, j'aime quand même cette cascade qui chantait pendant ton sommeil, et cette ruine où, après tant d'heures d'inquiétude et de chagrin mortel, je t'ai enfin pressée dans mes bras et endormie sur mon cœur.

— Tu ne te souviens donc plus que j'ai été injuste, violente, folle et cruelle? C'est là le seul crime de ma vie, mais il est grand et il me fait trembler de peur quand j'y pense. Tu sais bien ce que je disais dans nos premiers jours de Mondragone : Dieu, que j'ai offensé quand je me suis donnée à toi sans sa permission, me punira : et il m'a punie plus sévèrement que je ne l'avais prévu. Que j'aie été séparée de toi, maltraitée, insultée, battue, volée, et tout cela avec de mortelles inquiétudes sur ton compte, je m'y attendais presque. La conscience de mon péché m'en donnait comme un avertissement ; mais que, le premier jour où j'ai été réunie à toi, un jour que j'aurais dû passer en prières et à tes genoux pour adorer et remercier Dieu, j'aie été coupable envers toi, que je t'aie odieusement fait souffrir !... voilà un jour de l'enfer qui m'a été imposé, et quand je me souviens de mon délire, je me sens un vertige comme si le démon me serrait la gorge et me tenaillait le cœur en me criant : « Ce n'est pas la seule fois que je t'aurai en ma puissance ; je reviendrai, et tu recommenceras ! » O mon Dieu, mon Dieu ! s'écria ma pauvre Daniella avec exaltation, faites que je ne recommence pas ! faites-moi mourir plutôt que de me laisser vivre pour le malheur de ce que j'aime !

Je la consolai en lui jurant qu'elle pouvait retomber dans sa jalousie, sans danger désormais.

— C'est ma faute, lui dis-je, si, tous deux, nous avons tant souffert. J'ai été surpris par la douleur, j'ai manqué de foi et de force. J'aurais dû trouver des paroles et des caresses pour te détromper et te rassurer, des formules sacrées pour chasser ton démon. J'étais fatigué et malade ; et puis j'avais en moi-même, dans ce triste lieu, des pensées sinistres et lâches. J'avais boudé la Providence comme un sot enfant boude sa mère. Je m'étais révolté contre les heures qui ne marchaient pas assez vite; j'avais été fou! Je méritais donc une punition, et je l'ai subie. A présent, je n'en crains plus d'autre, je n'en mériterai plus. Notre amour nous sanctifiera et chassera le mauvais esprit qui rôde autour des cœurs heureux. Nous ferons de notre passion une religion et une vertu. N'est-ce pas déjà fait? N'ai-je pas été bien inspiré de braver pour toi tous les reproches et de briser tous les obstacles, de refuser les dons de la richesse et de vouloir être tout pour toi, à moi tout seul? Tu vois bien que Dieu nous pardonne et nous bénit, puisque je suis sorti de tous mes dangers, et que tout ce que j'ai demandé au ciel se réalise : toi, un enfant, du travail et de la dignité!

Elle essuya ses larmes, et, gagnée par ma foi, elle remercia Dieu avec enthousiasme.

Non, je ne crois pas qu'elle redevienne le jouet de la violence de ses instincts. Je lui ai dit ce que je pense; je ne la crains pas, cette femme que j'adore. Je sens que je l'amènerai doucement à combattre l'impétuosité de ses premières impressions, et que je lui apprendrai à être heureuse.

Nous nous remettions en route pour Tusculum lorsque Brumières cria après nous et accourut pour nous accompagner, en nous faisant part de son triomphe.

LIV

Il venait de Rocca-di-Papa, où il avait trouvé des témoins et pris connaissance des circonstances nécessaires au succès de son entreprise. Quand il eut bien bavardé, il s'aperçut qu'il me mettait dans une situation délicate : il me fallait, ou abuser de sa confiance, ou tromper lord et lady B*** dans le cas où, ayant quelque soupçon, ils me questionneraient. Je résolus de ne pas les voir ce jour-là et de rentrer tard à Mondragone, pour le cas où mylord viendrait m'y rendre visite dans l'après-midi.

— Puisque vous retournez par ce côté-ci de Tusculum, dit Brumières (et cela me paraît en effet le plus court), je vais avec vous.

Il fut convenu qu'il nous laisserait chez Onofrio ; mais, quand nous entrâmes chez le berger, la curiosité de voir le petit musée qu'il s'est fait dans son paillis le retint. Brumières est flâneur, comme le sont les caractères enjoués et communicatifs.

Nous étions là depuis un quart d'heure lorsque je m'entendis appeler du dehors. Je sortis, croyant reconnaître la voix de Felipone. C'était lui, en effet, armé de son fusil, suivi de deux chiens de chasse et portant quelques perdrix dans sa gibecière.

— Avec qui êtes-vous là-dedans? me demanda-t-il en me montrant la cabane.

— Avec ma femme et Brumières. Pourquoi n'entrez-vous pas?

— Je vais entrer. Je n'étais pas sûr que ce ne fût pas un étranger, et, vous savez, on est sot, on est timide !

— Vous, timide?

— Mais oui, avec les gens que je ne connais pas.

— Eh bien, vous connaissez Brumières, venez!

— Oh! certainement je le connais : un bon enfant, un charmant garçon!

Je le regardai pour voir s'il n'y avait pas d'amertume dans

cet éloge. La figure ronde et placide du fermier témoignait de la plus entière candeur.

Je pensai que la Vincenza avait, en femme supérieure qu'elle est dans l'art du mensonge, endormi les soupçons de son mari, et je retournai vers la cabane, croyant que Felipone me suivait; mais il me rappela.

— Attendez donc, me dit-il, j'ai quelque chose à vous dire. Appelez donc ma filleule, ça la regarde aussi.

J'appelai Daniella, qui fit quelques pas vers nous. En ce moment Onofrio était dehors aussi, occupé, à quelque distance, à panser un de ses chiens mordu par une vipère. Brumières était sur le seuil, regardant avec intérêt une *fibula* étrusque d'une grande beauté.

Daniella regarda Felipone, répondit avec calme : « J'y vais, » et, m'appelant :

— Je ne peux pas marcher, s'écria-t-elle, une épine vient d'entrer dans mon soulier, et je n'ose faire un pas de crainte de l'enfoncer.

Je volai à son secours.

— Baisse-toi, me dit-elle tout bas, et fais semblant de chercher. Il n'y a pas d'épine à mon pied, mais il y a là, devant nous, mon parrain qui veut tuer monsieur Brumières.

— Tu rêves! Il est aussi tranquille et aussi gai que de coutume.

— Non! je te jure. Je l'observe depuis un moment, il veut nous éloigner d'ici. Tu vas voir qu'il nous fera un conte pour nous renvoyer.

— Eh bien, que faire?

— Ne pas le perdre de vue et nous placer toujours entre lui et son but. Reste là, toi, ne quitte pas ce pauvre garçon d'un pas. Mon parrain t'aime et ne tirera pas au risque de te blesser. Moi, je tâcherai de le distaire, si c'est une mauvaise pensée qui vient de le surprendre, ou de le confesser et de le convertir, si c'est un parti pris d'avance.

Je ne croyais nullement au danger que supposait Daniella; je suivis néanmoins son conseil. Je m'approchai de Brumières, tandis qu'elle allait rejoindre Felipone, lequel, appuyé sur son long fusil, nous attendait d'un air calme, avec son éternel sourire aux deux coins d'une lèvre épaisse et vermeille.

— Voilà un bijou admirable, me dit Brumières, que je m'arrangeais pour masquer comme par hasard. Regardez comme cette petite tête de bélier est ciselée, et comme ces ornements de filigrane sont sobres et bien placés. Il est impossible que ce berger sache le prix d'une pareille chose, et il faut que vous m'aidiez à lui acheter ça, pas trop cher. Ce sera mon cadeau de noces pour demain, en attendant que je puisse faire mieux.

Je m'approchai avec lui d'Onofrio, non pour aider à tromper celui-ci, mais pour continuer à interposer ma personne entre Brumières et Felipone. Onofrio est d'une probité rigide, ce qui ne veut pas dire qu'il ait un désintéresment aveugle et qu'il soit facile de le tromper. Brumières, en brocanteur exercé, lui demanda négligemment si c'était là une véritable antique, feignit de croire que cela pouvait être une imitation en or de Naples, comme il s'en fait beaucoup, ajouta que ces imitations lui plaisaient d'ailleurs autant que les originaux, et que, copie ou non, il en offrait deux écus romains, voulant bien payer un brave homme instruit et hospitalier.

A cette proposition, la figure douce du berger prit une expression de mépris austère.

— Vous êtes un enfant, dit-il; rendez-moi ça. Ce n'est

pas pour les gens qui ne s'y connaissent pas, c'est pour les artistes.

Brumières, un peu piqué, s'obstina à dire qu'il était à peu près impossible de distinguer une copie bien faite d'un original.

— Je ne suis pas orfévre, répondit froidement Onofrio; je suis berger. Je ne fais pas de bijoux, j'en trouve. Je n'ai jamais été dans les boutiques de Naples; je retourne et fouille les pierres de Tusculum. Ce n'est pas à moi que vous persuaderez que j'ai acheté ou fabriqué cette agrafe.

— Un voyageur peut l'avoir achetée à Florence ou à Naples, et l'avoir perdue à Tusculum.

— Comme vous voudrez! dit le berger en reprenant le bijou avec un profond dédain.

Brumières l'avait blessé, non-seulement dans sa probité, mais encore dans son amour-propre d'antiquaire. Je regardai du côté de Felipone, qui marchait à quelque distance avec Daniella. Je me disais qu'en cas de mauvais dessein de la part du mari de Vincenza, ce ne serait probablement pas Onofrio qui porterait grand secours à l'imprudent Brumières.

Ce dernier, qui n'avait rien à offrir à sa fiancée, et qui trouvait là la seule occasion de lui faire un présent, s'obstina à marchander et offrit jusqu'à deux cents francs de la broche étrusque.

— Non, lui dit Onofrio; je ne la donnerais pas à monsieur Valreg pour ce prix là; pour vous, ce sera cinq cents francs.

— Merci de la préférence! s'écria Brumières. Vous m'en voulez donc?

— Vous avez voulu me tromper, je vous rançonne.

— Allez au diable!

— Prenez garde d'y aller avant moi, *signore* !

L'accent de cette réponse fut si marqué, relativement au flegme ordinaire d'Onofrio, que je commençai à croire Brumières en danger.

— Allons-nous-en, lui dis-je à voix basse; il ne fait peut-être pas bon pour vous ici. Il me regarda avec étonnement, et je lui fis part de mes doutes.

Il n'en tint pas grand compte.

— Je sais par Vincenza, dit-il, que son mari, pour la première fois de sa vie, commence à la soupçonner; mais c'est lord B*** qu'il accuse de vouloir la séduire, parce que le brave Anglais, reconnaissant des soins donnés par elle à lady Harriet, lui a fait de trop riches présents. Voilà ce que c'est que d'être opulent et généreux. Moi qui, pour vingt-quatre heures encore, suis gueux comme un peintre, je ne cours pas le risque d'être accusé d'acheter le cœur des femmes à prix d'or. Mais voyons, nous perdons le temps; voulez-vous me rendre un service? Marchandez et achetez pour moi ce bijou. Il me le faut à tout prix.

— Onofrio ne le livrera pas sans argent comptant, même à moi son ami, car il voit bien que ce n'est pas moi qui achète, et je présume que, pas plus que moi, vous n'avez deux ou trois cents francs sur vous?

— Certes non, mais je courrai à Frascati chercher l'argent.

— C'est inutile, venez jusqu'à Mondragone et prions Onofrio de nous suivre; je le payerai.

Onofrio me céda la broche pour trois cents francs, mais il refusa de venir se faire payer à Mondragone. Il ne pouvait pas s'absenter. Les autres paillis étaient trop éloignés, aucun berger ne pouvait venir surveiller ses bêtes et sa demeure. Quand il s'absentait, il prenait ses arrangements dès la veille. Il nous offrait d'apporter le bijou le lendemain soir. C'était trop tard pour Brumières. J'imaginai de prier Felipone, qui s'était rapproché de nous, de garder le paillis jusqu'au retour du berger. C'était l'affaire d'une heure au plus. De cette manière je séparais les deux rivaux et j'emmenais Brumières.

Felipone répondit courtoisement qu'en toute autre circonstance il se ferait un plaisir d'obliger monsieur Brumières, mais il était forcé de rentrer de suite à Mondragone.

— Daniella sait qu'il le faut, me dit-il ; vous n'avez pas voulu écouter ce que j'avais à vous dire là-dessus, mais elle vous en fera part.

En toute autre circonstance, comme disait Felipone, il eût été tout naturel de demander à celui-ci de répondre pour nous du payement, afin que Brumières pût emporter le bijou ; mais je ne pus surmonter la répugnance que j'éprouvais à demander au fermier l'ombre d'un service d'argent pour l'homme qui le trahissait, et Brumières lui-même, malgré son assurance ordinaire, ne s'en sentit pas le courage.

Il y avait, d'ailleurs, quelque chose de trop significatif, de la part d'un homme aussi obligeant et aussi prévenant que Felipone, à ne pas proposer, même à moi, sa garantie.

— Eh bien, allons chez vous, me dit Brumières. Vous me prêterez, et je reviendrai payer. Je serai encore de retour à Frascati avant la nuit.

Je crus remarquer un sourire particulier sur les lèvres retroussées du fermier ; mais, sur une figure où l'enjouement est comme une contraction nerveuse habituelle, il est très-difficile de saisir un mouvement de l'âme.

Nous reprîmes le chemin de Mondragone, Daniella, Brumières et moi. Felipone nous laissa passer devant et resta encore quelques moments à causer avec Onofrio ; puis nous le vîmes nous suivre avec son fusil et ses chiens. Il marchait vite pour nous rejoindre, et Daniella nous engageait à doubler le pas, afin de sortir avant lui de la petite gorge encaissée et boisée qui descend de Tusculum aux Camaldules. Mais cet empressement me parut devoir exciter les émotions de Felipone plutôt que de les apaiser, et Brumières, d'ailleurs, s'y refusa avec obstination.

Quand nous nous trouvâmes engagés dans les zigzags ombragés de ce ravin, nous perdîmes de vue le fermier.

— Voilà un joli petit bois, nous dit Brumières; mais il faut convenir que c'est un vrai coupe-gorge.

Je lui répondis que j'en avais fait déjà la remarque lors de ma fuite nocturne avec le prince et Medora.

— Le fait est, dit Daniella, qu'il a été assassiné ici plus de gens qu'on n'en sait le compte, et que monsieur Brumières ferait bien, puisque mon parrain ne peut le voir, de prendre sa course et de s'en aller à Frascati sans s'inquiéter de ce bijou qui ne vaut pas le danger qu'il lui cause.

Brumières regarda derrière lui et réfléchit un instant.

— A quoi pensez-vous? lui demandai-je. Ce n'est pas le moment de s'arrêter.

— Croyez-vous réellement, dit-il, que ce gros jouflu, avec son rire bête, ait, dans son front court, la fâcheuse pensée, et, dans le caractère, l'énergie désagréable de m'envoyer une balle?

— Moi, répondis-je, je ne crois pas qu'il ait cette pensée. Quant à l'énergie nécessaire pour se venger, je peux vous dire qu'il l'a à un dégré très-prononcé.

Je songeais, en ce moment, à l'espèce de rage atrocement joviale avec laquelle Felipone avait craché à la figure de Masolino criblé par lui de chevrotines et couché dans le sang, à ses pieds.

—Et moi, dit Daniella en prenant le bras de notre ami pour

le forcer à avancer, je vous répète, je vous jure que mon parrain veut vous tuer.

— Il vous l'a dit?

— S'il me l'avait dit, c'est qu'il ne serait pas décidé à le faire. Ce que l'on veut faire, on n'en parle pas, et s'il avait laissé paraître quelque chose de son dessein, c'est qu'il ne serait pas encore mûr.

— Mais s'il n'en dit rien et s'il n'en laisse rien paraître, comment pouvez-vous le supposer?

— Pour voir ce qu'un Italien a au fond des yeux, répondit Daniella marchant toujours, il faut des yeux italiens. J'ai vu ce que pensait mon parrain dans le redoublement de sa gaieté. Il souffre bien, allez!

— Pauvre cher homme! dit en riant Brumières.

— Voyons, lui dis-je, avouez-nous la vérité: Felipone ne vous a-t-il pas surpris avec sa femme?

— Eh bien... oui et non! Ce matin, nous étions dans un bosquet de la villa Falconieri, en tout bien tout honneur, cette fois, je vous jure! La Vincenza s'avisait, un peu tard, d'être jalouse de Medora, ce qui, par parenthèse, me fait beaucoup désirer d'aller planter ma tente conjugale à Rocca-di-Papa, car cette jalousie intempestive pourrait être fort incommode. Je la rassurais de mon mieux, et je mentais comme un arracheur de dents pour l'empêcher d'élever la voix, et, malgré tout, elle parlait un peu trop haut. Enfin, j'ai réussi à me débarrasser d'elle sans trop de criailleries; et, comme je revenais seul, par une de ces jolies allées de buis taillé qui sont comme flanquées de murailles vertes, je me suis trouvé nez à nez avec messer Felipone... Tenez, comme je m'y trouve encore, dit-il en baissant la voix et en nous montrant le fermier, qui, coupant le ravin en ligne perpendiculaire, venait en souriant à notre rencontre. Et Brumières ajouta : Il m'a regardé et salué gracieusement, comme il fait encore en ce moment-ci.

Brumières parlait encore, qu'un coup de feu passa au-dessus de nos têtes. C'était Felipone, qui, placé maintenant à dix pas de nous, sur un rocher, venait de tirer sur un lièvre.

— Cherche ! cherche ! cria-t-il à ses chiens, qui s'élancèrent dans le ravin au-dessous de nous. Il les suivit, descendant cette pente verticale avec une agilité que n'eussent pas fait supposer ses jambes courtes et son gros ventre, mais dont je lui avais déjà vu donner des preuves dans notre fuite vers le *buco*.

— Il tient à montrer son coup d'œil et son jarret, dit Brumières, en le voyant ramasser son lièvre au fond de la gorge. Si c'est une menace facétieuse, elle est de bon goût, et cet homme-là commence à me plaire. Mais vous avez eu peur, bonne Daniella !

— Oui, pour vous, dit-elle. J'ai entendu le plomb siffler trop près de vous pour que cela n'ait pas été fait exprès. Il a voulu vous effrayer.

— Eh bien, c'est très gentil de sa part, dit Brumières, et je ne le croyais pas si spirituel. Mais ces gaietés-là pourraient devenir dangereuses pour vous, et, quant à moi, rester davantage à vos côtés serait une lâcheté insigne. D'ailleurs, il faut en avoir le cœur net. Si ce gaillard-là veut m'assassiner, il m'attendra, demain ou ce soir, au coin d'une haie ; j'aime autant savoir à quoi m'en tenir tout de suite.

— N'y allez pas ! dit Daniella en essayant de le retenir ; il a encore un canon de fusil chargé.

Brumières ne l'écouta pas ; il s'élança dans le ravin en criant à Felipone :

— Il n'est pas mort, ne le tuez pas ! je voudrais le voir vivant ! » Il parlait du lièvre que l'autre tenait par les oreilles.

Ce courage ou cette confiance imposèrent à Felipone ; ou bien nous étions trop près pour qu'il voulût nous avoir pour témoins de sa vengeance ; ou bien encore Daniella s'était trompée en lui supposant des pensées tragiques.

Nous les entendîmes causer ensemble de bon accord sur la manière dont le lièvre avait été tué.

— Vous l'avez massacré, disait Brumières, avec votre plomb à chevreuil !

— Bah ! répondait Felipone, tout ce qui porte est bon !

Nous les vîmes longer le petit torrent sans eau qui parcourt le fond de la gorge. Ils se dirigeaient vers Mondragone et prenaient sur nous de l'avance. Bientôt nous les perdîmes de vue sous le taillis, et, après avoir marché vite pour ne pas perdre nos distances, nous nous arrêtâmes pour écouter.

— J'ai entendu comme un cri étouffé, dit Daniella.

Nous prêtâmes l'oreille : un gros rire, celui de Felipone, se fit entendre.

— Tu vois bien que tu t'es trompée, dis-je à ma femme attentive et pâle.

— Je n'entends pas rire l'autre ! répondit-elle.

Nous quittâmes le chemin pour tâcher de regarder vers le fond. C'était impossible. Nous nous égarions dans le robuste entrelacement des chênes nains, dont les feuilles sèches tenaient encore et interceptaient la vue. La nuit tombait, et quand nous nous retrouvâmes sur le chemin, non loin du couvent, nous avions perdu assez de temps pour que nos gens eussent regagné Mondragone, si tant est qu'ils fussent sortis de la gorge. Nous n'osions appeler Brumières dans la crainte de hâter la résolution que Daniella attribuait au fermier.

Notre inquiétude cessa à la porte de Mondragone, où nous

attendaient Felipone toujours gai, et Brumières sain et sauf. Ils étaient les meilleurs amis du monde. Malgré ma joie de revoir l'amant de Vincenza hors de danger, je ne pus me défendre d'un mouvement de mépris pour le mari.

— Ce lièvre est jeune et encore chaud, nous dit ce dernier. Il sera tendre et vous allez le manger à votre dîner. Je m'invite et me charge de le faire cuire. Êtes-vous des nôtres, monsieur Brumières?

— Ce serait avec plaisir, répondit-il, mais c'est impossible. Il faut que je coure payer et chercher la *fibbia*, et que je retourne à Piccolomini à jeun. Plaignez-moi et buvez à ma santé.

Je lui remis la petite somme; il partit en courant, et Felipone se mit à débiter des facéties et du latin de moine, du latin de cuisine, comme on dit chez nous, en arrosant le lièvre au feu de la nôtre.

Nous ne le quittions pas, et Daniella, toujours inquiète de ses desseins, feignait de s'intéresser beaucoup aux talents culinaires de son parrain, afin de l'empêcher de s'esquiver pour suivre ou attendre Brumières au coin du bois.

Tout à coup il essuya sa figure ruisselante de sueur, en nous disant:

— Mes bons enfants, j'ai à vous annoncer une nouvelle qui vous surprendra bien. Déjà j'ai dit la chose à Daniella sans vouloir nommer la personne. Elle a eu l'air de ne pas me croire; mais vous allez voir ! Un ami que l'on croyait perdu est retrouvé, et, si vous le voulez bien, je vas le chercher pour le faire souper avec nous !...

— Qui? demandai-je.

— N'importe, dis que non ! murmura Daniella à mon oreille. Il veut nous quitter ; c'est un prétexte.

— J'y vais avec vous, répondis-je en m'adressant au fermier. J'en aurai plus tôt la surprise.

— Ça n'est pas la peine, répondit-il; je l'entends qui met le couvert. Il est là.

En effet, un bruit d'assiettes se faisait entendre dans la petite salle à manger. J'y entrai. Un domestique, en habit noir tout neuf et en manchettes d'un blanc irréprochable, avait la figure tournée vers le buffet ; mais sa petite taille et sa tournure hasardée étaient trop remarquables pour que je pusse hésiter à le reconnaître.

— Tartaglia ! m'écriai-je en courant à lui.

— Non plus Tartaglia, *mossiou*, me dit-il en me saluant avec une grâce bouffonne, mais Benvenuto, comme on me nomme dans les autres pays. Benvenuto, premier valet de chambre, homme de confiance, et, sous peu, intendant de la maison de Son Altesse le prince de Monte-Corona, à Gênes !

— Quoi ! tu es entré au service de ce bon prince ? Où est-il ? comment va-t-il ?

— Il se porte bien, et il réside à Gênes, comme je vous le dis.

— Mais toi ? comment te trouves-tu ici ?

— Il m'a chargé d'une mission de confiance (il baissa la voix). Je reviens *incognito* rapporter à la belle Medora des lettres compromettantes ; le prince est grand et généreux.

— C'est bien ; mais dans le peu de temps qui s'est écoulé depuis le jour où tu m'as servi de témoin, tu n'as pas eu le temps d'aller à Gênes et d'en revenir ?

— Je l'aurais eu, mais je n'ai pas fait un si long voyage. Le prince était encore à la frontière des Etats romains quand il m'a donné son amitié, ma place auprès de lui, et la commission dont je m'acquitte.

LV

Daniella était enchantée de revoir Tartaglia et de le savoir heureux.

— Puisque tu veux mettre le couvert à ma place, lui dit-elle, tu vas au moins souper avec nous.

Mais à peine eut-elle fait cette invitation qu'elle se tourna vers moi, comme pour me demander pardon d'avoir oublié mes anciennes méfiances et mon peu de goût pour la société de ce singulier personnage.

Mais les événements m'avaient prouvé de reste que Tartaglia était loyal en amitié, et j'étais trop son obligé pour hésiter à l'admettre sur le pied d'égalité où ma femme avait toujours été avec lui. Je confirmai l'invitation ce dont il parut extrêmement flatté.

— Vous êtes bon comme un homme d'esprit, me dit-il; vous avez raison, *mossiou,* de tendre la main à Tartaglia pour l'élever à vous. Tartaglia n'était pas un mauvais homme, vous le savez bien; mais, entre nous soit dit, c'était quelquefois une vraie canaille. Que voulez-vous? la jeunesse, les passions, la misère, un peu de vin par-ci, un peu de paresse par-là, et aussi le libertinage! Mais Tartaglia est devenu vieux, et, un beau jour, il s'est dit qu'il fallait faire une bonne fin. L'occasion l'a servi, c'est-à-dire que le ciel l'a aidé. Écoutez son aventure:

« En se sauvant des griffes de la police, qu'il avait trahie par dévouement à l'amitié, il s'est trouvé dans une petite bourgade de la maremme siennoise, où une méchante chaloupe pontée venait de déposer un plus illustre fugitif, notre cher susdit prince. Vous savez, *mossiou,* comment il avait laissé traiter le pauvre Tartaglia par ses gens, dans cette maudite *befana* où il faisait, on peut bien le dire, la figure d'un saint dans une niche. Eh bien, tout en passant la nuit ainsi enchâssé et béatifié, Tartaglia avait fait ses petites réflexions, par suite de ses petites remarques, et il s'était dit: Ce beau cheval noir que j'ai vu là, au bas de l'escalier, c'est Otello, je le connais bien. Je l'ai pansé et promené assez souvent, ne fût-ce qu'une certaine nuit sur la route de Frascati, où, par parenthèse (on peut tout dire à présent), je vous ai empêché de tomber dans les griffes de Campani) le diable ait son âme!) en vous faisant passer pour monsieur Mangin, le préfet de police... Mais je continue! Donc, j'avais reconnu la dame voilée puisque j'avais reconnu Otello, et je me disais: Medora ne partira pas avec le prince, puisqu'elle a revu monsieur Valreg...

» Et puis je m'étais dit encore: Voilà un bon prince, très-amoureux et très-libéral. Si, au lieu de me fouler aux pieds, il me demandait conseil, il pourrait bien s'apercevoir que je suis un homme dans l'occasion. Si bien que, voyez la destinée, *mossiou!* quand je l'ai retrouvé dans cette bourgade dont je vous parle (ça s'appelle Porto-Ercole), j'ai été droit à lui et je lui ai dit des choses qui lui ont fait ouvrir l'oreille, entre autres celle-ci: — La Medora est coiffée d'un garçon (je ne vous ai pas nommé) qui aime ailleurs et ne veut point d'elle. Patientez, et si je vous fais épouser cette belle, faites-moi votre intendant ne vous demande pas plus d'un mois pour réussir. J'y risquerai ma peau ; mais la place que vous me promettez vaut bien ça.

» Je te l'ai donc promise? a dit le prince en riant. Eh bien, soit! Je n'y risque rien, puisque tu ne réussiras pas. — Et moi: Nous verrons! — Or, *mossiou,* me voilà habillé en honnête homme, comme vous le voyez, et décidé à le devenir. Je commence bien, puisque j'ai donné au prince le bon conseil de rendre les lettres, ce qui est une chose noble et faite pour attendrir la Medora : qu'en pensez-vous? Mais vous êtes préoccupé, et peut-être que mon bavardage vous ennuie?

— Nullement; mais je vois que ma femme veut te parler, et qu'elle me fait signe d'aller dans la cuisine.

En effet, Daniella avait eu l'inspiration de confier à Tartaglia le danger où elle croyait Brumières si Felipone nous quittait avant deux heures, et il abrégea toute explication en lui disant :

— Ah! ah! je sais! la Vincenza! Il est enfin jaloux!

Il se chargea de retenir Felipone, bien qu'il ne fît pas des souhaits bien ardents pour la conservation des jours de Brumières. Il savait, par le fermier, chez qui il était arrivé le matin même, que Brumières était devenu le cavalier servant de Medora; mais il ne s'en inquiétait pas beaucoup. Il pensait qu'elle se moquait de lui. Daniella se garda bien de trahir le secret de Brumières. Nous en étions, elle et moi, les seuls confidents. Les témoins, avertis à Rocca-di-Papa, ne savaient pas eux-mêmes pour quel office ils étaient requis et à moitié payés d'avance.

Pendant cette explication, j'aidais Felipone à désembrocher son lièvre, et chaque instant qui s'écoulait me donnait la conviction qu'il ne songeait qu'à manger, à rire et à babiller.

Quand nous eûmes apaisé la première faim, Tartaglia reprit devant le fermier le thème favori de ses projets de fortune, et celui-ci me parut très au courant de ses espérances relativement à la réconciliation du prince avec la belle Anglaise. Il me sembla même comprendre, à quelques monosyllabes échangés entre eux, que le prince était attendu à son ancienne résidence de la *befana* d'un jour à l'autre.

Je regrettais la peine inutile qu'il allait prendre et les nouveaux dangers qu'il venait braver ; mais je ne pouvais dire un mot pour lui faire donner un meilleur avis. Avec des gens aussi pénétrants que mes deux convives, la moindre réflexion eût pu conduire à la découverte du secret de Brumières.

Je laissai donc Tartaglia, je veux dire maintenant Benvenuto, se bercer de rêves qui ne me semblaient pas tout à fait illusoires, puisqu'en attendant il avait la confiance du prince. Il était évident qu'il lui avait plu et qu'il pouvait désormais tenir sa parole de devenir honnête homme. Il avait du linge magnifique ; un passe-port bien en règle ; de l'or plein ses poches : trois choses que j'avais toujours entendu souhaiter à cet original, et moyennant lesquelles il assurait pouvoir rentrer dans le sentier de la vertu.

— Voyez-vous, mes amis, nous dit-il au dessert, après s'être, je dois le dire, très-convenablement tenu pendant le repas, il y a des pays où la bonne conduite est assez encouragée pour qu'il y ait plaisir et profit à en faire métier ; mais il y en a d'autres où la condition des gens de ma sorte est si dure et leur éducation si mauvaise, qu'ils ne peuvent pas sortir du bourbier sans un secours extraordinaire. En Italie, où l'on est obligé de tenir compte de la fatalité des choses, vous verrez, si vous regardez bien, que les antécédents n'empêchent pas la considération, et, tel que vous me voyez, je veux, avant qu'il soit deux ans, être monsieur Benvenuto, intendant considéré, estimé de son maître, redouté de la valetaille, marié à une gentille femme, et père d'un beau garçon qui sera un jour avocat ou médecin, à moins qu'il n'ait la vocation d'artiste, ce en quoi je ne veux pas le contrarier. Pourquoi non ? Eh ! monsieur Valreg, croyez-vous donc que le métier de gredin soit agréable ? et que celui d'homme de bien ne soit pas le plus amusant de tous, surtout pour le pauvre diable qui a vécu d'aumônes insultantes et de coups de pied dans les mollets? Être homme de bien ! c'était mon rêve, comme celui des courtisanes folles est de devenir vieilles bourgeoises dévotes. Quand on vient au monde avec la vocation de la vertu, on fait comme vous; on souffre, on travaille, et l'on arrive par là au même but que l'enfant prodigue qui rentre tout d'un coup au bercail, moyennant qu'on lui offre du veau et des habits neufs. Seulement, vous avez pris le chemin le plus long pour avoir une bonne renommée, car vous ne la tiendrez bien qu'après vingt ou trente ans de sainteté, et encore vous pourrez la perdre pour une mince peccadille ; car le monde est ainsi fait : plus on lui donne, plus il exige. Tandis que si un coquin passe tout à coup honnête homme, on lui en sait un gré infini. Ça étonne, ça amuse, et ceux qui s'attribuent le mérite de l'avoir converti en sont si fiers, qu'ils s'en vont le disant à tout le monde. Je suis sûr qu'avant trois mois mon prince me prônera à tous ses amis comme son ouvrage; et pourtant, la vérité est, monsieur Valreg, que si je dois quelque chose à quelqu'un, c'est à vous, parce que... ma foi, je ne saurais dire pourquoi ! une sympathie, une persuasion, votre amour pour cette Daniella qui vaut quarante Medora... Mais, chut ! avant peu il faudra dire à celle-ci *Votre Altesse,* et prendre ses ordres chapeau bas, l'épée au côté !

Il babilla ainsi jusque vers neuf heures, et ses manières étaient telles, que, si je ne l'eusse connu dans son abjection récente, j'aurais pu croire qu'il avait toujours vécu parmi des gens honorables.

A force de regarder les personnes du grand monde, en leur servant de ruffian et de bouffon, il savait à l'occasion jouer le rôle d'un subalterne décent et bien appris. Sa toilette soignée, sa barbe rasée, sa chevelure insensée, élaguée maintenant et collée aux tempes, changeaient tellement sa figure et sa manière d'être, qu'il pouvait espérer de n'être pas trop reconnu.

— Explique-moi ta présence à mon mariage? lui dis-je en le reconduisant jusqu'au *pianto* avec le fermier qui, reprenait par là le chemin de sa maisonnette.

— C'est bien facile. Ce jour-là j'étais envoyé déjà par le prince pour tâter le terrain. J'avais revu miss Medora, et j'avais été bien mal reçu. Mais le soir même j'y retournai, et je fus mieux écouté; votre mariage avait changé ses idées. Voilà pourquoi je suis reparti pour chercher les lettres.

— Et as-tu vu Medora aujourd'hui?

— Non, je vais la voir; j'ai rendez-vous avec elle chez Felipone pour opérer la restitution, et mon éloquence saura mettre l'entrevue à profit pour les intérêts de mon prince.

— A présent, dis-je à ma femme, quand je fus revenu auprès d'elle sur la terrasse du casino, tu n'es plus inquiète? Felipone s'en va les yeux bouffis, et il compte dormir comme un homme qui a chassé toute la journée. Brumières a déposé son cadeau aux pieds de son idole ; il est à Piccolomini maintenant...

— Oui, répondit-elle, tout cela paraît ainsi; mais je ne suis pas tranquille.

— Ah çà! sais-tu que tu me rendras jaloux de Brumières, avec tes pressentiments et l'exagération de tes craintes?

— Mon *Giovanni*, répondit-elle avec candeur, ne sois pas jaloux de monsieur Brumières; je me reprochais justement de ne pas assez penser à ce pauvre garçon. Je ne puis songer qu'à mon parrain, qui est bien malheureux, je te le jure! Je sais ce que c'est que la jalousie! j'en ai eu le cœur mordu si cruellement! Je sais ce qu'il roule dans sa tête, ou ce qu'il roulera demain, car, je suppose qu'il ne sache encore rien ; si la Vincenza est, de son côté, jalouse de Brumières, elle fera des imprudences, et son mari ne pourra pas fermer les yeux plus longtemps. S'il ne tue pas ce jeune homme, il tuera la Vincenza.

— Eh bien, répondis-je, ce ne sera pas une si grande perte !

— Cette femme-là est bien coupable et bien bornée ! reprit Daniella ; mais Felipone l'aime avec passion, et quand il l'aura tuée il se tuera lui-même, s'il n'en devient pas fou.

— J'espère, ma chère femme, que tu crées avec ton cœur et ton imagination un roman plus noir que la réalité. Felipone aime sa femme avec les sens. Tous ses traits indiquent la sensualité, rien de plus, et ils expriment aujourd'hui, comme toujours, la sensualité satisfaite. Avec des caresses, sa femme le ramènera. Il n'y a ni assez d'enthousiasme ni assez de réflexion en lui pour qu'il prenne en haine et en dégoût cette chair souillée et cet amour flétri.

— Tu raisonnes à ton point de vue ; mais, chez nous, les sens font faire plus de choses terribles que tu ne crois. Et puis, tu ne juges pas assez bien le cœur de Felipone : il aime avec le cœur aussi. Il a été un père pour moi dans ces derniers temps, et il a pour toi une amitié qui me prouve qu'il est plus intelligent qu'il ne paraît. Va, nous perdrons beaucoup en le perdant !

Je parvins à écarter les idées sombres de cette chère créature, et à lui faire reprendre, avec assez d'attention, notre solfége ; mais lorsqu'elle fut endormie, elle eut des rêves effrayants, et, trois fois dans la nuit, elle se leva pour aller écouter sur la terrasse. Elle ne pouvait pas se persuader qu'elle n'eût pas réellement entendu des gémissements et les bruits lointains d'une lutte horrible.

Quand le jour parut, elle s'habilla et me pria d'aller avec elle me promener autour de la ferme des Cyprès. Je la voyais si agitée que je cédai. Elle voulait passer par le souterrain.

Je lui remontrai que Tartaglia demeurait dans la *befana*, et que peut-être le prince y était arrivé déjà.

— Il aura marché toute la nuit, lui dis-je, et il sera plus désireux de dormir que de recevoir notre visite.

Nous descendîmes la sombre allée de cyprès et fîmes le tour de la ferme, où les domestiques commençaient à s'agiter autour de leurs bêtes.

— Je suis étonnée de ne pas voir mon parrain, me dit Daniella, il est toujours levé le premier.

Elle interrogea l'aîné des neveux, Gianino, un des orphelins qu'élève le généreux fermier, le petit singe *alla cioccolata*. Il nous apprit que Felipone était sorti avant le jour.

— Monte à sa chambre, me dit Daniella, et vois si son lit a été défait. Sa femme couche encore à Piccolomini. Lady Harriet la garde jusqu'à la fin de la semaine.

Le lit de Felipone était intact, il ne s'était pas couché.

— Tu vois! me dit Daniella; il avait les yeux bouffis d'un chasseur qui tombe de sommeil. Sais-tu ce qu'il faut faire? Allons voir Onofrio; il saura quelque chose.

Nous n'eûmes pas la peine d'aller jusqu'au paillis. Nous trouvâmes le berger de Tusculum sur le plateau où fut le centre de la cité latine, entre le cirque et le théâtre. Il écouta gravement nos questions et parut ne pas les comprendre.

— Il est venu hier soir, nous dit-il; il m'a payé; son argent est bon; il est reparti tout de suite.

— Vous parlez de Brumières, lui dis-je; mais Felipone?

Il ne l'avait pas revu et paraissait de bonne foi. Fatigué de notre insistance, il cessa de nous répondre et finit par nous dire :

—Enfants, laissez-moi tranquille; c'est l'heure de prier Dieu au soleil levant, et vous me dérangez.

Il ne nous restait plus qu'un moyen de savoir la vérité:

c'était d'aller à Piccolomini ou à Rocca-di-Papa. Nous prîmes ce dernier parti. C'était à sept heures que le mariage devait avoir lieu, et Brumières nous avait dit qu'il irait le premier, avant la pointe du jour. Medora devait être en route. En nous rendant au plateau *del buco* par le revers de Tusculum, nous pouvions arriver à temps pour la messe.

Quelque diligence que nous pûmes faire, la messe finissait quand nous entrâmes dans la ville. Les précautions n'avaient pas été prises avec assez de soin pour que la curiosité ne fût pas éveillée par la dévotion matinale d'une jeune dame déjà connue dans l'endroit, et qui arrivait au galop de son cheval pour entendre la messe ; Medora avait dédaigné de prendre un déguisement et de laisser Otello dans le bois. Il piaffait, au beau milieu de la rue, avec deux autres chevaux de belle apparence que tenait le petit groom laissé par le prince à sa belle ingrate. La population se pressait autour de l'église, située sur la plus grande place de l'endroit, c'est-à-dire sur une petite plate-forme de rochers très-irrégulière, à laquelle on monte par quelques marches taillées dans la lave.

Nous vîmes alors sortir la petite foule qui avait pu pénétrer dans le sanctuaire, et une voix qui me fit tressaillir de surprise cria sous le portail: « Place, place, rangez-vous donc ! » C'était la voix de Tartaglia, et bientôt nous le vîmes apparaître en grande tenue de majordome, donnant le bras à Felipone souriant et endimanché. C'étaient là les deux témoins du mariage de Medora avec...

Devinez ! Pour moi, je crus rêver et ne pus trouver une parole pour exprimer ma surprise à Daniella, qui, malgré ses angoises récentes, partit d'un éclat de rire nerveux en voyant sortir de l'église, à leur tour, les deux nouveaux époux : le prince et Medora, désormais princesse de Monte-Corona.

J'étais sur le point de rire aussi ; mais, revenant à moi, je courus à Felipone et lui saisis brusquement le bras en lui disant:

— Felipone! où est monsieur Brumières?

— Il n'est pas là, répondit-il en se dégageant avec la force d'un taureau, mais sans montrer ni peur ni colère.

— Réponds ! dis-je à Tartaglia ; qu'avez-vous fait de lui?

— Rien autre chose qu'un célibataire jusqu'à nouvel ordre, *mossiou*. Soyez tranquille ! Tartaglia est homme d'honneur, à présent, et ne laisse faire de mal à personne. Vous retrouverez votre ami, sans une seule égratignure, dans la niche que l'on m'a appris à connaître, et d'où je sais, par expérience, qu'il est impossible de descendre sans échelle, à moins de vouloir se casser en plusieurs morceaux sur le pavé.

— Et qui a fait ce beau tour-là ?

— Moi, *mossiou!* C'est une idée de moi, et faites-m'en compliment, ajouta-t-il en m'emmenant à l'écart pendant que Felipone se perdait dans la foule : le fermier voulait le tuer. Oh ! Daniella avait vu clair ! Mais j'ai fait comprendre à ce jaloux qu'un homme mort est plus tranquille qu'un homme vivant, et qu'il serait bien plus vengé en faisant manquer ce mariage qui était le but de l'ambition de son ennemi. Il s'est donc chargé de l'attirer à la gueule du souterrain, sous prétexte que Medora, qui était, en effet, à la ferme avec le prince, le demandait. Alors, il l'a bâillonné adroitement sans lui faire de mal, et, comme il est fort (vous savez, c'est un bœuf!), il l'a porté à la *befana* et incrusté dans la niche, avec l'aide d'Orlando, le cuisinier du prince.

» Pendant ce temps-là, le prince, que Medora (je dois dire à présent la princesse) ne s'attendait pas à trouver à la ferme avec moi, rendait lui-même les lettres, se soumettait, pardonnait, grondait, parlait, pleurait, disait adieu, revenait ; si bien qu'au bout d'une heure miss *** se disait, avec raison, que son vieux soupirant était un galant homme et qu'il valait mieux pour elle être princesse que bourgeoise.

» Une seule chose l'embarrassait, c'est comment elle allait rompre avec son Brumières. C'est alors que je suis intervenu pour révéler les amours du pauvre garçon avec la piquante fermière. Dès lors, la cause a été entendue, et, en apprenant où le mari jaloux avait niché son rival, elle en a eu un fou rire...

— Comment aviez-vous su le mariage concerté?

— Par Vincenza, *mossiou*; Vincenza avait écouté aux portes, et par elle je savais tout avant de vous voir. »

Daniella, qui avait essayé en vain de rejoindre Felipone, vint à nous.

— Pendant que tu bavardes, dit-elle à Tartaglia, sais-tu ce que devient monsieur Brumières, et si Felipone ne va pas...

— Ne craignez rien, répondit-il; Benvenuto pense à tout et ne veut pas que cette noce, qui fait sa fortune, soit entachée d'un *accident*. D'abord, Felipone est satisfait, et puis Orlando est là qui garde à vue le prisonnier et qui en répond sur sa tête.

Pendant que je recevais ses révélations, Medora et son époux, environnés de pauvres, semaient de l'or à poignées sur les marches de l'église, et, comme toute la population tendait les deux mains en criant misère sur tous les tons, ils avaient grand'peine à se frayer un passage vers nous. Le prince m'avait aperçu et il réussit à venir m'embrasser avec effusion. Je m'étonnais de le voir ainsi en public. Il m'apprit qu'il avait la permission en règle de passer trois jours sur le territoire romain. L'espoir de lui voir faire un riche mariage avait décidé son frère le cardinal à le couvrir momentanément de sa protection toute-puissante, qui rejaillissait nécessairement sur Tartaglia.

— Maintenant, me dit-il, mon premier soin va être de courir avec ma femme chez lady B***. Je veux qu'elle obtienne notre pardon, et qu'elle ne se sépare pas de sa tante et de son oncle sans s'être réconciliée avec eux. Je suis certain que, maintenant, lady Harriet, qui détestait monsieur Brumières, sera très-contente de se voir alliée à un homme de son rang. Venez-vous avec nous? vous plaiderez ma cause?

— Non, c'est impossible. D'abord, je suis à pied avec ma femme.

— Votre femme! s'écria-t-il avec empressement; présentez-moi donc à elle!

Il baisa la main de Daniella, et lui demanda sa sympathie, avec ces grâces courtoises qui siéent si bien aux grands seigneurs et qui leur coûtent si peu vis-à-vis des femmes. Il était désolé de n'avoir pas de voiture à lui offrir ; mais, à Rocca-di-Papa, c'est là un meuble aussi inconnu qu'inutile.

— Je comprends, dit-il en me quittant, que vous soyez pressé d'aller délivrer ce pauvre monsieur Brumières. En le faisant, dites-lui de ma part que je jure sur l'honneur n'avoir eu connaissance du tour qui lui a été joué que lorsque c'était un fait accompli. Maintenant, s'il trouve que j'aurais dû aller le délivrer et lui céder ma place à l'église ce matin, dites-lui que j'ai trois jours à passer dans le pays et que je suis à ses ordres.

— Je ferai votre commission; mais je lui dirai en même temps qu'il aurait mauvaise grâce à ne pas se tenir coi.

LVI

Nous retrouvâmes Brumières, non plus dans la niche, mais dans le *pianto*, où Orlando, voyant l'heure du mariage écoulée, l'avait conduit et laissé à lui-même. Le pauvre garçon nous fit beaucoup de peine. Il s'était défendu avec tant de rage, qu'il était courbaturé à ne pouvoir bouger sans de vives douleurs. De plus, le chagrin, la honte et la colère lui avaient donné la fièvre. Orlando, en le délivrant de l'humiliation de la niche, lui avait tout appris. Il était comme hébété de désespoir et d'étonnement.

Nous le conduisîmes chez nous, où nous lui fîmes un lit et de la tisane Il dormit quelques heures et se sentit mieux ; mais il ne voulut pas laisser mettre le fauteuil où nous le fîmes asseoir, sur la terrasse du casino. Il semblait qu'il ne voulût pas voir le jour. Il disait, moitié pleurant, moitié riant, que les nuages et les oiseaux se moqueraient de lui. Il traduisait la plaintive chanson des grandes girouettes en un rire satanique.

Quand il vit qu'il n'y avait aucune ironie dans l'intérêt que nous lui exprimions, il se rasséréna un peu, et nous nous convainquîmes bientôt que son dépit et sa contrariété passeraient aussi vite que son amour était venu. Il n'avait jamais aimé Medora avec le cœur. Il manquait une belle affaire et il la manquait ridiculement : il n'avait guère d'autre souci.

Malgré cette mauvaise situation, il se montra homme d'esprit, et par conséquent équitable.

— Elle m'a joué, dit-il ; elle a ri cruellement de ma mésaventure, cela devait être. Elle avait barre sur moi à cause de cette sotte liaison avec la Vincenza. Avec un peu de raison et de justice, elle aurait pu se dire que je n'aimais qu'elle, et que si j'avais subi la fermière jusqu'au dernier moment, c'était bien faute de savoir comment me débarrasser d'elle sans esclandre. Mais une femme orgueilleuse comme Medora ne peut pardonner ce qui semble un outrage à sa beauté et à sa puissance. C'était la seconde fois qu'elle se trouvait en rivalité avec une de ces femmes qu'elle considère comme appartenant à une race inférieure à la sienne. Elle ne pouvait pas avaler cela. J'ai payé pour deux !

» Quant au prince, il a fait ce que j'eusse fait sans scrupule à sa place, et je pense vous avoir prouvé hier que si je ne lui cherche pas querelle, ce n'est pas par poltronnerie. Il me semble qu'une provocation ferait croire à Medora que je suis inconsolable. Or il n'en est point ainsi. Ma colère se passe, et ma consolation se trouvera. »

Le personnage à qui Brumières rendit encore plus de justice fut Felipone. Il nous raconta avec émotion, et avec plus de couleur que je n'en puis mettre dans ce récit, ce qui s'était passé entre lui et le fermier.

—Cet Italien ventru est un homme, nous dit-il, un homme de rare énergie que j'aurais bien voulu étrangler, cette nuit, à cause de sa force physique, mais dont, malgré tout, j'étais obligé d'admirer la force morale. Je ne sais pas si c'est lui qui a eu l'idée de m'attirer dans ce piége, mais j'y ai donné complétement. C'est la Vincenza, perfide ou résignée, qui est venue me dire, à Piccolomini, que Medora me demandait. Celle-ci était montée dans sa chambre à huit heures, après avoir reçu et agréé mon bijou étrusque au jardin. Moi, j'avais couru si vite sur les chemins à pic de Tusculum que je n'en pouvais plus. Devant me lever avant le jour, je m'étais jeté sur mon lit. N'importe, je me relève, je m'habille, je crois que Medora m'attend au jardin ou dans le casino de Baronius, où nous avions coutume de babiller souvent jusqu'à minuit. Je retrouve la Vincenza dans l'escalier. «C'est chez mon mari qu'on vous attend,» me dit-elle. Je soupire d'avance, et me voilà courant de plus belle. Arrivé à la ferme, je commence à me dire que Felipone veut, en effet, se débarrasser de moi. Mais le jockey de Medora vient à moi et me dit que sa maîtresse est dans la chambre basse, celle qui communique avec le souterrain. Je sentais de plus en plus le piége; mais que faire? Si Medora était là, en effet, pouvais-je reculer? A peine entré dans cette maudite chambre, où je ne voyais pas la moindre lumière, je me sens pris dans une couverture qui m'enveloppe la tête, et j'ai beau crier et jurer, on m'emporte dans le souterrain comme on ferait d'un petit enfant. Arrivé dans la fameuse cuisine, je suis lié et bâillonné par deux personnages dont l'un m'est inconnu. Felipone était l'autre. Cette fois il y avait de la lumière.

» Je pensais qu'on allait m'égorger; aussi, je me défendais en désespéré, et j'essayais de hurler comme un diable. Une demi-heure de résistance enragée ne m'a servi de rien, sinon qu'à me laisser brisé et épuisé. Eh bien, pendant tout ce temps, Felipone était admirable de sang-froid, je devrais dire héroïque; il me terrassait encore plus par là que par la force de ses muscles. Au milieu de mon exaspération, j'entendais les courtes phrases qu'il me jetait de temps en temps : « Signore, vous êtes imprudent de vous tant dé-
» fendre... Vous me tentez sans pitié... J'ai juré de ne pas
» vous faire de mal... jugez si j'ai de la peine à tenir pa-
» role. Ne m'injuriez pas, ne me faites pas perdre patience.
» Il m'en faut beaucoup ! »

» Et de temps en temps il s'adressait à son acolyte:« Tu vois, Orlando, si je le blesse et si je le serre trop fort. A moins de l'embrasser et de lui dire que je l'aime, que puis-je faire de mieux ? »

» Quand ils m'eurent attaché comme une momie et porté dans la niche, au moyen d'une double échelle, Felipone resta au moins cinq minutes à me regarder attentivement. L'autre était descendu. « Vous voilà bien couché, *signore mio*, me dit-il; vous pouvez faire un somme et oublier ceux à qui vous avez ôté le sommeil pour toujours. On m'a dit que vous aimeriez mieux être mort que vexé comme vous voilà, pendant que votre maîtresse s'en va se marier avec un autre, et rit de vous savoir où vous êtes. Voilà pourquoi je ne vous ai pas enlevé un cheveu. Pourtant, je vous le dis, il faudra vous en aller; je ne réponds de moi que jusqu'à demain. » Et en me parlant ainsi il souriait toujours; mais je commençais à trouver son hilarité pétrifiée plus effrayante que celle des diables du *Jugement dernier* de Michel-Ange.

— Vous voyez, dit Daniella à Brumières, il faut vous en aller ! vous n'êtes pas hors de péril.

— Certes, je le sais bien ! et dès que je pourrai mettre un pied devant l'autre, je quitterai ce maudit pays sans vouloir y rencontrer une figure humaine.

La Mariuccia vint nous voir dans la soirée. Brumières voulut être présent au récit qu'elle nous fit de la réconciliation de Medora avec sa tante, et pria notre petite tante, à nous, de ne pas lui épargner un détail des railleries dont il avait dû être l'objet. Mais on n'avait rien su à Piccolomini de sa triste aventure. On pensait seulement qu'il avait été congédié la veille et qu'il était parti dans la nuit. On s'en réjouissait. La Medora avait fait très-bien les choses. Elle était entrée chez sa tante au moment du déjeuner; elle s'était mise à genoux pour demander pardon de toutes ses révoltes. Lady Harriet lui avait fait un bon sermon sur sa manière de vivre, sur ses courses, le soir et le matin, à des heures indues, et, surtout sur son intimité inconvenante avec monsieur Brumières. En ce moment, le prince, qui se faisait petit et gentil derrière la porte, s'était jeté aussi aux pieds de mylady, en se déclarant l'heureux époux ; et l'on avait déjeuné ensemble de bonne amitié.

Le lendemain matin, le prince vint à Mondragone de très-bonne heure, et voulut voir Brumières.

— Monsieur, lui dit-il, je vous ai fort contrarié et suis prêt à vous en rendre raison : mais, avant tout, je veux vous tirer d'un danger que mon intendant Benvenuto m'a fait connaître et qui s'aggrave d'un instant à l'autre. Je ne quitte ce pays-ci qu'après-demain. Je vous prie donc d'accepter ma voiture et l'escorte d'Orlando et de Benvenuto, aujourd'hui même, jusqu'à Rome. De là, vous gagnerez Civita-Vecchia avec le même Orlando, qui m'y attendra pour l'embarquement. Vous pourrez, vous, vous embarquer dès demain. Nous nous reverrons ensuite où, quand et comme vous voudrez.

Brumières refusa ; mais l'entrevue se termina par une poignée de main.

Une heure après, lord B*** vint, avec sa voiture, chercher Brumières pour le conduire jusqu'au bateau à vapeur. Felipone n'avait pas reparu depuis que nous l'avions rencontré à Rocca-di-Papa. Benvenuto, qui se démenait et s'ingéniait pour ne pas laisser ensanglanter le prologue de ses belles destinées, pensait que le fermier guettait sa proie, et il avait averti lord B*** de sauver au moins la vie au pauvre amoureux éconduit.

Brumières nous quitta en nous donnant de sincères témoignages d'affection et de gratitude, et en nous priant de donner de sa part à la Vincenza le bijou étrusque que Medora venait de lui renvoyer.

— Voulez-vous donc faire tuer la Vincenza par son mari? lui dit Daniella. Gardez ce présent pour la première duchesse à qui vous ferez la cour.

Brumières pâlit à l'idée de la situation terrible où il laissait la Vincenza, et sourit à celle d'une plus brillante conquête. Nous vîmes bien que ses déceptions ne l'avaient pas guéri de la manie des grandes aventures.

Le prince et la princesse partirent pour Gênes le jour où expirait la permission de séjour du prince dans les États romains. Nous ne revîmes pas Medora. Le prince vint nous faire ses adieux, ses protestations d'amitié et ses offres dans le cas où je voudrais aller décorer son palais.

Benvenuto ne voulut accepter de moi aucune espèce de récompense pour les services qu'il m'avait rendus.

— Je suis plus riche que vous, maintenant, me dit-il, et si jamais vous êtes dans la gêne, souvenez-vous de l'ami Tartaglia, qui sera heureux de vous obliger.

Lady Harriet, se sentant tout à fait remise, congédia la Vincenza le jour même. Celle-ci vint nous trouver pour savoir si nous avions des nouvelles de son mari.

— Quoi! lui dit ma femme indignée, tu nous demandes cela avec cette tranquillité?

— Je sais, répondit l'effrontée petite créature, que monsieur Brumières est en sûreté et que Felipone ne fera point de malheur.

— Lequel des deux vous intéresse? lui demandai-je.

— Eh! mon pauvre mari, puisque l'autre me trompait.

— Et tu ne crains rien pour toi-même? dit Daniella.

— Que veux-tu que je craigne? J'ai aidé Felipone à se venger en faisant manquer le mariage.

— Et tu es sûre de le gouverner encore?

— *Chi lo sà!* répondit-elle ; mais je suis sûre qu'il ne me fera point de mal.

— Et tu ne crains pas qu'il ne s'en fasse à lui-même?

— Qu'il se tue? Oh! si tous les maris trompés se punissaient comme cela de leur confiance, nous serions toutes veuves!

Il n'y avait pas à la chapitrer. C'est une nature insouciante et audacieuse.

— Va, au moins, soigner les neveux de ton mari, lui dit Daniella. Si je ne m'étais occupée d'eux depuis quelques jours, je crois qu'ils auraient fait maigre chère.

— Bah! tu t'intéresses à ces petits singes? Moi, ils m'ennuient et me dégoûtent!

— Alors je les plains, si ton mari ne revient pas. Pour qu'il oublie ainsi ces pauvres créatures, il faut qu'il soit bien loin ou bien tourmenté.

Daniella parlait encore lorsque Felipone entra dans le *pianto* où nous étions en ce moment. Sa femme alla à lui pour l'embrasser. Il la baisa sur les deux joues avec la même aisance que si rien ne se fût passé, et la pria doucement d'aller mettre un peu d'ordre à la maison. — Passe devant, lui dit-il, et enlève les matelas et les couvertures restés dans la *befana*. Je vais t'aider.

Elle descendit l'escalier du *pianto* en chantonnant, et en nous jetant, à la dérobée, un regard de triomphe moqueur qui semblait dire : Vous voyez ce pauvre homme!

— Mes enfants, nous dit le fermier en nous serrant les mains, priez pour moi, vous qui croyez... Je suis un homme bien à plaindre!

Sa bouche ne cessa pas de sourire en proférant ce premier et dernier aveu de son désespoir.

— C'en est fait de la Vincenza! me dit Daniella.

— Suivons-le!

— A quoi bon ? Aujourd'hui ou demain, elle est condamnée !

— Peut-être que non ! Le premier moment est le plus à craindre.

Je m'élançai sur les pas du fermier ; mais il avait pris si rapidement l'avance, que je trouvai la porte tournante déjà fermée et verrouillée en dedans. Je frappai en vain, on n'ouvrit pas. Cette porte massive a au moins six pouces d'épaisseur, et ne laisse point passer le bruit qui se fait dans la *befana*, masquée qu'elle est, de ce côté-là, par un second mur en briques et une autre porte bien jointe.

Je collai en vain mon oreille contre la fente imperceptible que le tour laissait entre le bois et l'encadrement de pierre. Plus de cinq minutes se passèrent sans que j'entendisse d'autre bruit que celui des pas de ma femme qui venait me rejoindre. Puis il nous sembla que quelqu'un se jetait dans l'intervalle des deux portes en murmurant des paroles confuses ; et aussitôt nous distinguâmes la voix claire du fermier qui disait : *Basta !* (c'est assez). La seconde porte, en se refermant, nous sembla couvrir, de son bruit sourd, un cri étouffé, et tout rentra dans le silence.

— Ces agitations te font mal, dis-je à Daniella, qui tremblait et ne pouvait plus se soutenir. Je ne veux plus te voir suivre ce cauchemar. La vie de ton enfant est plus précieuse que celle de la Vincenza. Va-t'en, et prends patience, si tu m'aimes. Je te jure que je vais faire tout ce qui sera humainement possible pour empêcher Felipone...

— Il n'est plus temps, va ! me dit Daniella. Je ferai ce que tu veux. Tâche de savoir ce que va devenir mon pauvre parrain.

Elle quitta ce lieu sinistre, et je sortis de Mondragone pour courir à la ferme, sans espoir de pénétrer par là dans le chemin souterrain (Felipone avait dû prendre ses précautions), et sans beaucoup de chance d'arriver à temps, quand même le passage serait libre. Le tour qu'il faut faire pour retourner à la porte des cours et redescendre la longueur du château en dehors, avant d'entrer sous les cyprès, prend déjà au moins dix minutes; il en faut au moins autant pour descendre l'allée en courant, et je n'osais guère courir, dans la crainte d'être observé et d'attirer l'attention sur l'événement que je voulais conjurer.

Depuis quelque temps et surtout depuis le jour où Felipone avait disparu, la ferme était à l'abandon. Les deux domestiques étaient aux champs ; les enfants jouaient dans la petite cour. Je demandai à Gianino si son oncle était revenu. Il secoua la tête négativement, et je vis passer sur sa figure jaune et camuse une expression de tristesse et d'inquiétude que l'insouciance de son âge n'emporta qu'avec effort. J'essayai, à tout hasard, d'entrer dans la salle basse : elle était solidement fermée, comme de coutume.

J'attendis une heure. J'allai, comme en me promenant, à la prairie où est la petite chapelle qui donne issue au souterrain dans la campagne. Elle était également fermée d'un énorme cadenas. Je retournai à Mondragone et redescendis aux caves de la porte tournante : rien que ténèbres et silence. J'allai consulter Daniella, qui priait devant la madone du portique. — Que faut-il faire? lui dis-je.

— Rien, s'il a fait ce qu'il voulait; nous devons paraître ne rien savoir. En le cherchant et en le demandant, nous l'envoyons à l'échafaud. Laissons passer encore une heure, et j'irai porter à manger à ces pauvres orphelins. Felipone les a oubliés, lui si bon pour eux! Quand j'ai vu le commencement de cet abandon, je me suis dit : C'est bien mauvais signe !

La journée s'écoula sans rien changer à nos angoisses.

Vers le soir, Daniella me proposa d'aller voir Onofrio.

— Si mon parrain ne s'est pas tué avec sa femme, il est là. Onofrio était son meilleur ami.

La pénétration de Daniella n'était pas en défaut. Sur les ruines du cirque de Tusculum, nous trouvâmes Felipone assis auprès du berger. Les moutons broutaient, autour d'eux, l'herbe fine de l'amphithéâtre. Le soleil se couchait; une douce brise effleurait, sans les agiter, les cheveux rudes et frisés du fermier.

— Voilà une belle soirée, nous dit-il en venant à notre rencontre. On est bien ici, et vous avez raison d'y venir voir coucher le soleil.

— C'est, dit Onofrio avec son calme habituel, un des plus beaux endroits de la Campagne de Rome, et, dans les plus mauvaises journées de l'hiver, on n'y sent point le froid. C'est là que je viens me chauffer au mois de janvier. Ça ne fait de mal à personne, n'est-ce pas? Le bon Dieu ne trouve pas que ça use son soleil quand les pauvres gens, à qui l'on dispute un fagot dans ce monde, vont lui demander un peu de son grand feu.

Nous interrogions avec anxiété la figure de ces deux hommes; il n'y avait chez eux aucun effort visible pour s'entretenir avec nous de la pluie et du beau temps. Ils semblaient continuer une conversation paisible et rêveuse.

— C'est une pauvre vie que la vie de berger, dit Felipone; et pourtant, moi qui, étant garçon, courais un peu les filles et le cabaret dans la ville, j'ai quelquefois désiré d'être seul et dévot comme ce chrétien-là. Si j'avais cru en Dieu, je n'aurais pas fait les choses à demi : je me serais fait moine ou berger. Plutôt berger, car le moine s'abrutit à recommencer tous les jours la même promenade et à marmotter d'heure en heure les mêmes prières, tandis que le berger va où il veut et dit à Dieu ce qu'il a envie de lui dire.

— Le berger a ses jours de peine et de plaisir, reprit le sentencieux Onofrio. Dans ce temps-ci il n'est pas à plaindre, et le pays où me voilà fixé depuis dix ans est des meilleurs. Mais dans ma jeunesse j'ai eu de bien mauvaises saisons à passer, dans des endroits où je ne voyais jamais personne, et où la fièvre me tenait éveillé toute la nuit. Allez! la nuit est bien longue quand on n'a, pour se désennuyer, que le bruit du tonnerre et les grands éclairs qui vous font voir la plaine toute bleue. On dit son chapelet en comptant les gouttes de pluie qui tombent sur le toit de paille. Si on ne croyait à rien, Felipone, on deviendrait aussi bête que les brebis que l'on garde.

— Je n'ai jamais dit que je ne croyais à rien, répondit le fermier; je crois à la folie des hommes et à la malice des femmes.

En parlant ainsi, il fit un mouvement de la tête en arrière pour rire de son gros rire frais et sonore. Daniella me serra le bras pour me faire remarquer, entre son menton et sa cravate, des traces d'ongles toutes récentes : la Vincenza s'était défendue.

— Où est ta femme? lui dit-elle, quand le berger se leva pour rassembler son troupeau.

— Ma femme? dit-il d'un air étonné ; elle est à la maison, je pense.

Cela fut dit si naturellement, que j'en fus complétement dupe. Nous revînmes ensemble jusqu'à la ferme. Gianino, en apercevant son oncle, se mit à courir et se jeta à son cou. Cet enfant, laid et disgracieux, mais intelligent et sensible, se pendait à lui et l'étranglait de caresses.

— Pauvre petit, dit le fermier en l'asseyant sur son épaule, il s'ennuyait sans moi.

— Est-ce que tu vas encore t'en aller? dit l'enfant.

— Non, mon *Gianinuccio ;* à présent, je vas rester à la maison : je suis las de me promener.

— Et ma tante? Est-ce qu'elle ne va pas revenir aussi?

— Elle n'est donc pas revenue, ta tante?

— Cela t'étonne? dit Daniella à son parrain en le regardant fixement.

— Non, répondit le fermier impassible, en posant l'enfant par terre, elle aura suivi son dernier amant . . . . . .

. . . .

... juin

C'est la seule explication que, depuis quinze jours, nous ayons obtenue de Felipone. Nous avons reçu des nouvelles de Brumières. Il est à Florence. Il nous dit qu'il se porte bien, et nous demande, en post-scriptum, si le fermier n'a pas trop battu sa petite femme.

LVII

... juin. — Mondragone.

. . . .

Mais ne pensez pas que, depuis ces quinze jours, nous nous soyons tenus tranquilles, renonçant à retrouver la victime de cette terrible vengeance conjugale.

Dans la nuit qui suivit l'événement, Daniella, ne pouvant dormir et en proie à un état fébrile qui m'inquiétait, me dit tout à coup :

— Lève-toi, ami ! Il faut pénétrer dans cette *befana* maudite. Qui sait s'*il* a eu le courage de tuer sa femme ? Elle n'est peut-être en punition que pour un temps...

— Je n'espère plus rien ; mais, pour te calmer, me voilà prêt à essayer l'impossible. Que crois-tu que je doive faire ? Lorsque j'ai cherché, avec Benvenuto, le chemin de cette *befana*, j'en ai approché beaucoup, puisque le docteur m'a dit avoir entendu notre travail et en avoir été inquiet.

— Ce travail était dangereux, je ne veux pas que tu le reprennes ; mais moi, je crois, je dis qu'il y a une autre entrée à la *befana* que celle que nous connaissons, une entrée que Felipone a découverte depuis le temps que le prince et le docteur y étaient, et dont il se réserve le secret pour lui seul.

— Qui te donne cette pensée-là ?

— Une espèce de vision que je viens d'avoir. Oh ! ne me regarde pas d'un air inquiet, ne me crois pas en délire. Je dis une vision, ce n'est pas autre chose qu'un souvenir ; mais un souvenir qui s'était effacé tout à fait et qui vient de me revenir, comme j'étais là, moitié pensant, moitié rêvant. Écoute ! Le jour où Felipone nous donna l'idée de nous marier en dépit du curé, je l'avais rencontré dans la partie tout abandonnée du parc qui est entre l'allée des cyprès et le mûr de clôture. Il creusait une espèce de fossé, et comme ce n'est pas là son ouvrage, je m'en étonnai. Il ne me donna pas une bonne raison ; mais je n'y fis que peu d'attention, et tant de choses intéressantes m'ont occupée ce jour-là et le lendemain, que je n'ai pas gardé souvenir d'une chose si indifférente. Voilà qu'elle me revient et c'est peut-être Dieu qui veut que je m'en souvienne. Allons-y.

— Reste tranquille, j'irai seul. Dis-moi où cela est.

— Non, tu ne trouverais pas. Prends tous tes outils; je porterai la lanterne sourde.

Nous nous glissâmes parmi les lauriers et les oliviers jusqu'aux fourrés épais que Daniella n'avait jamais explorés attentivement, mais où, avec un instinct remarquable, elle retrouva l'emplacement où elle avait vu fouiller. Au lieu d'un fossé, il y avait une butte de terre qui ne paraissait pas de fraîche date. Un épais tapis de mousse témoignait, au contraire, d'un long abandon.

Daniella, qui tenait la lanterne, se baissa et toucha cette croute de mousse qui se détacha et vint presque tout entière à la main. Elle avait été placée là, elle n'y avait pas poussé; et elle était si verte et si fraîche qu'elle n'y avait été placée que peu d'heures auparavant.

A la suite de ces observations je n'hésitai pas à me servir de la pioche et de la bêche. La terre, légère et toute fraîchement remuée, fut écartée en moins de dix minutes. Je trouvai quelques dalles disposées en forme de double escalier formant le toit d'une ouverture carrée à fleur de terre.

Je me penchai sur le bord de cette ouverture, et je sentis le vide.

J'eus encore recours aux papiers enflammés jetés dans ce vide, et je vis l'intérieur d'un vaste puits qui s'évasait dans le fond. C'était une glacière. Je pus fixer la corde à nœuds dont je m'étais muni, à la base d'un petit arbre qui masquait en partie l'ouverture. Daniella m'éclaira en faisant lentement descendre la lanterne au moyen d'une ficelle. Nous n'avions plus d'hésitation, plus de doutes; cet atterrissement artificiel nous mettait trop sûrement sur la voie.

Je n'eus à descendre que la hauteur d'environ trois mètres. Avant le fond de la glacière je trouvai un passage très-bas et très-étroit où je pensai que le gros Felipone ne passait pas sans peine; et, après un court trajet, je me trouvai dans la grande galerie qui conduit à la *befana*. Je revins sur mes pas pour calmer les inquiétudes de ma femme et lui dire de venir me rejoindre par le *pianto*. J'avais toute espérance de sortir par le tour, après avoir constaté le fait mystérieux, horrible probablement, que nous poursuivions.

Je pénétrai sans obstacle dans la *befana*. La faible clarté de ma bougie ne me permettait pas d'en voir l'ensemble, et, après l'avoir explorée dans tous les sens, je commençai à croire que nous avions rêvé une catastrophe. J'allai ouvrir à Daniella, qui arriva bientôt derrière la porte tournante, et que j'étais pressé de tranquilliser.

— Il n'y a rien, il n'y a personne, lui dis-je. S'il eût enfermé là sa victime il aurait cadenassé cette porte, par où elle pouvait sortir.

— Mais s'il l'a tuée! As-tu cherché partout? Tiens, voilà une chose nouvelle ici. La grande cheminée qui donne près du casino est murée.

— Cela n'a-t-il pas été fait pour nous empêcher d'entendre les cris de Brumières lorsqu'on l'a tenu ici toute une nuit?

— Il nous a dit qu'on l'avait bâillonné. On n'aurait pas pris cette peine-là si la cheminée eût été murée.

Je crevai, à coups de pioche, la cloison de briques qui fermait l'orifice de la cheminée, et je vis qu'on avait entassé du foin derrière cette maçonnerie encore fraîche. Felipone avait donc pris ses précautions d'avance pour que l'on n'entendît pas, du casino, les cris de la victime.

— Puisqu'il a eu tant de préméditation, dis-je à ma femme, il n'y a pas d'espoir à conserver. S'il l'a tuée, il a eu le sang-froid de l'enterrer quelque part, soit ici, soit ailleurs, dans les souterrains, peut-être dans la glacière par où je suis descendu, et dont il a eu le soin de masquer l'entrée.

Nous examinâmes toutes choses. Le lit où Tartaglia avait couché une nuit, avant celle où il avait arrangé, à la ferme, le mariage du prince, était encore dans le fond de l'hémicycle avec les matelas et les couvertures. Nous nous rappelions que le fermier avait attiré sa femme dans la *befana* en lui donnant pour prétexte qu'il fallait remporter cette garniture de lit, et le lit n'était pas dégarni. Les échelles qui avaient servi à porter Brumières dans la niche et à l'en faire descendre étaient encore là. J'y montai, je ne retrouvai dans la niche qu'un bouton de manchette, que je reconnus appartenir à Brumières. Il n'y avait aucune trace d'une lutte quelconque.

— N'importe, dit Daniella, j'ai rêvé que je devais venir ici, et je n'en sortirai pas sans une certitude.

Et, toute pâle et frémissante, elle cria par trois fois, de sa voix pleine et accentuée, dans le sourd et morne édifice, le nom de Vincenza.

Au troisième appel, un léger frémissement se fit entendre, et nous nous élançâmes vers les décombres d'où le son était parti.

Nous trouvâmes, dans le fond de la partie écroulée, la malheureuse femme assise et idiote. Ses vêtements déchirés, ses cheveux épars, collés à son front par le sang coagulé sur son visage, la rendaient si méconnaissable et si effrayante, que Daniella, superstitieuse, recula en disant : — C'est la véritable *befana!*

La victime était hors d'état de nous répondre. Elle essaya de se lever et retomba. Je l'emportai dans le casino, où nos soins lui rendirent la raison, mais non la force. Elle avait perdu tant de sang qu'elle était épuisée. Elle avait reçu à la tête un seul coup d'un assommoir quelconque. Elle n'avait rien vu. Elle avait une large blessure près de la tempe, mais elle ne la sentait pas, et demandait seulement si elle avait quelque chose au visage. Elle parut soulagée dès qu'elle sut qu'elle n'était pas défigurée.

Le sang était arrêté; les os du crâne ne me parurent point lésés. Il était évident que Felipone avait voulu tuer, qu'il croyait avoir tué, mais que sa main avait manqué de force et qu'il n'avait pas eu le courage de porter un second coup. Cet homme si adroit et si fort n'avait pas pu tuer la femme qu'il aimait. La Vincenza se rappelait avoir lutté, avant d'être emmenée jusqu'au réservoir, où elle pensait qu'il avait voulu la noyer. Puis elle était tombée sous un choc violent et n'avait eu conscience de rien, jusqu'au moment où elle nous avait entendus parler, Daniella et moi, dans la *befana*. Elle n'avait pas reconnu nos voix; elle ne se rendait encore compte de rien en ce moment-là. Mais, en s'entendant appeler par son nom, et par une voix qui, disait-elle, ne lui avait pas fait peur, elle était venue à bout, par un effort machinal, de nous répondre.

Elle pensait avoir été poussée dans le réservoir après le coup qui lui avait ôté la connaissance, et elle ne se trompait probablement pas, car ses vêtements fripés paraissaient avoir été mouillés jusqu'à la ceinture. Mais elle avait dû revenir à elle, étant seule, et se traîner jusqu'à la place où nous l'avions retrouvée. Ç'avait été un effort tout instinctif, sa mémoire ne pouvait ressaisir ce fait.

Elle ne put même nous donner ces vagues détails qu'après quelques heures de repos. Daniella eut beaucoup de peine à la réchauffer, et passa le reste de la nuit à la soigner. J'avais, de mon mieux, pansé et fermé la blessure avec le collodion et la toile adhésive qu'à mon départ du presbytère l'abbé Valreg, grand *remègeur* en sa paroisse, avait fourrés dans ma malle, en cas d'accident. Je lui ai vu faire tant de pansements charitables, où je l'aidais naturellement, que je n'y suis pas trop maladroit.

Grâce à un tempérament peu irritable et à un sang très-pur, la malade n'eut pas la réaction nerveuse que je redoutais, et, au bout de deux jours, la cicatrice était fermée dans les meilleures conditions possibles. Il nous fallut agir avec beaucoup de mystère : d'une part, pour ne pas exposer Felipone à des poursuites; de l'autre, pour ne pas exposer sa femme à une nouvelle vengeance.

J'avais, dès la nuit même de cette recouvrance inespérée, fait disparaître les traces de mon entrée dans la glacière, après être remonté par là, afin de laisser le tour fermé en dedans. Je pouvais présumer que Felipone n'aurait jamais la force de retourner dans la *befana*, mais s'assurerait des issues, pour que personne ne pût constater son crime. Je ne me trompais pas : il travaillait à murer et à condamner pour jamais l'entrée du souterrain dans sa cave. Je le sus par Gianino, qui l'entendait maçonner et porter des pierres durant la nuit; et, malgré ses précautions, je le vis, en outre, sortir, un matin, des massifs de la glacière. J'allai voir furtivement ce qu'il avait fait. Je trouvai la butte exhaussée et complétement plantée d'arbres. Une autre fois, je vis Onofrio, sans chiens et sans troupeau, auprès de la chapelle de Santa-Galla. Là aussi, probablement, on avait muré le passage.

Il nous tarde beaucoup, comme vous pouvez croire, de voir la Vincenza sur pied et de la faire évader. Nous sommes dans des appréhensions continuelles que son mari ne la découvre dans une des chambres de notre casino. Il est venu nous voir une seule fois depuis qu'elle y est, et s'est assis sur la marche de cette chambre qui donne sur la petite terrasse, vis-à-vis de notre appartement. Appuyé sur les balustres, je fumais en feignant de ne pas l'observer, car j'arrive forcément à être aussi dissimulé qu'un Italien de sa trempe. Il était affaissé et comme abruti dans son déchirant sourire.

Peut-être que si j'eusse osé lui dire : « Elle vit, elle est là tout près de toi! » je lui eusse rendu à lui-même la vie et le repos. Mais Daniella m'a appris, par la justesse de sa divination, à ne pas me fier aux apparences. Peut-être l'expression de désespoir et de remords que je croyais lire sur la figure de ce malheureux n'était-elle que la satisfaction morne et sombre d'une vengeance assouvie.

5 juillet.

Il était temps que l'on vînt nous délivrer de la présence de cette Vincenza. Elle me devenait insupportable. Sans cœur et sans raison, cette créature ne songeait qu'à recommencer une vie de désordre. C'est une sensualité stupide qui la gouverne. Elle n'a d'autre cupidité que le goût de la toilette, et sur son lit, ayant à peine la force de parler, elle s'enquérait du bijou étrusque de Brumières, et reprochait à Daniella d'avoir refusé de le recevoir pour elle; du reste, prodigue, imprévoyante, ne se demandant jamais si elle aura du pain, mais bien une robe de soie et des fichus brodés. Ses habitudes de galanterie l'ont sollicitée avant même que ses forces physiques fussent revenues; car, en remercîment de mes secours et de mes soins, elle m'a offert ses bonnes grâces avec un cynisme imbécile. C'est, dans sa pensée, vous en conviendrez, une étrange manière de récompenser Daniella de son dévouement.

Sa société nous était de plus en plus répulsive. Elle troublait et souillait l'harmonie poétique de notre existence par son caquet puéril et le dévergondage de son étroite imagination. La seule chose qu'il y ait à louer en elle, c'est une grande douceur; mais il n'en faut chercher la cause que dans un manque d'énergie et dans l'absence de toute fierté.

Elle reçoit en riant les plus dures leçons, et son mari ne lui inspire que de la peur, sans aucune réaction de vengeance. « Pauvre homme, dit-elle en parlant de lui, je suis sûre qu'il est bien fâché de ce qu'il a fait. Pourvu qu'il ne lui en arrive pas malheur! Si je voulais, il me reprendrait et me demanderait pardon à genoux. » Mais quand on lui conseille d'essayer une réconciliation, elle répond qu'elle s'y fierait bien, mais qu'il n'est pas *agréable* de vivre avec un homme devenu si jaloux. En un mot elle trouve moyen de dire des choses risibles en riant elle-même. L'horreur de sa situation dans la *befana* et de la mort, par la faim, qui l'y attendait si nous ne l'eussions sauvée, ne lui a pas même laissé de terreur. Elle écarte ces souvenirs avec une merveilleuse facilité, en disant qu'il ne faut pas penser aux choses tristes, et prouvant qu'il est des natures douées de l'heureuse impossibilité de souffrir, ce qui les assimile à certains animaux à moitié inertes, qui remplissent aveuglément les fonctions de la vie dans les bas-fonds de la création.

Daniella a eu le grand sens de n'être pas jalouse en voyant les provocations, à peine voilées, qu'elle m'adressait. — Je ne me sens pas d'indignation contre elle, m'a-t-elle dit; je vois qu'elle n'a pas conscience d'elle-même. Elle a l'innocence des bêtes. Il faut que Felipone ait senti cela, puisqu'il l'a assommée avec aussi peu de remords qu'il eût fait d'un de ses animaux.

Et pourtant Felipone a des remords et un incurable chagrin. J'ai appris à lire sur sa figure le démenti secret que la passion donne à son tempérament pléthorique.

La Vincenza commençant à pouvoir marcher, nous nous demandions comment nous la ferions évader secrètement, lorsque, par une nuit d'orage effroyable, nous entendîmes sonner à la porte de la grande cour. Une visite à pareille heure et par un temps pareil ne fut pas accueillie sans précaution. Un cavalier, enveloppé jusqu'aux yeux, me demandait à entrer un instant. C'était le docteur R...

— Vous comprenez ce qui m'amène, me dit-il. Je viens chercher la Vincenza... s'il n'est pas trop tard.

Il avait rencontré Brumières à la Spezzia. Apprenant que ce voyageur venait de Frascati, le docteur, bien qu'il ne le connût pas, lui avait demandé des nouvelles des personnes qui l'intéressaient, de sa mère, de moi et de Felipone. Brumières, qui venait de recevoir une lettre de nous, où nous lui disions que Vincenza avait couru et courait encore de grands dangers, avait fait part de ce paragraphe au docteur.

— J'ai compris, nous dit celui-ci, que monsieur Brumières, bien qu'il ne s'en vantât pas, était pour quelque chose dans les malheurs de ce ménage ; mais il se pouvait que je fusse seul en cause dans l'esprit du mari ; et, d'ailleurs, il me suffit qu'une femme m'ait appartenu sans spéculation et sans perfidie pour que je me regarde comme son défenseur en toute circonstance où je peux quelque chose. Je connais ce bon Felipone, un homme à passions exclusives, capable de haïr autant que d'aimer. Je viens donc voir si je dois lui enlever sa femme, ou si je peux les réconcilier ensemble. Dans tous les cas, je viens attirer le danger sur moi, pour le détourner d'elle.

Quand le docteur sut ce qui s'était passé, son parti fut pris à l'instant même. — Donnez-moi cette pauvre femme, dit-il; je vais la mettre en croupe derrière moi, et je me fais fort de la conduire en lieu sûr. De là, je l'expédierai en France, où un de mes amis me demande une cuisinière italienne. Elle sait faire le macaroni comme personne. Peut-être qu'un jour son mari pleurera sa violence et sera heureux d'apprendre qu'elle vit encore ; mais il ne sera jamais ni utile ni prudent de lui dire où elle est.

Daniella, avertie par moi, habilla et enveloppa la Vincenza dans ses propres vêtements, et je la plaçai sur le cheval du docteur, qui refusait de mettre pied à terre et qui causait à voix basse avec moi sous les voûtes de la caserne d'entrée. La Vincenza s'en allait avec une joie d'enfant, ivre de l'idée de voir Paris et d'être morte pour Felipone. Le docteur lui défendit de lui dire une parole.

— Nous jouons gros jeu, me dit-il à l'oreille. Faites-moi l'amitié de regarder par là, vers le chemin des Camaldules, si personne n'a eu l'éveil de mon arrivée.

Quand je me fus assuré du fait, il me serra la main et partit au galop avec le dangereux fardeau dont il avait le courage de se charger. Ce qu'il faisait là, au péril de sa tête proscrite et mise à prix, pour une femme dont il ne se souciait plus, si tant est qu'il s'en fût soucié plus d'un instant dans sa vie de plaisirs faciles, était un acte d'humanité tout à fait dans sa nature, quelque chose d'héroïque, accompli avec une agréable rondeur et une crânerie sans ostentation. Grande âme, je ne dirai pas typique par rapport à l'Italie, où les types sont si variés, mais bien italienne, en ce sens qu'elle résume des vertus providentielles et des exubérances fatales : rien à demi, et tout en grand. Là où le mal se fait petit et lâche, on peut dire que le type national est entièrement effacé. Par malheur, il l'est ici dans une effrayante proportion. Hélas ! hélas ! quel compte auront à rendre à Dieu ceux qui tuent l'âme des générations et qui peuplent de spectres abjects les terres bénies où le ciel avait magnifiquement répandu la beauté des idées avec celle des formes !

CONCLUSION.

Ici se termine le journal de Jean Valreg. Des occupations assidues, la peinture dont il était chargé, les études musicales qu'il continuait avec sa femme, les promenades nécessaires à la santé de l'un et de l'autre, et les visites fréquentes à la villa Taverna, où lord et lady B*** passèrent l'été, rendirent si difficile le surcroît de besogne que je lui avais imposé, qu'il me demanda la permission de s'en tenir à de simples lettres de temps en temps. Voici le résumé de sa situation à l'automne de la même année.

L'événement tragique de la *befana* n'avait pas éveillé le moindre soupçon, malgré l'absence indéfinie de la Vincenza. Felipone n'avait pas fait semblant de chercher sa femme. A ceux qui le questionnaient, il répondait qu'il était *becco, beccone, becco cornuto;* et il riait! La disparition de la Vincenza coïncidant avec celle de Brumières, que personne n'avait vu partir, on ne doutait pas qu'il n'eût enlevé la fermière, dont les relations avec lui n'étaient un secret pour personne.

Les annexes de l'immense villa continuaient à dégringoler dans le ravin. Le pavillon central était toujours solide et s'embellissait de fresques et de lambris. Le casino était devenu une demeure délicieuse de fraîcheur, de poésie et de gaieté pour le modeste ménage. Les visites n'y manquaient pas. La curiosité qu'inspirait ce couple amoureux niché dans une ruine en attirait bien quelques-unes dont on se fût passé; mais cette curiosité était bienveillante et le soir y mettait fin. Le dîner et la veillée tête à tête, au sein d'une solitude absolue et grandiose, étaient toujours une fête pour Valreg et Daniella. On y parlait du petit enfant comme s'il était déjà né, et, en attendant, on aimait Gianino, on le tenait propre et on lui apprenait à lire.

Felipone n'avait pas laissé percer la moindre agitation. Il s'occupait de ses affaires, tenait mieux que jamais sa ferme et sa laiterie, caressait ses neveux, vantait Gianino comme un prodige, ne s'occupait d'aucune femme et riait toujours des maris trompés et de lui-même. « Seulement, nous nous apercevons, écrivait Valreg, qu'il maigrit et que ses yeux se plombent. Il boit beaucoup et commence à divaguer après souper. Il ne lui échappe jamais un mot compromettant; mais son sourire éternel devient l'étrange expression d'une souffrance chronique. Je le crois atteint d'une maladie de foie, et il fait tout ce qu'il faut pour qu'elle ne soit pas longue. Il va souvent causer avec le berger de Tusculum, qui cherche à le guérir de son athéisme, mais qui n'y parvient pas encore. Pourtant, le fait de cette intimité entre deux hommes de caractères et d'opinions si opposés s'explique peut-être, chez Felipone, par un vague besoin de croire. Il semble parfois qu'il défende avec acharnement son impiété pour se faire battre. Malheureusement, le berger a, malgré son grand bon sens, trop de superstitions locales pour être un apôtre bien efficace. Onofrio croit aux sorciers. Un autre berger, son voisin de paillis, est *gettatore*, jeteur de sorts, et lui fait mourir ses moutons. Il le ménage dans la crainte qu'il ne lui donne une maladie dont il a fait mourir une vieille femme de Marino, et qui consistait à vomir des cheveux, « toujours et toujours des cheveux qui lui pesaient affreusement sur l'estomac, et qui auraient pu couvrir le Monte Cavo, tant ils étaient longs, épais, inépuisables. » Vous voyez que le sage Onofrio, un érudit, un philosophe, un saint quant à l'austérité, un homme de cœur à tous égards, est, malgré tout, un paysan assez semblable aux nôtres. Ses récits merveilleux font rire Felipone, et ses menaces de l'enfer ne lui causent ni crainte ni remords. Une seule fois, je lui ai entendu regretter de ne pas croire au ciel; mais il a vite ajouté: « Le ciel et l'enfer sont sur la terre. Quand on a eu l'un et l'autre, on n'en doit désirer ni craindre davantage. »

Telle n'est pas la croyance de Daniella; mais elle a fini par se sentir pardonnée et par savourer sans effroi son amour et son bonheur, désormais sanctifiés par le prochain espoir de la maternité.

Medora se fait construire, aux environs de Gênes, une villa fabuleuse. Tartaglia y fait ses affaires honnêtement, à ce qu'il assure.

La bonne intelligence se soutient entre lord et lady B***. Quand cette dernière a quelque mouvement d'humeur, elle se borne à gronder Buffalo, qui, du reste, est admis au salon. Je sais par l'abbé Valreg, que j'ai vu en Berry, que la bonne Harriet a fait son testament, et qu'elle assure une petite fortune aux enfants à venir de Jean Valreg; mais c'est un secret que l'on garde au jeune ménage.

FIN.

BIBLIOTHÈQUE NOUVELLE
à 1 franc le volume

FORMAT IN-18, IMPRIMÉ AVEC CARACTÈRES NEUFS SUR BEAU PAPIER SATINÉ, ÉDITION CONT. 500,000 LETTRES AU MOINS, VALEUR DE DEUX VOLUMES IN-OCTAVO

VOLUMES PARUS

H. DE BALZAC — vol.
Scènes de la vie privée.
La Maison du Chat-qui-Pelote. — Le Bal de Sceaux. — La Bourse. — La Vendetta. — Madame Firmiani. — Une Double Famille. 1
La Paix du Ménage. — La Fausse Maîtresse. — Etude de Femme. — Autre Etude de Femme. — La Grande-Bretèche. — Albert Savarus. 1
Mémoires de deux jeunes Mariées. — Une Fille d'Eve. 1
La Femme de trente ans. — La Femme abandonnée. — La Grenadière. — Le Message. — Gobseck. 1
Le Contrat de Mariage. — Un Début dans la Vie. 1
Modeste Mignon. 1
Honorine. — Le Colonel Chabert. — La Messe de l'Athée. — L'Interdiction. — Pierre Grassou. 1
Béatrix. 1

Scènes de la vie parisienne.
Histoire des Treize. — Ferragus. — La Duchesse de Langeais. — La Fille aux yeux d'or. 1
Le Père Goriot. 1
César Birotteau. 1
La Maison Nucingen. — Les Secrets de la princesse de Cadignan. — Les Employés. — Sarrasine. — Facino Cane. 1
Splendeurs et Misères des Courtisanes. — Esther heureuse. — A combien l'amour revient aux vieillards. — Où mènent les mauvais chemins. 1
La Dernière Incarnation de Vautrin. — Un Prince de la Bohème. — Un Homme d'affaires. — Gaudissart II. — Les Comédiens sans le savoir. 1
La Cousine Bette (Parents pauvres). 1
Le Cousin Pons (Parents pauvres). 1

Scènes de la vie de province.
Le Lys dans la vallée. 1
Ursule Mirouet. 1
Eugénie Grandet. 1
Illusions perdues. 2
Les Rivalités. 1
Les Célibataires. 2

A. DE LAMARTINE
Geneviève, Hist. d'une Servante. 1

ÉMILE DE GIRARDIN
La Politique universelle. 1

GEORGE SAND
Mont-Revêche. 1
La Filleule. 1
Les Maîtres Sonneurs. 1
La Daniella. 2

JULES SANDEAU
Un Héritage. 1

ALPHONSE KARR — vol.
Histoires normandes. 1
Devant les Tisons. 1

ALEX. DUMAS (publié par)
Impressions de Voyage : De Paris à Sébastopol, du docteur F. Maynard. 1

Mme ÉMILE DE GIRARDIN
Nouvelles. 1
Marguerite, ou Deux Amours. 1
M. le Marquis de Pontanges. 1
Poésies (complètes). 1
Le Vicomte de Launay (Lettres parisiennes). 3

FRÉDÉRIC SOULIÉ
La Lionne. 1
Julie. 1
Le Magnétiseur. 1
Le Maître d'école. 1
Les Drames inconnus. 5

ARNOULD FREMY
Les Maîtresses parisiennes. 1
Les Confessions d'un Bohémien. 1

LÉON GOZLAN
La Folle du logis. 1

LE Dr L. VÉRON
Mémoires d'un Bourgeois de Paris. (Nouvelle édition avec autographes, revue et augmentée par l'auteur). 5
Cinq cent mille francs de rente. 1

STENDHAL (BEYLE)
La Chartreuse de Parme. 1
Chroniques et Nouvelles. 1

PHILARÈTE CHASLES
Souvenirs d'un Médecin. 1

Mme DE GIRARDIN, T. GAUTIER, SANDEAU ET MÉRY
La Croix de Berny. 1

ALEXANDRE DUMAS FILS
Diane de Lys. 1
Le Roman d'une Femme. 1
La Dame aux Perles. 1
Trois Hommes forts. 1
Le Docteur Servans. 1
Le Régent Mustel. 1

AMÉDÉE ACHARD
La Robe de Nessus. 1
Belle-Rose. 1
Les Petits-Fils du Lovelace. 1

J. GÉRARD (le tueur de lions)
La Chasse au Lion, ornée de 12 magnifiques grav. par G. Doré. 1

LE DOCTEUR F. MAYNARD
Souvenirs d'un Zouave devant Sébastopol. 1

CH. DE BOIGNE
Petits Mémoires de l'Opéra. 1

MÉRY
Une Nuit du Midi (Scènes de...)

Mme MARIE DE GRAND
L'Autre Monde. 1

LE Cte DE RAOUSSET-BO...
Une Conversion. 1

Mme LAFARGE (MARIE CA...)
Heures de Prison. 1

MISS EDGEWORTH
Demain. 1

EUGÈNE CHAPUS
Les Soirées de Chantilly. 1

Mme ROGER DE BEAUV...
Confidences de Mlle Mars. 1
Sous le Masque. 1

CH. MARCOTTE DE QUIV...
Deux Ans en Afrique. 1

MAXIME DU CAMP
Mémoires d'un Suicidé. 1
Les Six Aventures. 1

FÉLIX MORNAND
La Vie de Paris. 1

HIPPOLYTE CASTILL...
Histoires de Ménage. 1

CHAMPFLEURY
Les Bourgeois de Molinchar... 1

Mme MOLINOS-LAFITT...
L'Éducation du Foyer. 1

LÉOUZON LE DUC
L'Empereur Alexandre II. 1

STERNE
Œuvres posthumes. 1

NESTOR ROQUEPLA...
Regain : la Vie parisienne. 1

THÉOPHILE GAUTIE...
Salmis de Nouvelles. 1

PIERRE BERNARD
La Bourse et la Vie. 1

CRÉTINEAU-JOLY
Scènes d'Italie et de Vendée. 1

DE LONLAY
Le Grand Monde russe. 1

ÉDOUARD DELESSERT
Voyage aux Villes maudites. 1

FRANCIS WEY
Le Bouquet de cerises. 1

HENRI MONNIER
Mémoires de M. J. Prudhomme. 1

L. LAURENT-PICHAT
La Païenne. 1

MOLIÈRE (œuvres compl...)
Nouvelle édition par Phila... Chasles.

Paris. — IMP. DE LA LIBRAIRIE NOUVELLE. — A. Delembre, 15, rue Bréda.

www.ingramcontent.com/pod-product-compliance
Lightning Source LLC
Chambersburg PA
CBHW071505160426
43196CB00010B/1424